La « rébellion » en droit public et science politique

Logiques Juridiques
Fondée par Gérard Marcou
Dirigée par Jean-Claude Némery et Thomas Perroud

Le droit n'est pas seulement un savoir, il est d'abord un ensemble de rapports et pratiques que l'on rencontre dans presque toutes les formes de sociétés. C'est pourquoi il a toujours donné lieu à la fois à une littérature de juristes professionnels, produisant le savoir juridique, et à une littérature sur le droit, produite par des philosophes, des sociologues ou des économistes notamment.

Parce que le domaine du droit s'étend sans cesse et rend de plus en plus souvent nécessaire le recours au savoir juridique spécialisé, même dans des matières où il n'avait jadis qu'une importance secondaire, les ouvrages juridiques à caractère professionnel ou pédagogique dominent l'édition, et ils tendent à réduire la recherche en droit à sa seule dimension positive. À l'inverse de cette tendance, la collection « Logiques juridiques » des éditions L'Harmattan est ouverte à toutes les approches du droit. Tout en publiant aussi des ouvrages à vocation professionnelle ou pédagogique, elle se fixe avant tout pour but de contribuer à la publication et à la diffusion des recherches en droit, ainsi qu'au dialogue scientifique sur le droit. Comme son nom l'indique, elle se veut plurielle.

Dernières parutions

Rabiaa BOURHIM, *La régulation des conflits dans l'espace collectif marocain. Entre l'endogénéité du droit et le positivisme*, 2023.
Nader ZGHAL, *L'arbitre et les méthodes de détermination du droit applicable au fond*, 2023.
Laura BAUDIN, *Cyberattaques et droit international public. De la négociation entre États à l'intégration des acteurs privés pour parvenir à la cyberpaix ?*, 2023.
Ludovic BERTON, *Penser la démocratie sociale*, 2023.
Roger K. KOUDÉ, *La justice pénale internationale : un instrument idoine pour raisonner la raison d'Etat ?*, 2023

Sous la direction de
Héritage Bita Heyeghe et Placide Lasmothey

La « rébellion » en droit public et science politique

L'Harmattan

5-7, rue de l'Ecole-Polytechnique, 75005 Paris
http://www.editions-harmattan.fr
ISBN : 978-2-14-034083-3
EAN : 9782140340833

Sommaire

Préface

La science juridique n'a jamais cherché à faire un lit de Procruste en matière de recherche et brider la réflexion juridique. Sans argumentation rigoureuse, elle n'enferme pas non plus les notions juridiques dans une cage en les empêchant de s'éclore.

Les organisateurs de la journée d'études sur la *Rébellion* l'ont bien compris et l'ont mis en exergue en en retenant une approche large.

L'étude trouve une sorte d'inspiration dans les mythes de la révolte, les mythes titaniques ou encore dans la philosophie kantienne, de Volney de la révolte et de la révolution, notamment la contestation, sur fond d'autonomie de la conscience, de la figure de la Maistrie et de ses actions.

La notion de « rébellion » y est ainsi décomplexée et libérée de la vision imposée par l'article 433-6 du Code pénal. L'appréhension extensive et la définition spéculative de la notion y sont justifiées car la personne ou le groupe de personnes qui se rebelle dans une situation donnée, ne tombe pas nécessairement sous le coup des dispositions précitées du Code pénal.

L'audace et la curiosité intellectuelles des directeurs de l'ouvrage ont permis d'envisager la « rébellion » *lato sensu* comme « l'action de se rebeller ». Ainsi, elle est appréhendée comme l'action ou le comportement d'une personne ou d'un groupe de personnes, imbu de titanisme, qui conteste, s'insurge, se révolte, s'oppose, affronte, refuse d'obéir, fait de la subversion, etc. Cette action et ce comportement sont menés contre une décision et même parfois contre un simple programme conçu par l'État ou le pouvoir politique ; ils s'accompagnent parfois de violences et aboutissent à des désordres dans l'espace public. La personne qui mène une telle action ou qui adopte un tel comportement est appelée « rebelle ».

L'ouvrage met en lumière différentes contributions axées sur l'action de rébellion en droit public interne et international mais aussi en science politique. Les différentes contributions inclinent à soutenir d'une part, que l'État est en « crise » et cette dernière semble progressive ; d'autre part, que la figure du « prince » ou du « chef » est de plus en plus rejetée par des groupes de personnes qui se sentent oubliées ou non écoutées de la politique menée par lui. Par ailleurs, ces « rébellions » contre le « prince » ou le « chef » semblent être l'une des modalités contemporaines d'expression privilégiées tenant à distance la modalité classique qu'est le vote.

Sur le plan national, plusieurs évènements rendent compte de cette forme de rébellion. Il en est ainsi des manifestations des « Gilets jaunes » ; de l'opposition à la construction d'un aéroport à Notre-Dame-des Landes et du barrage de Sivens ; de la contestation par les professionnels de la santé du « plan santé » présenté par le Gouvernement ; des mouvements des « Bonnets rouges » et de « Nuits debout » ; de la rétention des notes par les correcteurs du baccalauréat, ce qui pose la question de l'articulation entre les droits (droit de grève) et les obligations (obéissance hiérarchique, loyauté) du fonctionnaire. Il en est également ainsi, en début d'année 2023, de la mobilisation massive contre la réforme des retraites proposée par le « gouvernement BORNE » ou encore de la protestation virulente contre le projet de construction de méga-bassines d'eau à Sainte-Soline.

Au niveau international, diverses actions de rébellion sont également constatées : les rassemblements du peuple algérien pour dénoncer la candidature du président de la République Bouteflika à un cinquième mandat et pour demander la tenue des élections démocratiques ou encore ceux du peuple gabonais pour dénoncer les fraudes électorales ayant conduit à la réélection du président sortant Ali Bongo ; les manifestations soudanaises qui, à la base, se réalisaient pour protester contre la cherté de la vie et l'augmentation de la pauvreté, se sont muées en revendications politiques surtout face à la force militaire que le président Omar-El Béchir utilisait pour les interdire ou les réprimer. On peut aussi ajouter d'une part, la crise en Espagne à la suite du référendum d'autodétermination de la Catalogne et d'autre part, le refus du « peuple » Hong kongais de la « domination » de Pékin. En outre, l'un des exemples les plus évocateurs de cette forme de rébellion est le refus de respecter le droit international à travers l'obstination de la Corée du Nord dans la course à l'arme nucléaire malgré l'interdiction de la communauté internationale.

À l'analyse, l'étude de la rébellion n'est pas isolée. Des conférences, tables rondes ayant conduit à la publication d'ouvrages et articles ont été effectuées. À titre illustratif, nous pouvons citer : *La rébellion contre la figure du chef*, Journées du cinéma politique, 14, 15 et 16 mars 2018, Sciences Po Paris *; Les gilets jaunes-Regard de juristes. Droit constitutionnel, libertés publiques, droit fiscal, droit pénal, droit social*, 21 janvier 2019, Université Paris-Est Créteil ; *Activisme & Résistance* : *Enjeux de la qualification des mouvements contestataires en droit*, travaux de l'Association Française pour les Nations Unies-Section Aix-en-Provence, 28 février 2019 ; S. BOURMEAU (dir.), *Gilets jaunes. Hypothèses sur un mouvement, AOC*, La Découverte, 2019 ; A. DUHAMEL, « Que nous disent les “gilets jaunes” sur notre République ? », *Le Débat*, n° 204, 2019/2, pp. 104-109 ; G. GRUNBERG, « Les “gilets jaunes” et la crise de la démocratie représentative », *Le Débat*, n° 204, 2019/2, pp. 95-103.

Pour autant, si ces différents travaux traitent de la « rébellion » menée par un groupe de citoyens au sein de l'État, ils ne permettent pas de conclure que ce sujet est totalement épuisé. En outre, l'approche proposée par le présent ouvrage est particulière et aborde la thématique de la « rébellion » au-delà de l'aspect : « descente dans la rue ».

Nous tenons à remercier toutes les personnes qui ont concouru à la réalisation de cet ouvrage, notamment les contributeurs qui, à travers leurs analyses, ont nourri la réflexion. Nous sommes convaincus, comme Marcel Proust, qu'il est important d'être « reconnaissants aux personnes qui nous donnent du bonheur car elles sont les charmants jardiniers par qui nos âmes sont fleuries ».

Héritage BITA HEYEGHE
Doctorant en droit public
Université de Lorraine

Placide LASMOTHEY
Docteur en droit public
Université de Lorraine

La Rébellion. Propos introductifs

Stéphane PIERRÉ-CAPS
Professeur émérite de droit public
Université de Lorraine
IRENEE – UR 7303

Dans sa réalité concrète, le phénomène de la *rébellion* renvoie à une pluralité sémantique : il peut tout aussi bien être rendu par les mots de désobéissance, de révolte, de sédition (que le *Grand Robert de la langue française* définit comme une « révolte concertée contre l'autorité publique »), d'émeute, d'insurrection, de soulèvement, de coup de force…

De son côté, le *Littré* définit le *rebelle* comme celui « qui se soulève contre une autorité légitime » ; et, « par analogie, se dit d'un soulèvement moral contre ce qui est comparé à une autorité ».

Or, il ne fait aucun doute que cette proximité sémantique soit aussi source de malentendus. On en voudra pour preuve la traduction de *L'Homme révolté* dans le monde anglo-saxon, dont le titre même de l'ouvrage d'Albert Camus - *The Rebel* - ne correspond pas vraiment à l'expression de sa propre pensée : « l'homme révolté », en effet, ne met pas en question une quelconque autorité, encore moins se situe-t-il sans dans l'accomplissement désiré d'un projet révolutionnaire concerté. Si le choix de l'expression « homme révolté » par Camus ne va pas sans une incontestable ambiguïté, il y a là une volonté délibérée qui traduit son intention de distinguer ce qui déclenche, au plan psychologique, la révolte même (« un homme qui dit non ») et ce qu'elle induit : la mise en question d'un pouvoir contre lequel se dresse le rebelle, voire la posture du révolutionnaire, qui entend subvertir l'ordre établi au profit d'un projet systématique de transformation du monde par le moyen de la conquête du pouvoir suprême. Dans les deux cas, l'action même du rebelle comme du révolutionnaire porte en elle la violence comme la nuée porte l'orage, pour paraphraser Jaurès. Et ce qu'entend démontrer Camus, c'est que l'on peut aussi se révolter contre les funestes conséquences induites par la révolution.

Quoi qu'il en soit, ces différentes situations et manifestations du phénomène de la rébellion possèdent un trait commun : elles participent des crises systémiques des rapports entre le pouvoir ou l'autorité et la société civile.

Un rebelle est, en effet, par définition lié à une autorité existante contre laquelle il se dresse. Cette autorité, de quelque nature qu'elle soit et quel que soit son rang et son importance, est présumée légitime, puisque c'est ce qui la constitue en tant qu'autorité et, de son point de vue, la rend incontestable. S'agissant plus particulièrement du pouvoir politique, celui-ci dispose ainsi du monopole de la violence légitime (Max Weber).

Or, le rebelle ne s'intéresse pas à la légitimité de l'autorité, sauf à en faire un usage stratégique, puisque la légitimité n'a d'autre raison d'être que de mettre l'autorité à l'abri de toute contestation. Il ne s'intéresse qu'à l'autorité en tant que telle. C'est pourquoi la rébellion se dresse aussi bien contre une autorité légitime, tel un gouvernement démocratiquement constitué, qu'un pouvoir usurpé. Qu'il suffise d'évoquer, à titre d'exemple, ce que l'on peut appeler les rébellions de haute intensité, car s'opposant au système politique établi : ainsi, le général Franco est un rebelle ; le général de Gaulle est un rebelle. Leur action, du seul point de vue de la rébellion, est rigoureusement équivalente.

C'est dire qu'il n'y a pas d'appréhension objective du rebelle et de la rébellion ; la rébellion est a-morale. On peut alors aisément constater que celle-ci suscite avant tout des réactions contrastées, qui vont de la valorisation sentimentale ou romantique (la figure de Robin des Bois) à la stigmatisation, telle figure pouvant même polariser alternativement ou successivement l'une et l'autre attitude : que l'on songe à Mandela ou à Che Guevara. Le regard porté sur le rebelle et le phénomène de la rébellion est largement empreint de subjectivité.

Par conséquent, la rébellion trouve sa justification non pas dans la nature de l'autorité contre laquelle elle se dresse, mais dans le seul fait de contester cette autorité. Ce qui rend à l'évidence plus aisée la réaction de l'autorité en question face au phénomène de la rébellion, en ce qu'elle dispose *ab initio* d'un avantage certain et qui se traduit souvent par l'élimination du rebelle et de la rébellion, au sens propre comme au sens figuré. C'est bien ce qu'exprime la qualification pénale des manifestations de la rébellion. Car en aller autrement reviendrait à légitimer la rébellion. Sous cet aspect, on se gardera de voir dans le célèbre « *feu sur le quartier général* » de Mao (5 août 1966) lançant la révolution culturelle, un acte de légitimation d'une rébellion de la jeunesse chinoise contre le pouvoir politique. Il s'agissait au contraire pour Mao de préserver son propre pouvoir en instrumentalisant un phénomène de rébellion contre ses ennemis. Bien loin d'une légitimation de la rébellion contre le pouvoir, c'est ce dernier qui entreprenait de refonder sa propre légitimité.

Cette difficulté d'appréhender la rébellion, que ce soit sur le plan de l'éthique, de la politique ou du droit, est bien mise en évidence par Olivier Corten, dans l'un des rares ouvrages consacrés aux relations entre la rébellion et le droit, même s'il s'agit plus spécifiquement du droit international : *La rébellion et le droit international : le principe de neutralité en tension*, Académie de droit international de La Haye, 2015. Et de souligner l'ambivalence des relations entre droit et rébellion : au sens propre, le rebelle se définit par opposition au droit, « il ne s'agit pas seulement d'un contestataire, qui utilise les voies légales pour critiquer l'autorité, c'est-à-dire d'un « réformiste ». Le rebelle est un insubordonné, un insurgé, un insoumis, bref, quelqu'un qui remet en cause non seulement l'autorité, mais aussi la règle, voire l'ensemble du système juridique lui-même, ce qui peut mener à le qualifier de « révolutionnaire » (p. 18). On comprend donc que la rébellion soit généralement envisagée par l'État comme un délit, voire un crime, qu'il convient de réprimer et de punir, spécialement lorsque le phénomène prend une dimension collective (…). Le droit semble ainsi avoir pour vocation à réprimer la rébellion, et à traiter de ses conséquences, mais il ne peut prétendre domestiquer, ou même réglementer les modalités de la rébellion dans son essence même » (p. 18-19).

Comment, en effet, le droit peut-il en même temps poser la règle et énoncer les circonstances légitimes de sa violation ? Sauf à ce que l'ordre juridique puisse lui-même prendre en compte les manifestations de sa propre destruction, autrement dit son suicide potentiel, ce qui est tout simplement absurde.

Pourtant, le rebelle n'est pas forcément un nihiliste. Dans certaines situations, comme le relève O. Corten, la rébellion tend aussi à substituer un nouvel ordre juridique à celui qu'elle aspire à renverser, surtout lorsqu'elle s'organise collectivement. Elle se rapprocherait alors davantage de la sédition, dans la mesure où cette dernière se spécifie par son caractère concerté- elle articule un projet - ce qui la renvoie à l'action consciente d'un parti en vue de semer le trouble.

Ce n'est pas pour autant que l'on puisse considérer certaines rébellions comme légitimes et admettre, par là même, la possibilité que la rébellion puisse être saisie par le droit.

Le droit constitutionnel, comme le droit international, témoignent bien du contraire.

Envisageons tout d'abord la manière dont le droit constitutionnel appréhende les situations de crise. L'on distinguera ainsi avec François Borella, l'un des très rares auteurs à aborder la question sous l'angle du droit constitutionnel (*Éléments de droit constitutionnel*, Presses de Science Po, 2008, p. 319-324), la crise *dans* le système politique et la crise *du* système (dans ce dernier cas, l'émeute, le coup d'État, la révolution). À cet égard, le droit constitutionnel s'attache exclusivement à la crise *dans* le système : « Dans le cadre de la démocratie constitutionnelle, les crises ne sont prévues et réglementées que pour *les relations des pouvoirs publics entre eux*. La crise y est traitée, soit comme une éventualité normale du fonctionnement des institutions constitutionnelles, soit comme une situation exceptionnelle. Dans la première hypothèse, on retrouve les crises ministérielles, la dissolution du Parlement, l'alternance au pouvoir après les élections. Dans la seconde, on réglemente la mise en accusation d'une autorité politique par une autre ou le transfert à une seule autorité, généralement le chef de l'État, de pouvoirs exceptionnels ou « pouvoirs de crise » en cas de mise en cause du fonctionnement régulier des pouvoirs publics ou de l'existence de l'État lui-même par une crise internationale ou interne » (p. 320-321). L'article 16 de la Constitution française de 1958 en est la parfaite illustration. L'on sait que sa seule utilisation, du 21 avril au 30 septembre 1961, s'est effectuée dans le contexte du putsch des généraux en Algérie, en vue de renverser le gouvernement républicain. Comme l'écrit encore F. Borella, « Le droit constitutionnel des crises semble donc ignorer la société elle-même, sauf dans les dispositions (...) où la Constitution prévoit l'appel au peuple pour assurer sa sauvegarde et celle des libertés : résistance à l'oppression, devoir d'insurrection. Ce sont là des formules généreuses ou inquiétantes, mais sans signification juridique. Force est de reconnaître qu'il n'est pas possible d'organiser juridiquement le passage du peuple à l'illégalité » (p. 321). Et de conclure : « L'ensemble de ces crises s'analyse finalement comme un conflit entre les faits et le droit, et le plus souvent entre d'une part, la force et la violence sans titre juridique et, d'autre part, le monopole de la violence légitime par le pouvoir politique. Il existe toutefois une situation qui ne rentre pas dans ce schéma car elle n'est ni une action de force ni une action de droit, c'est la désobéissance civile » (p. 323) ; dont on sait le rôle qu'elle a joué dans l'accession de l'Inde à l'indépendance, voire la chute des régimes communistes dans la deuxième moitié du XXème siècle. Elle est également imprégnée d'une forte dimension religieuse, au sens large du terme.

Mais le droit constitutionnel est justement susceptible de rencontrer une autre manifestation du phénomène de la rébellion, sous la forme spécifique de la résistance à l'oppression.

Le *Dictionnaire des Droits de l'Homme* (PUF, 2008), consacre ainsi une entrée à la résistance à l'oppression, rédigée par Éric Desmons et qui lui dénie toute portée juridique : « c'est le jugement de Garnier de Saintes, en 1793, qui l'emporte pour rendre compte de la réalité : « (le droit de résistance) est dans la nature, et vous l'anéantirez le jour où vous lui donnerez un mode légal ». Si l'on considère en effet ce qui advient de la reconnaissance de la résistance par le droit positif (l'article 2 DDHC de 1789), ou encore l'hypothétique devoir de désobéissance du fonctionnaire à l'ordre manifestement illégal et de nature à compromettre gravement un intérêt public mentionné à l'art. 28 du statut général de la fonction publique de 1983, par exemple.), on constatera qu'elle est toujours neutralisée par des dispositifs juridiques ingénieux (la rébellion) et qu'en ce domaine la positivité ne signifie jamais la juridicité : l'ordre juridique ne peut en effet prévoir sérieusement les moyens de sa propre destruction. Ainsi, quand le droit reconnaît la résistance à l'oppression, c'est soit un pur effet rhétorique visant à donner un certains vernis libéral aux institutions, soit, au mieux, le signe d'une volonté d'établir une « démocratie militante » - ce que Jefferson nommait « un esprit de résistance » - ayant pour vocation de garantir l'intégrité de l'ordre juridique existant (c'est en général le cas des clauses de sauvegarde de l'ordre constitutionnel qui établissent un droit ou un devoir civique de résistance, et que l'on trouve à l'article 68 de la Constitution du 4 novembre 1848, à l'article 20, alinéa 4, de la Loi fondamentale allemande ou 120, § 4 C, de la Constitution hellénique » (p. 677). Par conséquent, « La résistance à l'oppression relève donc en définitive plus de l'ordre des considérations morales que de l'effectivité du droit, même si ces considérations morales peuvent posséder des conséquences juridiques. C'est ce qui permet l'extension de la résistance du statut de droit à celui de devoir, éventuellement traduit juridiquement » (p. 677-678).

Le droit international, pour ce qui le concerne, ne dit pas autre chose. En témoigne la question du droit des peuples à disposer d'eux-mêmes, qui représente la tentative la plus évidente de légitimation de la rébellion en droit international.

Or et en dépit des dispositions de la Charte des Nations unies et autres exhortations de l'ONU, le droit des peuples à disposer d'eux-mêmes n'est pas une norme de droit international, mais bien plutôt un élément nécessaire à la sociabilité internationale, directement relié à la lutte anticolonialiste. La preuve en est que, lorsque le peuple se transforme en État, le « droit » tombe. Affirmer le contraire serait débouché sur un nouveau formalisme, dans la grande tradition révolutionnaire française. Un droit à usage unique tel que le droit des peuples ne saurait être un droit.

Principe subversif, le droit des peuples est une arme dans un combat, un aspect de la dialectique de l'unité et de la diversité, mais pas un principe du droit international public. C'est un passage obligé à la société nationale étatique, mais qui s'évanouit avec l'apparition de l'État ; un rite de passage privilégié à l'État-nation en tant qu'instrument de libération des peuples colonisés. Une fois l'État constitué, le droit des peuples devient un droit de l'État et non du peuple. Par conséquent, le droit des peuples tend à dissoudre la rébellion en rétablissant le consentement des gouvernés aux gouvernants qu'avait détruit l'État colonisateur.

Car il apparaît en fin de compte que le problème central que pose au droit le phénomène multiforme de la rébellion n'est autre que celui du consentement au pouvoir, à l'autorité. En effet et comme nous avons pu le constater dans notre manuel de *Droit constitutionnel* (V. Constantinesco et S. Pierré-Caps, PUF, 7ème éd., 2016, p. 22) : « Le lien politique est demeuré longtemps une relation d'obligation, parfois même de sujétion, toujours caractérisée par son unilatéralité ou son asymétrie. Mais la nature de la relation politique s'est modifiée à partir du moment où l'idée de consentement s'est introduite dans le rapport entre l'individu et le pouvoir d'État. Un livre comme celui de La Boétie (*Discours de la servitude volontaire*, 1548), en analysant les raisons qui font que les hommes perdent parfois jusqu'au souvenir même de leur liberté, met au centre du lien politique le consentement.

Les obligations que l'État cherche à imposer aux hommes, notamment les obligations fiscales, ne peuvent être acceptées et devenir effectives sans leur consentement. De là, il ne sera pas difficile de déduire que l'existence même des gouvernants ne peut qu'être subordonnée au consentement des gouvernés. Certains iront même jusqu'à dire que le prince qui irait, par son comportement tyrannique, au-delà des pouvoirs qui lui ont été consentis, pourrait être déposé, au besoin par la force : c'est la question complexe du *tyrannicide*. Le lien politique devient en quelque sorte bilatéral et réciproque : les obligations de l'une des parties sont la contrepartie des droits de l'autre ; la figure du contrat n'est pas loin ».

Dans ces conditions, la rébellion, quelles qu'en soient les déclinaisons et manifestations, ne serait rien d'autre qu'une pathologie du consentement, à laquelle le pouvoir, l'autorité, tentent de remédier par la suppression du « malade », alors même que le rebelle y puise la force et la pérennité de son refus.

En fin de compte, la rébellion est elle-même rebelle à toute formalisation juridique.

La Constitution autorise-t-elle la rébellion ?

Héritage BITA HEYEGHE
Doctorant en droit public
Université de Lorraine
IRENEE – UR 7303

> « Je crois qu'il y a des résistances honnêtes et des rébellions légitimes [...] ».
>
> Alexis De TOCQUEVILLE, De la démocratie en Amérique, 1835, t. 3, éd. Pagnerre, 1848, p. 333.

Avant de répondre à la question de savoir si la Constitution autorise la rébellion, il importe de renseigner le lecteur sur le sens des deux termes que contient cette question, à savoir d'une part, la *Constitution* et d'autre part, la *rébellion*.

Par *Constitution*, il faut entendre le texte qui se rapporte à l'État, c'est-à-dire à son organisation, aux conditions d'attribution et d'exercice du pouvoir en son sein, ainsi qu'aux relations qu'il est amené à avoir avec des particuliers. De ce point de vue, la Constitution se définit par son *contenu*, soit la « Constitution matérielle »[1] que l'on distingue de la « Constitution formelle », ainsi qualifiée eu égard à ses *modalités d'adoption* et de *révision*[2]. On range aussi sous la dénomination de

[1]J.-F. AUBERT, *La Constitution, son contenu, son usage*, Helbing & Lichtenhahn Verlag & AG Basel, 1991, p. 35.

[2]*Ibid.*, p. 37.

* Pour approfondir cette notion, v. notamment : C. SCHMITT, *La théorie de la Constitution*, PUF, 1993 (pp. 131-139, pp. 141-150, pp. 151-166 et pp. 167-172) ; É. LEMAIRE, « La notion de Constitution dans la doctrine "constitutionnelle" préclassique de la Troisième République (1871-1896) », *in* A. LE DIVELLEC, (dir.), *La notion de*

Constitution, aussi bien l'œuvre qui résulte de son interprétation (la jurisprudence constitutionnelle) que toute disposition ayant valeur constitutionnelle comme la Déclaration des droits de l'homme et du citoyen du 26 août 1789 à laquelle on s'intéressera principalement[1]. En somme, la *Constitution* est entendue ici au sens large.

Qu'en est-il du terme *rébellion* ? Ce terme est surtout connu en droit pénal. En effet, dans cette discipline, il renvoie à une infraction imputable à une personne physique du fait de sa « […] résistance violente à une personne dépositaire de l'autorité publique ou chargée d'une mission de service public agissant dans l'exercice de ses fonctions, pour l'exécution des lois, des ordres de l'autorité publique, des décisions ou mandats de justice »[2]. Sous cet angle, la rébellion se présente comme un « comportement actif » et « physique », à l'opposé de la « simple résistance passive et [de] la force d'inertie »[3].

Ce n'est pas ce sens restreint que l'on retient ici. En effet, en harmonie avec la conception étendue de la rébellion retenue dans le cadre de la journée d'études qui permet la production de ces lignes, c'est plutôt au sens large que l'on entend le terme rébellion. Partant, la rébellion est conçue comme un comportement de *résistance*, d'*opposition*, de *protestation*, de *révolte*, de

---

Constitution dans la doctrine constitutionnelle de la Troisième République, éd. Panthéon-Assas, 2020, pp. 49-70 ; J. GICQUEL, « Le sens unique de la Constitution du Ve République », *Les Cahiers du Conseil constitutionnel, Titre VII*, n° 1, 2018 (1), Dossier : Le sens d'une Constitution, pp. 3-10 et P. MBONGO, « Constitution », *in* P. MBONGO, F. HERVOUËT et C. SANTULLI (dir.), *Dictionnaire encyclopédique de l'État*, Berger-Lavrault, 2014, pp. 162-168.

[1]CC, n° 71-44 DC du 16 juillet 1971, *Loi complétant les dispositions des articles 5 et 7 de la loi du 1er juillet 1901 relative au contrat d'association* ; CC, n° 73-51 DC du 27 décembre 1973, *Loi de finances pour 1974* ; CC, n° 81-132 DC du 16 janvier 1982, *Loi de nationalisation* (consid.16).

[2]Article 433-6 du Code pénal.

[3] Cour. cass. crim. 1er mars 2006, *Bull. crim.* n° 58, *Dr. pén.* 2006, n° 68, obs. P. VÉRON, *RSC* 2007. 85, obs. C. MASCALA.

refus, de *désobéissance*, etc. À l'instar de la *rébellion-infraction*, ce comportement est adopté par des personnes physiques que l'on appelle *rebelles* contre d'autres personnes physiques ou des personnes morales par exemple l'État. Seulement, en adoptant ce comportement réfractaire, ces *rebelle*s ne tombent pas nécessairement sous le coup des crimes et délits[1] et spécialement, sous le coup des dispositions de l'article 433-6 du Code pénal. Ces *rebelles* peuvent par exemple simplement contester une décision politique[2] ou même encore s'opposer à un programme politique[3]. Ces deux formes rébellions ne conduisent pas aussitôt à la condamnation pénale de leurs auteurs ; leur réalisation pourrait même s'appuyer par exemple sur l'article 11 de la Déclaration des droits de l'homme et du citoyen du 26 août 1789 (DDHC) qui érige « la libre communication des pensées et des opinions [au rang] des droits les plus précieux de l'homme [...] ».

---

[1]Il s'agit « Des crimes et délits contre la nation, l'État et la paix publique » (Livre IV du Code pénal). V. aussi les articles 433-7 à 433-10 du Code pénal et l'extrait du Traité du droit pénal français de René GARRAUD (https://ledroitcriminel.fr/la_science_criminelle/penalistes/la_loi_penale/infraction/pcpales_incrim/garraud_rebellion.htm consulté 24/08/2020).

[2]Le mouvement des « Gilets jaunes » est né notamment de la contestation de l'augmentation du prix des carburants automobiles issue de la hausse de la taxe inférieure de consommation sur les produits énergétiques (TICPE). V. S. BOURMEAU (dir.), *Gilets jaunes. Hypothèses sur un mouvement*, AOC, #1, La Découverte, 2019, 216 pages et « Occupation du domaine public routier : les gilets jaunes à l'épreuve du juge administratif », TA Nantes, n° 1900069, 10 janvier 2019, *AJCT* 2019, p. 200.

[3] V. en ce sens l'opposition à la construction d'un aéroport à Notre-Dame-des Landes (projet d'aéroport du Grand Ouest). Pour approfondir ce point, v. notamment CAA Nantes, n° 18NT04576, 5 avril 2019, conclusions F.-X. BRÉCHOT, « Évacuation de la ZAD de Notre-Dame-des-Landes et usage des grenades GLI-F4 : désignation d'un expert judiciaire ».

Quant à la condamnation pénale évoquée, elle n'interviendrait selon ce même article, qu'en raison de « l'abus de cette liberté » par ses titulaires.

Les sens des deux termes que contient la question centrale de cette étude ayant été donnés, reste maintenant à y répondre : la Constitution autorise-t-elle la rébellion ? La réponse à cette question peut être d'emblée négative et ce, eu égard à la finalité de la Constitution. En effet, on sait que

> « la constitution est "le règlement fondamental qui détermine la manière dont l'autorité publique doit être exercée [...], en elle se voit la forme sous laquelle la Nation agit en qualité de corps politique [...], comment et par qui le peuple doit être gouverné, quels sont les droits et devoirs de ceux qui gouvernent [...], cette constitution n'est dans le fond autre chose que l'établissement de l'*ordre* dans lequel la Nation se propose de travailler en commun à obtenir les avantages en vue desquels la Société politique s'est constituée" »[1].

Il apparaît, au regard de l'idée qui précède, que la Constitution fixe un *ordre* à suivre. Elle exclut donc la production du *désordre* au sein de « la Société politique constituée »[2]. Or, la rébellion est une forme de désordre. Ainsi, la relation qu'elle entretient avec la Constitution est antinomique. Et on serait tenté, comme on l'a dit plus haut, de répondre instantanément par la négative à la question de sa constitutionnalité. Pourtant, *Constitution* et *rébellion* sont loin d'être absolument antinomiques. En effet, la Constitution n'est pas absolument un obstacle à la réalisation de la rébellion au sein de l'État. Autant elle autorise la réalisation de certaines formes de rébellion, elle interdit la réalisation d'autres. De ce point de vue, son autorisation est partielle **(I)**. Par ailleurs, garante de

---

[1]E. VATTEL, *Le Droit des gens : Principes de la loi naturelle, appliqués à la conduite et aux affaires des Nations et des Souverains*, rééd., 1820, I, III, 27, pp. 68-69, cité par O. BEAUD, commentaire *in* C. SCHMITT, *Théorie de la Constitution*, PUF, 1993, p. 174.
[2]*Ibid.*

l'autorité l'État, la Constitution sanctionne aussi la rébellion **(II)**.

I. Une autorisation partielle

En matière de rébellion, la Constitution n'est pas totalement libérale. En effet, si elle autorise la réalisation des rébellions dites « conservatoires » des droits constitutionnellement consacrés, de l'ordre constitutionnel établi **(A)**, ainsi que des rébellions entreprises « sous le couvert » des droits constitutionnellement consacrés **(B)**, elle interdit en revanche les rébellions aux « allures révolutionnaires » **(C)**.

A. L'autorisation constitutionnelle des rébellions dites « conservatoires »

On vise ici d'une part, la rébellion orientée vers la conservation des droits constitutionnellement consacrés (1) et d'autre part, celle orientée vers la conservation de l'ordre constitutionnel établi (2).

1. La rébellion orientée vers la conservation des droits constitutionnellement consacrés

La consécration constitutionnelle de la rébellion au sens large du terme ici retenu, n'est pas récente en France. En effet, c'est d'abord dans la Déclaration des droits de l'homme et du citoyen du 26 août 1789 qu'elle apparut (article 2)[1]. Ensuite, on la releva par exemple dans la Déclaration des droits de l'Homme et du Citoyen du

[1]D. GROS, « Qu'est-ce que le droit de résistance à l'oppression ? », *in* D. GROS et O. CAMY (dir.), *Le droit de résistance à l'oppression*, Seuil, 2005, pp. 15-18 ; G. CONAC, M. DEBÈNE et G. TEBOUL (dir.), *La déclaration des droits de l'homme et du citoyen de 1789. Histoire, analyse et commentaires*, Économica, 1993.

24 juin 1793 (article 35). Aujourd'hui, compte tenu de l'inapplication de la Déclaration des droits de l'homme et du citoyen de 1793 dernièrement citée, c'est davantage à la Déclaration des droits de l'homme et du citoyen de 1789 (ci-après DDHC) que l'on se réfère lorsque l'on traite de la rébellion. En effet, son article 2 dispose que : « Le but de toute association politique est la conservation des droits naturels et imprescriptibles de l'homme. Ces droits sont la liberté, la propriété, la sûreté, et la résistance à l'oppression ».

De cet énoncé, on tire les deux conclusions suivantes : d'une part, « la résistance à l'oppression » ou la rébellion, est mise sur un pied d'égalité par rapport aux autres droits dont la DDHC exige « la conservation » ; d'autre part, elle est érigée comme droit constitutionnel dont la violation est sanctionnée par le juge constitutionnel. Cette nature constitutionnelle fut indiquée par le juge constitutionnel d'abord implicitement et indirectement, dans sa décision du 16 juillet 1971 dite « Liberté d'association » par laquelle il conféra au Préambule de la Constitution du 4 octobre 1958 ainsi qu'aux autres textes auxquels il renvoie, une valeur juridique[1] ; ensuite explicitement, dans sa décision du 16 janvier 1982 rendue à l'occasion du contrôle de constitutionnalité de la loi de nationalisation votée au cours de cette année. Selon lui,

> « […] les principes mêmes énoncés par la Déclaration des droits de l'homme ont pleine valeur constitutionnelle tant en ce qui concerne le caractère fondamental du droit de propriété dont la conservation constitue l'un des buts de la société politique et qui est mis au même rang que la liberté, la sûreté et la résistance à l'oppression, qu'en ce qui concerne les garanties données aux titulaires de ce droit et les prérogatives de la puissance publique […] »[2].

---

[1]CC, n° 77-44 DC du 16 juillet 1971, *Loi complétant les dispositions des articles 5 et 7 de la loi du 1er juillet 1901 relative au contrat d'association* (consid. 2).

[2]CC, n° 81-132 DC du 16 janvier 1982, *Loi de nationalisation* (consid.16).

La production doctrinale au sujet de ce droit constitutionnel est profuse[1]. Et il importe d'indiquer que la consécration constitutionnelle de ce droit est un vecteur d'affrontement entre deux parties d'inégale nature juridique : la première qui en est titulaire, est dite *personne gouvernée* (les citoyens) ; la seconde qui en est destinataire, est quant à elle dénommée *personne gouvernante* (l'État). Toutefois, ainsi qu'on le verra plus loin, ce droit ne s'exerce que dans l'hypothèse où la *personne gouvernée* estime que les actions de la *personne gouvernante* sont oppressives.

L'exercice du droit constitutionnel de rébellion concourt à la conservation des autres droits constitutionnels que l'autorité gouvernante est susceptible de violer à travers son oppression. Lorsque cette violation se commet, la rébellion vise sa cessation. Ainsi, le droit constitutionnel de rébellion s'exerce contre une autorité gouvernante, c'est-à-dire l'État (*lato sensu*). Ladite autorité est ici concernée dans la mise en œuvre de ses fonctions, par exemple sa *fonction de commandement* et sa *fonction de législation.*

Quant à la *fonction étatique de commandement*, elle débute par l'élaboration de la règle de droit et renvoie à la direction des comportements des individus, à la sanction

---

[1]R. FRAGKOU, « Le droit de résistance à l'oppression en droit constitutionnel comparé », *Revue internationale de droit comparé*, n° 65-4, 2013, pp. 831-857 ; A. VIDAL-NAQUET, « Le droit constitutionnel de résistance à l'oppression », *in Révolution, Constitution, Décentralisation. Mélanges en l'honneur de Michel Verpeaux*, Dalloz, 2020, p. 724 ; D. GROS et O. CAMY (dir.), *Le droit de résistance à l'oppression*, *op.cit.* ; G. KOUBI, « Droit et résistance à l'oppression (I). *Premier volet : en guise d'introduction* », *Droit-cri-Tic*, 2008, disponible en ligne (https://koubi.fr/spip.php?article17, consulté le 21/07/2020) et *La rébellion*, *Revue Droit & Littérature* 2019/1 (n° 3), pp. 25-128.

des violations de cette règle de droit[1]. Dans la mise en œuvre de cette fonction, l'État peut commettre des abus qui attaquent les droits reconnus aux citoyens par la Constitution. C'est en prévision de la commission de ces abus que la Constitution a construit, au profit des citoyens, un droit qualifié de *droit de résistance à l'oppression*[2] ou *droit de rébellion* (cette dénomination sera indifféremment utilisée ci-après). Ainsi, toutes les fois que l'action de l'État est arbitraire ou en voie de l'être, les citoyens qu'elle vise sont en droit non seulement d'en « réclamer »[3]

---

[1]Th. HOBBES, *Léviathan*, Londres, 1651, partie II (rééd., *Léviathan*, traduction assurée par Fr. TRICAUD, Dalloz, 1999) ; Aristote, *Politique*, Livres I et II, Grèce, IVe siècle av. J.-C. (rééd., P. AUBENQUE et A. TORDESILLAS, *Aristote politique. Études sur la « Politique » d'Aristote*, PUF, 1993) ; J.-J. ROUSSEAU, *Du contrat social ou principes du droit politique*, Marc-Michel Rey, 1762 (rééd., Flammarion, 2011) ; E. KANT, *Idée d'une histoire universelle d'un point de vue cosmopolitique*, Allemagne, 1784 (rééd. v. par exemple *Idée d'une histoire universelle d'un point de vue cosmopolitique*, traduction assurée par L. FERRY, Folio, 2009) ; M. WEBER, *Économie et société*, Allemagne, University of California Press, 1922 (rééd. v. notamment la traduction du t. 1. *Les catégories de la sociologie* assurée par J. FREUND et autres, Plon 1971 et la traduction des deux tomes, respectivement : *Les catégories de la sociologie* et *L'organisation et les puissances de la société dans leur rapport avec l'économie*, assurée par J. CHAVY et É. De DAMPIERRE, Plon, 1995 et Pocket, 2003) ; M. WEBER, *La domination*, Allemagne, 1914 (rééd., traduction assurée par I. KALINOWSKI, La Découverte, 2015 ; O. BEAUD, *La puissance de l'État*, PUF, 1994.

[2]Article 2 de la DDHC de 1789.

[3]G. KOUBI, « Droit et résistance à l'oppression (I). *Premier volet : en guise d'introduction* », antérieurement cité. V. également J. JEANNENEY, « La réclamation en droit constitutionnel » *in* D. ROUSSEAU (dir.), *Réclamer en démocratie*, Mare & Martin, 2019, pp. 51-117 ; disponible en ligne (http://www.julienjeanneney.fr/uploads/1/2/0/6/120689327/jeanneney_la_re%CC%81clamation_en_droit_constitutionnel_site.pdf, consulté le 21/07/2020).

la cessation afin qu'elle soit respectueuse des droits de l'homme[1] – principalement la liberté et la sûreté – énoncés à l'article 2 de la DDHC de 1789, mais aussi de ne pas obéir[2] à ses commandements. Cela revient à dire que la Constitution donne aux citoyens la capacité de *résister* à l'État, de *se rebeller*, de l'*affronter*, etc., dans l'objectif de se protéger et de sauvegarder leurs droits.

En suivant le professeur Geneviève Koubi, ce droit de « résistance à l'oppression » opère une « transition de la "liberté contre l'autorité" vers "l'autorité garante de la liberté" »[3]. C'est-à-dire que l'on est désormais en présence moins d'une lutte du *citoyen contre l'État* aux fins d'acquisition d'une liberté donnée que d'une *demande de protection étatique* de la liberté acquise ou d'une *interdiction* à ce que l'État n'y porte une atteinte excessive. Par ailleurs, ce droit constitue un obstacle au « retour à "l'arbitraire", à un "État de police" […] en opposition à un "État de droit" qu'en tant que cet État, s'il obéit à "son" Droit, ne fabrique ce Droit qu'en respectant les limites des droits de l'homme »[4].

Ainsi, il apparaît d'une part, que le droit de « résistance à l'oppression » fait plier l'institution étatique ou, plus largement, les pouvoirs publics dans leurs actions.

---

[1]*Ibid.* (G. KOUBI, « Droit et résistance à l'oppression (I). *Premier volet : en guise d'introduction*). Pour l'auteur, « la résistance à l'oppression a pour objet […] de rappeler à tout système de gouvernement que la cause principale des malheurs publics est "l'ignorance, l'oubli et le mépris des droits de l'homme" ».

[2]H. D. THOREAU, *La désobéissance civile*, États-Unis, 1848, rééd., traduction assurée par S. CHAPUT Québec, Typo, 1994 : il existe un « droit de refuser fidélité et obéissance et de résister à un gouvernement dont la tyrannie ou l'inefficacité est insupportable » (p. 24) ; J. JEANNENEY, « Désobéir », *in*, *La rébellion*, *Revue Droit & Littérature* 2019/1 (n° 3), pp. 97-109.

[3]G. KOUBI, « Droit et résistance à l'oppression (I). *Premier volet : en guise d'introduction*, antérieurement cité.

[4]*Ibid.*

Sa consécration vise tous les régimes politiques[1], c'est-à-dire aussi bien ceux qui sont démocratiques que ceux qui sont totalitaires ou autoritaires ; et cela, parce que « l'arbitraire peut se révéler dans toutes les sociétés »[2], elle n'est aucunement spécifique à une société donnée. D'autre part, on note que l'exercice de ce droit n'est pas régulier. En effet, aussi longtemps que l'action de l'État n'est pas *excessive*, ni *dominante* au point de compromettre les droits et libertés de l'homme consacrés par la Constitution, ledit droit reste *latent* ; c'est peut-être la raison pour laquelle certains ont qualifié ce droit de « droit "ineffectif" »[3].

---

[1]M.-A. COHENDET, « La classification des régimes politiques, un outil pertinent dans une conception instrumentale du droit constitutionnel », *in* D. De BÉCHILLON, V. CHAMPEIL-DESPLATS, P. BRUNET et É. MILLARD (dir.), *L'architecture du droit : Mélanges en l'honneur de Michel Troper*, Économica, 2006, p. 299 et p. 314.

[2]*Ibid.*

[3]S. GROSBON, « La justiciabilité problématique du droit de résistance à l'oppression : antilogie juridique et oxymore politique », *in* V. CHAMPEIL-DESPLATS et D. LOCHAK (dir.), *À la recherche de l'effectivité des droits de l'homme*, Presses universitaires de l'Université de Paris Nanterre, 2008, pp. 139-163. Cette position est rejetée par le professeur G. KOUBI (« Droit et résistance à l'oppression (I). *Premier volet : en guise d'introduction* », antérieurement cité) : S. GROSBON « confine la résistance [à l'oppression] au champ pénal – insistant sur l'infraction que constituerait la désobéissance aux lois ». Or, ce « "droit de résistance à l'oppression" existe ; en témoigne l'article 2 de la Déclaration des droits de l'homme et du citoyen du 26 août 1789 ». Nous pensons dès lors qu'il faut séparer la question de l'existence de ce « droit » de celle de son exercice. Pour un exposé plus complet de cette controverse doctrinale, v, Le « droit de résistance à l'oppression à l'aune des "gilets jaunes" un droit de l'homme imprescriptible », ACRF-Femmes en milieu rural ASBL –Analyse 2019/05 (http://www.acrf.be/wp-content/uploads/2019/03/acrfana_2019_05_droit_r%C3%A9sistance_oppression_JFP-1.pdf, consulté le 22/07/2020).

L'institution étatique peut aussi être confrontée à une rébellion dans l'accomplissement de sa *fonction de législation.* En effet, l'article 5 de la DDHC de 1789 dispose que « la loi n'a le droit de défendre que les actions nuisibles à la Société. Tout ce qui n'est pas défendu par la loi ne peut être empêché [...] ». Cet article sonne ainsi comme une alerte adressée au législateur étatique. Il signale tacitement que les lois créées par lui peuvent être dominatrices. Pour éviter cette domination, le constituant de 1789 « assign[a] [alors] des limites à la loi »[1]. En effet, la loi ne saurait prescrire aux citoyens d'adopter un comportement au-delà de ce qui est nécessaire pour leur protection au sein de la communauté. On note donc que « l'exercice du pouvoir législatif n'a de validité que s'il contribue à la conservation [et] à la promotion des droits de l'homme »[2]. Dans le cas contraire, l'exercice de ce pouvoir serait invalide parce qu'il opprimerait les citoyens au lieu de les protéger et ne favoriserait pas l'exercice des droits et libertés que la DDHC de 1789 leur reconnaît. L'entrée en rébellion des citoyens serait aussi justifiée si ces derniers sont « contraints à faire ce [que la loi] n'ordonne pas » ; c'est ce qu'affirme le second segment de l'article 5 de la DDHC actuellement étudié[3]. Cette mise en garde concerne expressément les agents chargés par l'État de l'exécution de sa législation ; leur conduite doit être conforme à cette dernière.

L'article 7 de cette même Déclaration des droits de l'homme et du citoyen permet d'approfondir le point abordé plus haut. Il pose en effet une « obligation de conformité » à la loi des actions entreprises par les

---

[1]G. KOUBI, « Droit et résistance à l'oppression (I). *Premier volet : en guise d'introduction* », antérieurement cité.
[2]*Ibid.*
[3]Cet article affirme en effet que « nul ne peut être contraint à faire ce [que la loi] n'ordonne pas ».

représentants de l'autorité publique contre les personnes physiques pour empêcher les atteintes à leurs droits et libertés. Ces actions, qui ont trait à la matière pénale, sont : l'accusation, l'arrestation et la détention. Leur accomplissement « [en dehors des] cas prévus par la loi, et selon les formes qu'elle a prescrites »[1], serait arbitraire, situation qui autoriserait la personne physique visée à se rebeller. En outre, la violation de cette « obligation de conformité » à la loi entraînerait des poursuites notamment pénales d'un ensemble de personnes : « [celles] qui sollicitent, expédient, exécutent ou font exécuter des ordres arbitraires ». Les premières sont punies en tant que *particuliers* qui demandent à des agents de l'État de contraindre arbitrairement un ou plusieurs autres particuliers. Les secondes le sont pour leur part comme *agents de l'État* décidant de contraindre une personne hors « cas prévus par la loi » ; ainsi, elles se rendent coupables d'un abus d'autorité[2]. Enfin, les quatrièmes et cinquièmes sont punies comme *complices* d'un abus d'autorité. Tout cela suppose que ces personnes aient une connaissance de la loi, précisément, de ce qu'elle permet de faire et ce qu'elle proscrit.

La rébellion contre la loi potentiellement tyrannique que l'on vient de décrire, est, au premier abord, liée à la « résistance à l'oppression » consacrée par l'article 2 de la

---

[1]Article 7 de la Déclaration des droits de l'homme et du citoyen du 26 août 1789 : « Nul homme ne peut être accusé, arrêté ni détenu que dans les cas déterminés par la loi, et selon les formes qu'elle a prescrites […] ».

[2]Au sens de l'article 432-1 du Code pénal, l'abus d'autorité est une infraction. Au sens civil du terme, l'abus d'autorité renvoie à « une contrainte morale prenant appui sur une autorité de fait ou de droit, exercée sur une personne, pour l'amener à accomplir un acte juridique (mariage, contrat, etc.) ou non (séduction dolosive par ex.) » : S. GUINCHARD et Th. DEBARD (dir.), « Abus d'autorité », *Lexique des termes juridiques*, 18e éd., Dalloz, 201, p. 3.

DDHC de 1789. Pour autant, elle s'en distingue nettement. En effet, « elle ne correspond pas à l'exercice d'un droit, elle est l'expression de la "contestation" d'un ensemble de règles ou d'une règle de droit ». C'est ce que l'on qualifie aussi de

> « désobéissance civile ou civique [parce qu'elle] répond [...] à la logique d'une "action de droit". La désobéissance se comprend suivant des incidences contextuelles généralement évoquées dans les cadres politiques incertains de la foi en le bien-fondé de l'autorité, de la croyance en la légitimité de la loi ; elle s'entend par rapport à une loi précise, déterminée, donnée ; elle invite à la réforme de cette loi, de cette loi seulement »[1].

Il en va autrement s'agissant de la « résistance à l'oppression » car elle

> « renvoie à un "droit d'action" [...] sa raison d'être ne trouve pas sa source dans des principes éthiques et moraux mais dans la théorie juridique, dans la théorie des droits de l'homme. Elle n'est pas l'expression d'une "dissidence", son objectif est de l'ordre du juridique plus que politique. Elle n'est pas de changer une loi mais de contribuer à éradiquer l'oppression non en déconnectant le droit et le politique mais en replaçant l'action et la réflexion autour du [...] " système de droit" »[2].

Toutefois, on admettra que « rébellion contre la loi » et « résistance à l'oppression » relèvent d'un même champ lexical, à savoir, la *contestation*, le *refus*, l'*opposition*, etc. De même, elles sont toutes deux dirigées contre l'État.

2. La rébellion orientée vers la conservation de l'ordre constitutionnel établi

La Constitution peut expressément organiser les conditions d'entrée des citoyens en rébellion en vue de la conservation de l'*ordre* qu'elle a préalablement établi. Sans étonnement, cette rébellion est réalisée contre les gouvernants, principaux « assujettis » à l'ordre constitutionnel établi. Cet ordre constitutionnel touche à plusieurs domaines parmi lesquels, la répartition des pouvoirs au sein de l'État, leur exercice, leur dévolution,

---

[1]G. KOUBI, « Droit et résistance à l'oppression (I). *Premier volet : en guise d'introduction* », antérieurement cité.
[2]*Ibid.*

leur collaboration, la garantie des droits et libertés, ainsi que les modalités de révision de la Constitution. L'analyse de ce type de rébellion se fera selon les données issues de Constitutions étrangères.

Intéressons-nous par exemple tout d'abord à la Loi Fondamentale allemande du 23 mai 1949. Cette dernière n'a pas aussitôt reconnu le droit de résistance dont l'exercice serait dédié à la conservation l'ordre constitutionnel qu'elle édifie. En effet,

« le Conseil parlementaire, c'est-à-dire l'assemblée composée d'élus des diètes régionales qui, entre septembre 1948 et mai 1949, prépara et adopta le texte de la [future] Loi Fondamentale, avait estimé devoir préférer éviter la reconnaissance formelle d'un droit qui semblait être "une invitation à rompre la paix civile" »[1].

La Cour constitutionnelle fédérale d'Allemagne était venue rompre avec cet état de fait car bien qu'« avec précaution, [elle avait] admis un principe non écrit garantissant dans certaines conditions le droit de résistance. Elle [avait] ainsi défini relativement les contours de ce que serait un droit de résistance non écrit pour refuser au Parti communiste allemand la possibilité de s'en prévaloir »[2].

Dans sa décision, la Cour constitutionnelle fédérale avait considéré « que l'absence d'évocation formelle du droit de résistance dans le texte de la Loi Fondamentale ne signifi[ait] pas purement et simplement que ce droit n'exist[ait] pas »[3]. Cette position correspondait à « la nouvelle conception du droit qui [s'était] imposée après la guerre [, celle d'un droit de résistance] à un régime injuste »[4]. Toutefois, l'invocation d'un tel droit par un parti politique, en l'occurrence, le Parti communiste d'Allemagne (KPD) contre la République, précisément, la

[1]O. JOUANJAN, « Que dit la Loi Fondamentale en Allemagne ? », *in* D. GROS et O. CAMY (dir.), *Le droit de résistance à l'oppression*, *op.cit.*, p. 184. L'auteur rapporte « […] les mots du dirigeant du SPD, Carlo Schmid, qui présidait alors la commission constitutionnelle ».
[2]*Ibid.*, p. 185.
[3]*Ibid.*
[4]*Ibid.*

République fédérale d'Allemagne, ne fut pas admise au regard de sa légitimité[1].

De ce qui précède, il ressort qu'en Allemagne, le droit constitutionnel de résistance s'exerça d'abord « sans texte » avant d'être ensuite introduit dans la Loi Fondamentale[2]. Cette introduction s'opéra au moyen d'une « loi de révision »[3] de la Loi Fondamentale en question, « promulguée le 24 juin 1968 »[4]. C'est l'article 20, alinéa 4 de ladite Loi Fondamentale qui proclame que : « tous les Allemands ont le droit de résister contre quiconque entreprendrait de renverser [l'ordre constitutionnel qu'elle établit] lorsque aucun autre remède n'est possible »[5]. Cet article indique d'une part, les titulaires du droit constitutionnel de résistance et d'autre part, les conditions d'exercice de ce droit.

Quant au premier point, on note que la Loi Fondamentale allemande organise un monopole d'exercice du droit constitutionnel de résistance au profit des personnes physiques ayant la nationalité allemande. Ce monopole entraîne deux importantes conséquences : premièrement, « les étrangers ne sont pas [...] titulaires du droit [constitutionnel] de résistance »[6] ; deuxièmement, ce droit « est un droit du citoyen et non un droit de l'homme »[7]. Le professeur Olivier Jouanjan explique qu'aussi longtemps que les titulaires de ce droit vivent, ils pourront en user. En effet, selon lui, « les mesures éventuelles de privation de la nationalité allemande que pourraient infliger les auteurs d'un coup d'État à certains

[1] *Ibid.*
[2] *Ibid.*, pp.184-185.
[3] *Ibid.*, 185.
[4] *Ibid.*
[5] Article cité par O. JOUANJAN, « Que dit la Loi Fondamentale en Allemagne ? », antérieurement cité, p. 185.
[6] *Ibid.*, p. 188.
[7] *Ibid.*

nationaux seraient sans effets sur l'application du droit [constitutionnel] de résistance »[1]. Ce « droit analogue à un droit fondamental, […] est aussi un droit subjectif individuel : [c'est-à-dire que] tout individu allemand peut, si les conditions de la résistance sont réunies, s'en prévaloir. Il n'a pas de caractère collectif, son exercice n'a pas à être médiatisé par une organisation sociale quelconque (parti, syndicat etc.) »[2].

Quant au second point, il révèle que l'entrée des citoyens en résistance n'est pas libre. En effet, elle est triplement conditionnée : premièrement, elle doit répondre à une *entreprise* émanant d'autres personnes physiques ; deuxièmement, cette entreprise doit tendre au *renversement de l'ordre constitutionnel* ; troisièmement, elle ne peut se réaliser qu'en l'*absence* de *solutions alternatives*. Le professeur Olivier Jouanjan précédemment cité a détaillé ces trois conditions. On signalera ici uniquement les points saillants de ces détails.

La première condition appelle une réflexion « pénaliste » ajustée au droit pénal allemand en particulier, et au droit pénal en général (sur ce dernier point, on se référera au droit pénal français). En effet, l'auteur renseigne que « le § 11 al. 1 n° 6 du Code pénal (*Strafgesetzbuch*) détermine l'entreprise comme recouvrant à la fois la tentative et la consommation de l'infraction. Cela exclurait les simples préparatifs au renversement de l'ordre constitutionnel »[3]. Ici, cette entreprise peut être envisagée aussi bien par les gouvernants qui disposent de tous les leviers du pouvoir au sein de la société que par un ou des sujets – ce qui suppose que ces derniers aient une parfaite connaissance de l'ordre constitutionnel dont ils envisagent le renversement –. Cette notion d'entreprise ou de tentative est également énoncée en droit pénal français.

---

[1]*Ibid.*

[2]*Ibid.*

[3]O. JOUANJAN, « Que dit la Loi Fondamentale en Allemagne ? », antérieurement cité, p. 189.

Selon l'article 121-5 du Code pénal français, « la tentative est constituée dès lors que, manifestée par un commencement d'exécution, elle n'a été suspendue ou n'a manqué son effet qu'en raison de circonstances indépendantes de la volonté de son auteur ». Il en résulte que les systèmes pénaux[1] allemand et français ne s'intéressent qu'« [au] *fait extérieur* de nature à causer par lui-même un trouble [particulièrement, dans notre cas, un trouble de caractère constitutionnel, et généralement, de caractère] social »[2]. C'est uniquement ce « fait extérieur » qui est punit en tant que délit et non pas le simple projet d'en commettre[3].

Mais qui valide l'entreprise de renversement de l'ordre constitutionnel ? Le professeur Olivier Jouanjan annonce qu'on fait face en la matière, une absence d'une instance décisionnaire suprême[4]. Cette situation a conduit d'aucuns à avancer la thèse de l'*évidence*[5], c'est-à-dire que pour être valide, « cette entreprise doit être *évidente* »[6]. Pour l'universitaire, cette thèse

> « n'est pas elle-même évidente : lorsqu'il doit faire usage d'un droit, l'individu est le plus souvent placé dans la situation de juger par lui-même des conditions d'exercice de ce droit et n'est pas, sauf procédure particulière qui n'est pas prévue dans le cas du droit de résistance, placé sous l'autorité d'une autorité de contrôle *a priori* qui l'autorise à faire usage de son droit. Il juge d'abord par lui-même de son droit, quitte à assumer les responsabilités

[1]J.-P. JEAN, *Le système pénal*, La Découverte, 2008.

[2]R. GARRAUD et P. GARRAUD, « Notions générales sur la tentative », *Précis de droit criminel*, 15 éd., Sirey, 1934, p. 194 et s., accessible en ligne (https://ledroitcriminel.fr/la_science_criminelle/penalistes/le_proces_penal/le_jugement/qualification_faits/garraud_tentative.htm, consulté le 16/08/2021).

[3]*Ibid.*

[4]O. JOUANJAN, « Que dit la Loi Fondamentale en Allemagne ? », antérieurement cité, p. 190.

[5]*Ibid.*, p. 190. L'auteur cite les travaux de K. HESSE, *Grundzüge*, n° 758 et J. ISENSEE, *Das legalisierte Widerstands-recht*, 1969, p. 14.

[6]*Ibid.* (les travaux de K. HESSE).

juridiques qui peuvent découler de son usage intempestif »[1]. La validation de l'entreprise de renversement de l'ordre constitutionnel est donc l'affaire de la personne qui ambitionne ce renversement.

La deuxième condition quant à elle donne à voir une action perturbatrice d'un ordre constitutionnel initial ; cette action est menée par une personne physique dans le but d'instaurer un nouvel ordre constitutionnel. Concrètement, la perturbation en question se traduit par une révision constitutionnelle dont les directions se dégagent aisément : soit un *retranchement* des dispositions constitutionnelles antérieurement en vigueur, soit leur *modification*, soit encore une *insertion* de nouvelles dispositions constitutionnelles ; le risque étant la contrariété entre l'ordre constitutionnel initial et le nouvel ordre constitutionnel.

Ainsi, l'acte de rébellion ne serait admis que lorsque la Constitution serait extrêmement en danger. Mais, celui-ci ne serait pas admis ni à la suite « d'une simple violation de la Constitution [et ce d'autant plus qu'il existe] d'autres remèdes judiciaires [pour la contester] », ni d'une « [...] suspension inconstitutionnelle de la Constitution [dès lors que celle-ci a pour but de] la sauver [...] », ni encore en raison d'« un renversement de la Constitution qui suivrait les *formes* constitutionnelles »[2]. Dans cette dernière hypothèse, « la condition d'une entreprise de renversement de l'ordre constitutionnel est [pourtant bien] remplie »[3], mais le droit de rébellion est privé de son application compte tenu d'un « renversement constitutionnel » de l'ordre constitutionnel initial. Cela permet de comprendre que tout renversement de l'ordre constitutionnel initial

---

[1]O. JOUANJAN, « Que dit la Loi Fondamentale en Allemagne ? », antérieurement cité, p. 191.
[2]*Ibid.* pour toute cette énumération.
[3]*Ibid.*

n'ouvre pas droit à rébellion ; seul un renversement de forte intensité, on entend par-là, celui qui abolit totalement l'ordre constitutionnel en vigueur, autoriserait l'entrée des citoyens en rébellion.

Finalement, il importe de s'intéresser à la notion d'« ordre constitutionnel ». D'un point de vue général, l'ordre constitutionnel appartient à l'ordre juridique interne d'un État donné ; par conséquent, il se distingue de l'ordre juridique international[1]. Il renvoie à un ensemble de normes constitutionnelles entretenant « [des] relations d'interdépendance et constitu[a]nt une totalité organique »[2]. En particulier (au sens de l'article 20, alinéa 4 de la Loi Fondamentale objet de notre étude), l'ordre constitutionnel peut être abordé de trois différentes manières. Soit comme des « principes constitutionnels » expressément inventoriés par la Loi Fondamentale[3] : dans ce cas, « l'ordre que le droit de résistance tend à préserver serait ainsi composé des principes du fédéralisme, de la démocratie, de l'État social, de la séparation des pouvoirs et de la soumission des pouvoirs constitués au droit ». Soit en revanche, comme « l'"ordre fondamental libéral et démocratique" au sens où la Cour constitutionnelle fédérale a interprété la structure politique de l'Allemagne fédérale ». Soit, enfin, comme

---

[1]O. BEAUD, « Ordre constitutionnel et ordre parlementaire. Une relecture à partir de Santi Romano », *Droits*, 2001/1, n° 33, p. 73. Sur la notion d' « ordre juridique » : S. ROMANO, *L'ordre juridique*, 1ère éd., *Annali delle Università toscana,* 1918 ; 2e éd., *Annali delle Università toscana,* 1945, (traduit de l'italien par Lucien FRANÇOIS et Pierre GOTHOT, Dalloz, 1975, 174 pages ; rééd., Dalloz 2002) ; J. CHEVALLIER, « L'ordre juridique », *in* J. CHEVALLIER, *Le droit en procès*, Centre Universitaire de Recherches sur l'Action Publique et le Politique, 1992, p. 9.

[2]Nous nous appuyons sur la définition de l'« ordre juridique » donnée par le professeur Jacques CHEVALLIER antérieurement cité, p. 9.

[3]O. JOUANJAN, « Que dit la Loi Fondamentale en Allemagne ? », antérieurement cité, p. 191.

« [l'ordre se rapportant] à la "clause d'éternité" de l'art. 79, al. 3, comme comportant l'ensemble des décisions fondamentales du constituant échappant à la compétence du pouvoir de révision. Dans ce dernier cas, le droit de résistance peut être présenté comme la "sanction ultime" de l'art. 79, al. 3, lorsque tous les autres instruments de protection s'avèrent impuissants »[1].

Nonobstant, quelle que soit la conception choisie, il convient de retenir l'idée selon laquelle, « la notion d'ordre [constitutionnel] renvoie à la structure profonde du système politique et non à l'ensemble des dispositions positives de la Loi Fondamentale »[2].

La troisième et dernière condition annonce « [le] caractère *subsidiaire* »[3] du droit de résistance contre une entreprise de perturbation de l'ordre constitutionnel établi. Soit, l'exercice de ce droit uniquement « lorsqu'aucun autre remède n'est possible »[4]. La Cour constitutionnelle fédérale allemande a confirmé ce caractère « dans son célèbre arrêt relatif à l'interdiction du KPD »[5] : lorsque « les voies de droit mises à disposition par l'ordre juridique offrent des perspectives de remèdes si faibles [,] l'exercice de la résistance est le dernier moyen restant pour maintenir ou rétablir le droit »[6].

Toutefois, il ne faudrait pas y voir un *droit banal*. En effet, si « le droit de résistance est subsidiaire [c'est] parce qu'il a un caractère extraordinaire. Pour qu'il puisse être exercé, il faut que les garanties de la Loi Fondamentale ne

---

[1]*Ibid.*, s'agissant des trois différentes conceptions de l'ordre constitutionnel allemand.

[2]*Ibid.*

[3]*Ibid.*, p. 192. L'auteur R. GRÖSCHNER, commentant l'article 20, alinéa 4 de la Loi Fondamentale allemande, *in* H. DREIER (dir.), *Grundgesetz Kommentar*, t. 2, Mohr Siebeck, 1998, n° 15, p. 213.

[4]Article 20, alinéa 4 de la Loi Fondamentale allemande antérieurement cité.

[5]O. JOUANJAN, « Que dit la Loi Fondamentale en Allemagne ? », antérieurement cité, p. 192.

[6]Le considérant de cet arrêt (*BVerfGE*, 5, 85, p. 377) cité par O. JOUANJAN, « Que dit la Loi Fondamentale en Allemagne ? », antérieurement cité, p. 192.

puissent jouer »[1]. Par ailleurs, on admettra qu'un droit dédié à la conversation de la Constitution ne saurait être regardé comme étant banal ; celle-là définissant notamment les modalités de distribution des pouvoirs, de leur exercice, de leur dévolution, et consacrant des droits fondamentaux, matières qui concernent les personnes en qualité aussi bien de gouvernés que de citoyens. C'est seulement parce que la résistance est en elle-même source de trouble social et du fonctionnement des institutions publiques, que le droit constitutionnel subordonne sa réalisation à l'épuisement des voies de droit ordinaire de contestation et à l'échec de celles-ci. Cette condition ne cède par exemple qu'en cas « [...] de circonstances exceptionnelles dans lesquelles le fonctionnement régulier des pouvoirs publics est interrompu, [ou de] situation d'urgence dans laquelle, bien que les voies de droit restent encore normalement accessibles, la complication et la durée des procédures les rendraient inefficaces »[2].

On peut aussi s'intéresser à la Constitution grecque pour renseigner sur la rébellion orientée vers la conservation de l'ordre constitutionnel établi. Ce type de rébellion est formellement consacré à l'article 120, paragraphe 4 de la Constitution grecque entrée en vigueur le 11 juin 1975. Il résulte de cet article que le peuple grec est institué *gardien*[3] de la Constitution : « L'observation de la Constitution [est confiée] au patriotisme des Hellènes [qui] ont le droit et le devoir de résister par tous les moyens à quiconque entreprendrait son abolition par la violence" »[4]. Cette institutionnalisation est constante dans

[1]O. JOUANJAN, « Que dit la Loi Fondamentale en Allemagne ? », antérieurement cité, p. 192.
[2]*Ibid.*, p. 193.
[3]A. MANITAKIS, « Que dit la Constitution grecque ? », *in* D. GROS et O. CAMY (dir.), *Le droit de résistance à l'oppression*, *op.cit.*, p. 201.
[4]*Ibid.* ; l'auteur citant l'article 120, paragraphe 4 de la Constitution grecque du 11 juin 1975 antérieurement cité.

l'histoire constitutionnelle hellénique[1]. En effet, « toutes les constitutions depuis la révolution et l'indépendance nationales [ont toujours confié leur] garde au peuple »[2] et le contenu de certaines d'entre elles est quasi-identique[3].

Ce « droit de garde » de la Constitution ou droit de se rebeller contre les conduites affectant son intégrité et sa stabilité, se « […] déduit de la souveraineté populaire »[4]. Cela revient à dire que « le respect de la Constitution est confié *au peuple tout entier, en tant que détenteur ou porteur de la souveraineté nationale* et non pas aux individus qui le composent, pris individuellement »[5]. Si

> « […] les Grecs sont appelés à résister à l'abolition de leur République et à l'oppression, [c'est] comme membres d'une collectivité politique organisée, qui a conscience de son identité et de son autonomie politique et avant tout de sa puissance souveraine. En sa qualité de souverain, le peuple se porte garant de la légalité constitutionnelle. Celle-ci doit être respectée parce qu'elle est démocratique et républicaine et elle l'est du fait qu'elle est créée et sauvegardée par les citoyens »[6].

Toutes ces données révèlent le caractère d'un tel droit : il ne s'agit pas « [d'] un droit individuel ou naturel contre l'oppression, mais […] [d'] un droit collectif des citoyens qui est exercé par le peuple réuni, [lequel droit est] inscrit dans la Constitution »[7]. Cette conception diffère partiellement de la conception allemande antérieurement exposée. En effet, si le droit de résistance aux entreprises

---

[1]*Ibid.*

[2]*Ibid.*

[3]*Ibid.* ; l'auteur signale « les constitutions révolutionnaires de 1823 et de 1827 » qui abordent la question de « la garde » de la Constitution par « les peuples » en précisant que celle-ci « repose sur le patriotisme de tout Grec […] ». L'idée de « patriotisme » est elle-même reprise par la Constitution de 1975.

[4]*Ibid.*, p. 202.

[5]*Ibid.*, p. 202. L'auteur citant les travaux de N. I. SARIPOLOS, *Traité de droit constitutionnel*, Athènes, t. I, 1851, pp. 47-48, rééd., Sakkoulas, 1993.

[6]*Ibid.*, pp. 202-203.

[7]*Ibid.*, p.203.

de renversement de l'ordre constitutionnel établi apparaît dans les « systèmes constitutionnels » grec et allemand comme un *droit du citoyen* et non pas un *droit de l'homme*[1], il y est toutefois différemment conçu point de vue de son exercice. Le premier en fait un *droit constitutionnel à usage collectif*, là où le second en fait un *droit constitutionnel à usage individuel.*

De plus, l'usage de ce droit est admis à condition que l'ordre constitutionnel établi soit effectivement menacé[2]. Ainsi, le droit constitutionnel grec ne reconnait pas aux citoyens grecs un *droit constitutionnel de révolution*[3], mais uniquement un *droit constitutionnel de conservation*[4] de l'ordre qu'il a antérieurement fondé. Antonis Manitakis explique qu'il s'agit précisément, pour le peuple, de faire échec à la tentative de destruction de son « *pouvoir d'autodétermination* » ou « *pouvoir constituant* ». Si cette destruction venait toutefois à se produire, alors, le peuple serait juridiquement autorisé à affronter les auteurs de cette destruction en vue du « [...] rétablissement [de son] pouvoir constituant, à savoir *sa souveraineté* »[5]. Souveraineté, car c'est le peuple qui fut appelé à se prononcer par référendum le 8 décembre 1974 sur la nature du régime politique sous lequel la Grèce allait être

---

[1]A. MANITAKIS, « Que dit la Constitution grecque ? », antérieurement cité, pp. 204-205 et O. JOUANJAN, « Que dit la Loi Fondamentale en Allemagne ? », antérieurement cité, pp. 187-189.

[2]A. MANITAKIS, « Que dit la Constitution grecque ? », antérieurement cité, p. 204.

[3]*Ibid.*

[4]P. SPYROPOULOS, *Le Droit de résistance selon l'article 120 § 4 de la Constitution*, Athènes, Sakkoulas, 1987, p. 93 et S. I. KOUTSOUBINAS, *Le Peuple dans la Constitution hellénique de 1975*, Presses universitaires de Nancy, 1989, pp. 457- 467.

[5]A. MANITAKIS, « Que dit la Constitution grecque ? », antérieurement cité, p. 204.

gouvernée à l'avenir[1], et il « [...] choisit à une forte majorité la République [, précisément,] la République parlementaire comme forme du régime démocratique »[2]. S'attaquer à ce régime politique, c'est remettre en cause l'un des éléments fondamentaux composant l'ordre constitutionnel grec. Les autres éléments étant l'organisation démocratique du pouvoir politique, les principes de l'État de droit, de l'État libéral, de l'État social et la promotion et la garantie des libertés publiques et des droits de l'homme[3].

B. L'autorisation constitutionnelle des rébellions entreprises « sous le couvert » des droits constitutionnellement consacrés

Des rébellions peuvent être entreprises par les citoyens « sous le couvert » des droits constitutionnellement consacrés. Parmi ces droits, on s'intéressera particulièrement à « la libre communication des pensées et des opinions » que l'article 11 de la DDHC de 1789 proclame comme « un des droits les plus précieux de l'homme ». Ainsi, « tout citoyen peut [...] parler, écrire, imprimer librement, sauf à répondre de l'abus de cette liberté dans les cas déterminés par la loi ». L'article 10 de cette Déclaration annonce quant à lui autant l'importance dudit droit que les limites imposées à son usage ; ce qui veut dire qu'un usage abusif de ce dernier peut être sanctionné : « Nul ne doit être inquiété pour ses opinions,

---

[1]Avant-propos de la Constitution hellénique du 11 juin 1975 (version en vigueur en 2008) que les révisions de 1986, 2001, 2008 et 2019 n'ont pas affecté, p. 7 (https://www.hellenicparliament.gr/UserFiles/f3c70a23-7696-49db-9148-f24dce6a27c8/001-180%20galliko.pdf, consulté le 18/08/2021).

[2]*Ibid.*

[3]*Ibid.*, pp. 7-8. Et A. MANITAKIS, « Que dit la Constitution grecque ? », antérieurement cité, pp. 204-205.

même religieuses, pourvu que leur manifestation ne trouble pas l'ordre public établi par loi ».

Le caractère constitutionnel de ce droit ne fait pas de doute. En effet, dans sa décision du 16 janvier 1982, *Loi de nationalisation*, le Conseil constitutionnel a jugé que « [...] les principes énoncés [...] par la Déclaration des droits de l'homme [et du citoyen de 1789] ont pleine valeur constitutionnelle [...] »[1]. Par ailleurs, ce droit est reconnu d'une part, au niveau *extranational* : (article 10 de la Convention européenne des droits de l'homme du 4 novembre 1950) ; (articles 18 et 19 du Pacte international relatif aux droits civils et politiques du 16 décembre 1966) ; (articles 8 et 9, paragraphe 2 de la Charte africaine des droits de l'homme et des peuples du 26 juin 1981) et d'autre part, au niveau *supranational* : (articles 10 et 11 de la Charte des droits fondamentaux de l'Union européenne du 7 décembre 2000). Alors que les textes juridiques *extranationaux* prévoient des restrictions à l'usage de celui-là[2] – on le qualifiera ci-après, par commodité de langage, *droit à la liberté d'expression* et *d'opinion* –, les textes juridiques *supranationaux* ne les prévoient pas formellement. Il va sans dire qu'ils laissent aux États membres de l'Union européenne la latitude de

[1]CC, n° 81- 132 DC (consid.16).

[2]Ces restrictions sont : « la sécurité nationale, l'intégrité territoriale ou la sûreté publique, la défense de l'ordre ou la prévention du crime, la protection de la santé ou de la morale, la protection de la réputation ou des droits d'autrui [...] » (Article 10, paragraphe 2 s'agissant de la CEDH) ; « la protection de la sécurité, de l'ordre et de la santé publique, ou de la morale ou des libertés et des droits fondamentaux d'autrui », le « respect des droits ou de la réputation d'autrui, la sauvegarde de la sécurité nationale, de l'ordre public, de la santé ou de la moralité publiques » (respectivement Article 18, paragraphe 3 et Article 19, paragraphe 3, a) et b) s'agissant du Pacte international relatif aux droits civils et politiques) et « l'ordre public » (Article 8, s'agissant de la Charte africaine des droits de l'homme et des peuples).

déterminer eux-mêmes les cas de restrictions à apporter à l'usage dudit droit et celle d'apprécier leur application.

Ce droit apparaît comme un droit individuel. Les finalités de son exercice sont abordées notamment dans les travaux de théorie politique[1]. Ces derniers

« [ont] connu une grande fortune aux États-Unis, où de nombreux auteurs souhaitent analyser et influencer les décisions de la Cour suprême relatives à l'interprétation du Premier amendement en proposant leur conception de ce qui constituait, selon eux, le "noyau" de la liberté de parole »[2].

S'affirment aux côtés de ces travaux,

« [des] manuels de droit constitutionnel [qui] se transforment presque, sur ce sujet, en catalogues de théories destinées à identifier les objectifs servis par la liberté d'expression et les formes d'expression correspondantes : la recherche de la vérité, la circulation des informations nécessaire au gouvernement démocratique, la constitution d'un espace public de débat continu, le contrôle des gouvernants, ou encore la réalisation de soi »[3].

Mais, il serait erroné de limiter la réflexion sur les finalités de la liberté d'expression et d'opinion « au contexte américain [car] elle appartient à une tradition prestigieuse, et plus ancienne »[4]. D'abord, « celle de John Milton, souhaitant que la vérité et l'erreur puissent se livrer un combat loyal ». Ensuite, celle « de Spinoza pour qui la liberté de parler était non seulement conforme, mais nécessaire à la sûreté de l'État ». Enfin, celle « de John Stuart Mill qui voyait dans cette liberté la condition d'une enquête collective pour rechercher la vérité »[5]. La doctrine française ne manque pas non plus à l'appel ; en témoigne un récent dossier scientifique réalisé sur cette liberté

---

[1]D. RAMOND, « La liberté d'expression. Le temps d'en parler », *Raisons politiques* 2016/3, (n° 63), Éditorial, p. 7.

[2]*Ibid.* L'auteur indique à ce propos (note n° 10) que « dans son arrêt *Texas v. Johnson*, 491 US 397 (1989), la Cour suprême décida à une courte majorité que le fait de brûler le drapeau des États-Unis constituait une "conduite expressive" protégée par le Premier amendement ».

[3]*Ibid.*, pp. 7-8.

[4]*Ibid.*, p. 8.

[5]*Ibid.* (pour toute cette énumération).

fondamentale[1]. Ses domaines d'application sont variés et se sont progressivement élargis dans le temps : art, communication, politique, religion, manifestations publiques et privées, etc.[2].

Revêtant principalement un caractère individuel comme évoqué plus haut, l'exercice du droit à la liberté d'expression et d'opinion repose donc sur la volonté de la personne physique titulaire. C'est cette dernière qui détermine le moment de l'exercer et les moyens de cet exercice. Les objectifs cet exercice sont à multiples : créer une œuvre, initier un débat, contribuer à un débat, soutenir ou répliquer une opinion, alerter un danger, divertir, etc. Dans tous ces cas, il s'agit « [d'un] échange d'idées par la parole [ou par] l'écrit »[3]. Et l'*expression légale* de cette personne physique titulaire, c'est-à-dire celle qui n'enfreint pas les limites posées par le législateur étatique, n'est pas sanctionnée ; *a contrario*, l'*expression* illégale le serait et son auteur ne saurait demander une protection constitutionnelle.

Toutefois, ce droit constitutionnel peut aussi revêtir un caractère collectif. On vise ici les hypothèses dans lesquelles il est exercé par des personnes physiques titulaires affiliées à une *organisation* donnée, au sens large du terme (organisation syndicale, patronale, associative, religieuse[4], etc.) au sein de laquelle ces personnes partagent les mêmes idées et par le biais de laquelle elles entendent défendre des intérêts communs. En pratique,

---

[1] « La liberté d'expression, à quelles conditions ? » *Raisons politiques* 2016/3, (n° 63), pp. 13-133.

[2]D. RAMOND, « La liberté d'expression. Le temps d'en parler », antérieurement cité, pp. 6-7.

[3]*Ibid.*, p. 6.

[4]F. LARONZE (dir.), *L'organisation religieuse, une entreprise comme les autres ?*, Dossier, *Revue du droit des religions*, n° 5, 2018, 188 pages (https://journals.openedition.org/rdr/380, consulté le 20/08/2021).

cette synergie se révèle principalement par la préparation d'une manifestation publique et la participation coordonnée des membres de ladite organisation à cette manifestation, ainsi que le montre la décision du Conseil constitutionnel du 18 janvier 1995, *Loi d'orientation et de programmation relative à la sécurité*[1]. Analysant en l'espèce le grief d'inconstitutionnalité des mesures d'encadrement des manifestations sur la voie publique, le juge constitutionnel considéra que si « [ces] mesures [...] touchent aux conditions dans lesquelles s'exercent la liberté individuelle, la liberté d'aller et venir et le droit d'expression collective des idées et des opinions »[2], elles « [...] [n'étaient toutefois] pas non plus de nature à méconnaître les exigences [qu'appellent ces droit et libertés] »[3].

Les développements qui précèdent révèlent le droit à la liberté d'expression et d'opinion comme un *instrument* – à la disposition des individus – de communication, d'affirmation de soi dans un domaine déterminé, voire de conquête des domaines jusque-là « hostiles à [sa reconnaissance] »[4], de sauvegarde d'intérêts de diverses natures (économique, culturelle, sociale, environnementale, etc.), de revendication ou de réclamation[5], de critique des décisions gouvernementales, etc.

---

[1]CC, n° 94-352 DC.

[2]*Ibid.* (consid.16).

[3]*Ibid.* (consid. 24).

[4]D. RAMOND, « La liberté d'expression. Le temps d'en parler », antérieurement cité, p. 8 : « [...] [on rappellera] qu'il a fallu défendre la liberté d'expression dans l'adversité, et convaincre des souverains initialement hostiles à la liberté d'expression, afin que certaines formes d'expression essentielles mais vulnérables (dans les domaines politiques et religieux en particulier) soient protégées ».

[5]J. JEANNENEY, « La réclamation en droit constitutionnel », antérieurement cité.

La Constitution des États-Unis (Premier amendement) permet dans le cadre de la désobéissance civile, le recours à ce droit pour exprimer une opinion divergente, protester, se réunir pacifiquement, critiquer une loi ou le gouvernement et s'opposer à une loi[1]. Mais la reconnaissance d'un tel droit constitutionnel fait naître une « épineuse et essentielle » question à trancher[2], celle

« de savoir comment on peut légalement manifester une divergence d'opinion dans la mesure où le premier devoir légal et moral du peuple est d'obéir à la loi. Autrement dit, il s'agit de savoir si l'emploi des moyens autorisés d'opposition et de dissidence, qui sont des droits garantis par le système constitutionnel aux États-Unis, peut aboutir à la punition par l'État de celui qui est d'opinion différente ou qui s'oppose à la loi ».

Pour trancher cette question, le constituant américain a établi une distinction entre « [les] actes [...] permis et désignés sous le nom de "parole symbolique" » (« [...] emploi de mots, par un acte ou par une conduite dite "expressive" telle que les piquets de grève, les assemblées de masse " pacifiques", les manifestations ou les occupations d'immeubles publics ») et les actes non permis, ne relevant pas par conséquence de la catégorie des « parole symboliques ». Dans le premier cas de figure, le « dissident » bénéficie d'une protection constitutionnelle au titre de la liberté d'expression même lorsque son acte est choquant par exemple « l'acte qui consiste à brûler le drapeau américain [...] »[3] ; il « a été reconnu par la Cour suprême des États-Unis comme une forme permise de protestation, protégée en tant que parole symbolique »[4]. Cependant, dans le second cas de figure, le « dissident » ne bénéficie pas d'une protection constitutionnelle au titre de la liberté d'expression.

---

[1]S. TIEFENBRUN, « Désobéissance civile et Constitution des États-Unis », *in* O. CAMY (dir.), *Le droit de résistance à l'oppression, op.cit.*, p. 174.
[2]*Ibid.*
[3]*Ibid.*
[4]*Ibid.*

Il en va ainsi par exemple de « l'acte de brûler son livret militaire »[1] ; la Cour suprême des États-Unis a considéré qu'un tel acte ne constitue pas une « parole symbolique », au contraire il est susceptible « [d'empêcher] le bon fonctionnement de l'administration des États-Unis qui a le devoir de tenir le procès-verbal des assemblées. Cet acte inadmissible est donc un acte de [pure] désobéissance civile »[2], non protégé par la Constitution américaine.

Il apparaît d'une part, que la punition du « dissident » dépend des actes qu'il met en œuvre et de leurs effets généralement sur la vie de la collectivité, et particulièrement sur le fonctionnement des institutions publiques ; et d'autre part, que la liberté de parole est considérablement restreinte par le système constitutionnel américain dans le cadre d'une désobéissance civile. En somme, le gouvernement américain « doit concilier deux valeurs contradictoires et fondamentales »[3] :

> « d'une part, […] protéger le droit de parler sans contrainte, de protester efficacement, de se réunir pacifiquement et de manifester. D'autre part, on doit respecter la nécessité de maintenir l'ordre dans la société pour garantir les droits d'autrui et la sécurité de l'État »[4].

C. L'interdiction constitutionnelle des rébellions aux « allures révolutionnaires »

La question de l'interdiction constitutionnelle des rébellions aux « allures révolutionnaires » ne nous occupera pas longuement. En effet, on se bornera d'une part, à l'explication de cette interdiction et d'autre part, à l'indication des principaux buts poursuivis par cette dernière.

---

[1] *Ibid.*
[2] *Ibid.*
[3] *Ibid.*, p. 177.
[4] *Ibid.*

La Constitution interdit la réalisation des rébellions aux « allures révolutionnaires »[1]. Cela s'explique par la finalité de ce type de rébellion. En effet, loin de viser le *rétablissement de l'ordre constitutionnel* antérieur, elles ont au contraire pour finalité « l'établissement d'un ordre [constitutionnel] nouveau »[2]. Et cet établissement s'opère par la *force* ; or, cette modalité est prohibée par la Constitution qui s'attache aux principes notamment de la démocratie et d'État de droit. Ce coup de *force* constitue ainsi une remise en cause desdits principes – surtout le principe de démocratie – et porte atteinte à l'intégrité de l'ordre constitutionnel antérieur. Dès lors, l'interdiction constitutionnelle de sa réalisation entend sauvegarder l'application des principes précédemment évoqués et l'ordre constitutionnel antérieur et ce d'autant plus que, dans certains pays, la construction de cet ordre constitutionnel est le fruit d'une longue lutte du peuple avec des pouvoirs despotiques et monarchiques[3]. Ainsi, sa déconstruction par la *force* est inadmissible, parce qu'elle ruinerait un acquis historique important[4].

---

[1]A. MANITAKIS, « Que dit la Constitution grecque ? » et O. JOUANJAN, « Que dit la Loi Fondamentale en Allemagne ? », tous deux antérieurement cités (respectivement p. 192 et p. 204).

[2]O. JOUANJAN, « Que dit la Loi Fondamentale en Allemagne ? », antérieurement cité, p. 192.

[3]V. par exemple le cas de la Grèce l'Avant-propos de la Constitution hellénique du 11 juin 1975, p. 7 (https://www.hellenicparliament.gr/UserFiles/f3c70a23-7696-49db-9148-f24dce6a27c8/001-180%20galliko.pdf, consulté le 19/08/2021) et A. MANITAKIS, « Que dit la Constitution grecque ? », antérieurement cité, p. 204 ; et le cas de la France, la Révolution du 5 mai 1789 au 9 novembre 1799, v. D. GROS et O. CAMY (dir.), *Le droit de résistance à l'oppression* (l'ensemble de l'ouvrage), *op.cit.*

[4]Avant-propos de la Constitution hellénique du 11 juin 1975, antérieurement cité, p. 7 (https://www.hellenicparliament.gr/UserFiles/f3c70a23-7696-49db-9148-f24dce6a27c8/001-180%20galliko.pdf, consulté le 19/08/2021).

Au surplus, cette interdiction constitutionnelle tend à la préservation et à la stabilité des institutions publiques qu'une rébellion de grande ampleur pourrait compromettre. Pour ne s'intéresser qu'à la Constitution française, on note que deux de ses articles révèlent manifestement son attachement à la préservation et à la stabilité des institutions publiques ; ces charges sont attribuées au Président de la République en tant que principale autorité incarnant l'État. Il s'agit tout d'abord de l'article 5, alinéa 1er aux termes duquel on lit que « le Président de la République veille au respect de la Constitution. Il assure, par son arbitrage, le fonctionnement régulier des pouvoirs publics ainsi que la continuité de l'État ». Ensuite de l'article 16, alinéa 1er, dit des « pleins pouvoirs »[1]. Ce dernier dispose :

> « Lorsque les institutions de la République, l'indépendance de la nation, l'intégrité de son territoire ou l'exécution de ses engagements internationaux sont menacées d'une manière grave et immédiate et que le fonctionnement régulier des pouvoirs publics constitutionnels est interrompu, le Président de la République prend les mesures exigées par ces circonstances […] ».

Le détail de ce libellé constitutionnel a été opéré par d'autres[2]. Par conséquent, on soulignera seulement ici que le Président de la République est constitutionnellement habilité à exercer seul de larges pouvoirs en cas de crise grave – par exemple une rébellion soutenue, une révolution ou encore une guerre civile – éclatant au sein de la collectivité ou résultant d'une attaque extérieure – par exemple l'attaque armée émanant d'un autre État –, laquelle paralyse ou risque de paralyser particulièrement le fonctionnement des institutions publiques, l'intégrité physique des personnes et l'usage de leurs biens.

---

[1]S. PLATON, « Vider l'article 16 de son venin : les pleins pouvoirs sont-ils solubles dans l'état de droit contemporain ? », *RFDC* 2008/5 (HS n° 2), pp. 97-116.
[2]*Ibid.*

Le fonctionnement desdites institutions est tellement important entre autres, pour la continuité de l'État[1], la satisfaction des divers besoins collectifs, le maintien des relations avec les autres États, que le Code pénal national punit aussi bien « [la commission d'] un ou plusieurs actes de violence de nature à mettre en péril les institutions de la République ou à porter atteinte à l'intégrité du territoire national »[2] que les *mouvements insurrectionnels* collectivement organisés et ciblant « [...]les institutions de la République ou [destinés] à porter atteinte à l'intégrité du territoire national »[3].

II. Une sanction programmée

La sanction de la rébellion vérifie la relativité de cette dernière. En effet, on note que la Constitution sanctionne la rébellion injustifiée **(A)**. Cette sanction peut être vue comme la marque du rétablissement d'une autorité bafouée **(B)**.

A. La sanction constitutionnelle de la rébellion injustifiée

L'hypothèse de la rébellion injustifiée et de sa sanction est prévue par l'article 7 de la DDHC de 1789. Le contenu de cet article est le suivant :

> « Nul homme ne peut être accusé, arrêté ou détenu que dans les cas déterminés par la loi et selon les formes qu'elle a prescrites. Ceux qui sollicitent, expédient, exécutent ou font exécuter des ordres arbitraires doivent être punis ; mais tout citoyen appelé ou saisi de la loi doit obéir à l'instant ; il se rend coupable par la résistance ».

---

[1]M. DELEIXHE, « Le principe de continuité de l'État : une origine théologique », *Journal des tribunaux*, n° 33 spécial : La continuité de l'État, Bruxelles, 2014, p. 646 (https://dial.uclouvain.be/pr/boreal/object/boreal%3A188996/datastream/PDF_01/view, consulté le 19/08/2021).
[2]Article 412-1.
[3]Articles 412-3à 412-6.

Cet article révèle implicitement l'existence de deux différents types de rébellion. Il s'agit d'une part, de la *rébellion justifiée*, c'est-à-dire celle qui est menée par un citoyen en raison d'un ordre arbitraire que lui donne un agent de l'État dans l'exercice de ses fonctions ; selon le texte, ce premier type de rébellion se rencontre principalement en matière de police judiciaire – *lato sensu* – ainsi que l'indiquent les expressions « accusé, arrêté ou détenu ». Lorsque la rébellion est justifiée, le citoyen échappe à une sanction ; c'est en revanche l'agent de l'État, auteur de l'ordre arbitraire ou « ceux qui sollicitent, expédient, exécutent ou font exécuter des ordres arbitraires » qui subissent cette sanction. Et d'autre part, de la *rébellion injustifiée*, soit celle qui est menée par un citoyen à la suite d'un ordre non arbitraire, autrement dit légal, que lui donne un agent de l'État dans l'exercice de ses fonctions ; de même selon le texte, ce second type de rébellion se rencontre principalement en matière de police judiciaire, les termes « appelé ou saisi en vertu de la loi […] » le soulignent.

Mais, la DDHC se borne à prévoir la sanction de la *rébellion injustifiée* sans la détailler. C'est dans le Code pénal qu'apparaissent des détails relatifs à ce type de rébellion. En effet, l'article 433-7 de ce Code dispose en son premier alinéa que « la rébellion [, sous-entendue injustifiée,] est punie de deux ans d'emprisonnement et de 30 000 euros d'amende » et en son second alinéa que la rébellion « […] commise en réunion est punie de trois ans d'emprisonnement et de 45 000 euros d'amende » – dans ce cas, la peine est aggravée –. D'autres articles de ce Code détaillent aussi la sanction de la rébellion selon ses modalités de son accomplissement. Ainsi, « la rébellion armée est punie de cinq ans d'emprisonnement et de 75 000 euros d'amende » ; celle « […] armée [et] commise en réunion est punie de dix ans d'emprisonnement et de

150 000 euros d'amende » – dans ce cas, la peine est aussi aggravée – ; enfin, celle accomplie par « provocation directe », « manifestée soit par des écrits ou des discours publics, soit par des écrits affichés ou distribués, soit par tout autre moyen de transmission de l'écrit, de la parole ou de l'image, est punie de deux mois d'emprisonnement et de 7 500 euros d'amende ».

Au demeurant, il importe de voir que la *rébellion injustifiée* est une tentative ou une forme de soustraction à la loi alors que selon l'article 6 de la DDHC, celle-ci « [...] doit être la même pour tous, soit qu'elle protège, soit qu'elle punisse [...] ». De ce fait, l'individu qui se soustrait indûment à la loi ou refuse également de cette manière d'y obéir commet une rupture (inadmissible) d'égalité devant la loi[1].

B. La sanction de la rébellion comme marque du rétablissement de l'autorité affrontée

Sans conteste, *rébellion* et *autorité* sont deux termes inconciliables en ce qu'ils renvoient à des situations ou réalités contradictoires. En effet, la rébellion est une action réalisée par une personne physique contre une autorité établie[2] pour diverses raisons parmi lesquelles, « [la] violation des droits de l'homme ou de principes jugés fondamentaux »[3]. Quant à l'autorité, elle est définie

---

[1]Sur le principe d'égalité en général duquel découle le principe d'égalité devant la loi, v. par exemple C. Barrois De Sarigny, « Le principe d'égalité dans la jurisprudence du Conseil constitutionnel et du Conseil d'État », *Titre VII* 2020/1 (n° 4), pp. 18-25. Des dérogations à ce principe existent : CE, Sect., n° 88032, 88148, 10 mai 1974, *Denoyez et Chorques* ; CE, Sect., n° 157425, 29 décembre 1997, *Commune de Gennevilliers* et CE, Sect., n° 157500, 29 décembre 1997, *Commune de Nanterre*.

[2]G. LEBRETON, « La résistance à l'autorité », *in* J. FOYER, G. LEBRETON et C. PUIGELIER (dir.), *L'autorité*, PUF, 2008, p. 261.

[3]*Ibid.*

comme « le droit, le pouvoir de commander, le pouvoir de prendre des décisions et de se faire obéir »[1]. De ce point de vue, la sanction de la rébellion est une réponse au manquement à l'obéissance due à l'autorité établie au sein d'un État donné (autorité politique, législative, réglementaire, juridictionnelle, etc. – l'autorité étant légalement attribuée à un organe, mais concrètement exercée par une personne physique –).

L'une des finalités de cette sanction est le rétablissement de l'autorité affrontée. Il faut être clair à ce propos. Cette autorité peut être rétablie dans plusieurs cas de figure ; on en citera que deux. Par exemple premièrement, lorsque ses décisions ont été irrégulièrement bafouées alors qu'elles avaient vocation à s'appliquer, celles-ci n'étant en effet pas oppressives (dans ce cas, il y a refus injustifié d'obéir) ; *a contrario* les décisions oppressives ouvrent aux personnes physiques un droit de « résistance à l'autorité » qui les a prises[2]. Deuxièmement, lorsque son exercice est paralysé par des mouvements contestataires ou encore des rébellions armées, individuellement ou collectivement opérées[3], lesquelles sont dangereuses aussi bien pour les personnes, leurs biens que les institutions publiques par le biais desquelles ladite autorité s'exprime.

---

[1]C'est Armelle RENAUT-COUTEAU qui indique cette définition qu'elle a tirée du *Larousse*. V. A. RENAUT-COUTEAU, « L'autorité du droit communautaire », *in* J. FOYER, G. LEBRETON et C. PUIGELIER (dir.), *L'autorité*, *op.cit.*, p. 212. V. aussi C. PUIGELIER et F. TERRÉ, « Autorité et pouvoir. Lectures de Montesquieu », *in* J. FOYER, G. LEBRETON et C. PUIGELIER (dir.), *L'autorité*, *op.cit.*, p. 248.

[2]Article 2 de la DDHC de 1789 et G. LEBRETON, « La résistance à l'autorité », *in* J. FOYER, G. LEBRETON et C. PUIGELIER (dir.), *L'autorité*, *op.cit.*, pp. 257-272.

[3]Article 433-8 du Code pénal, antérieurement cité.

Ainsi, le rétablissement de l'autorité affrontée est nécessaire au maintien de celle-ci et à la continuité de son exercice.

***

L'étude que nous concluons a été une « quête » de la constitutionnalité de la rébellion. Elle a nécessité un renseignement sur le sens des termes *Constitution* et *rébellion*. Tous deux ont été pris ici au sens large. En effet, par *Constitution*, nous avons entendu le texte qui se rapporte à l'État (son organisation, les conditions d'attribution et d'exercice du pouvoir en son sein, les relations qu'il est amené à avoir avec des particuliers), la jurisprudence constitutionnelle, ainsi que toute disposition ayant valeur constitutionnelle ; concernant ce dernier point, nous nous sommes particulièrement intéressés à certaines dispositions de la Déclaration des droits de l'homme et du citoyen du 26 août 1789. Quant à la *rébellion*, elle a été définie comme un comportement de *résistance*, d'*opposition*, de *protestation*, de *révolte*, de *refus*, de *désobéissance*, etc., lequel est adopté par des personnes physiques que l'on appelle *rebelles* contre d'autres personnes physiques (particuliers ou agents de l'État dans l'exercice de leurs fonctions), ou contre des personnes morales, notamment l'État. Nous avons ainsi écarté la stricte « conception pénaliste » de la rébellion car en adoptant un comportement réfractaire, les *rebelles* ne tombent pas nécessairement sous le coup des crimes et délits et spécialement, sous le coup des dispositions de l'article 433-6 du Code pénal.

La question centrale a pour sa part reçu une réponse mesurée. En effet, la Constitution n'autorise pas la réalisation de toute forme de rébellion. Si elle autorise la réalisation d'une part, des rébellions dites « conservatoires » des droits constitutionnellement consacrés (autorisation implicite) et de l'ordre constitutionnel établi (autorisation explicite), et d'autre part, des rébellions s'appuyant sur les droits constitutionnellement consacrés (autorisation implicite), elle interdit à l'opposé, la réalisation des rébellions « aux allures révolutionnaires » parce que ces dernières sont dangereuses pour l'ordre constitutionnel initial et le fonctionnement des institutions.

Ce sont surtout les Constitutions étrangères (notamment la Loi Fondamentale allemande du 23 mai 1949 et la Constitution grecque du 11 juin 1975) qui nous ont permis de montrer l'éventuelle constitutionnalité de la rébellion. En effet, elles contiennent des dispositions qui instituent le peuple comme *gardien* de l'ordre constitutionnel qu'elles ont établi. Cela revient à dire que ce dernier peut faire obstacle par sa rébellion aux entreprises tendant au renversement (inconstitutionnel) dudit ordre. Seulement, la sauvegarde de cet ordre constitutionnel obéit à un ensemble de règles procédurales. C'est ainsi que, l'entrée en rébellion du peuple n'est autorisée que s'il n'existe pas d'autres remèdes (sous-entendus moins violents) pouvant sauvegarder l'ordre constitutionnel en question dont le renversement est envisagé ou a été effectué. Une telle contrainte ne se rencontre pas en revanche lorsque cet ordre est totalement aboli à la suite par exemple d'une révolution. Tout cela révèle que la Constitution réserve la rébellion de forte intensité pour des situations extrêmes qui compromettraient son contenu, la stabilité des institutions qu'elle définit et l'exercice des droits et libertés qu'elle consacre.

Au demeurant, nous avons abordé la question de la sanction de la rébellion. En effet, la Constitution sanctionne la rébellion, particulièrement celle qui est injustifiée (article 7 de la DDHC de 1789).

Elle est ainsi, en matière de rébellion, loin d'être totalement « libérale », ni toujours « gracieuse ».

Processus électoraux et crises post-électorales au Gabon. Une analyse à partir des élections présidentielles de 1998 et de 2005

Yves-Alain KOUMBA
Docteur en science politique
Université de Lorraine
IRENEE– UR 7303

Au Gabon, le nouveau système politique pluraliste adopté au début de la phase de libéralisation politique en 1990, a mis fin au monopartisme institué par Albert-Bernard Bongo marqué par des élections à liste unique[1] entre 1968 et 1989, et a instauré un espace de liberté. En d'autres termes, ce nouvel espace de liberté a mis fin aux élections sans choix[2]. Dès cet instant, le « président Bongo acceptait le multipartisme et reconnaissait la naissance d'une « ère nouvelle de démocratie pluraliste »[3]. Ainsi, la phase de libéralisation politique amorcée dans de nombreux pays en Afrique francophone dont le Gabon au début de la décennie 1990, a consacré le retour de la compétition politique avec l'existence de nombreuses formations politiques[4] puis, l'organisation des élections fondatrices. Les élections test qui ont inauguré cette nouvelle ère d'organisation d'élections « libres » au Gabon ont été les législatives de septembre et octobre 1990[5] ce,

[1]P. MALEKOU, *Le secret des choses cachées. Candide dans le marais de la politique gabonaise (1964-2009)*, Publisud, 2016, p.150.
[2]G. HERMET, « Les élections sans choix », *RFP,* février 1977, n°1, p.30.
[3]F. GAULME, « Le Gabon à la recherche d'un nouvel ethos politique et social », *Politique africaine*, 1991, n°43, p.52.
[4]A. MBEMBE, « Afrique des comptoirs, ou Afrique du développement ?», *Le Monde diplomatique*, janvier 1992, p.24.
[5]T. PERRET, *Afrique voyage en démocratie. Les années cha cha*, L'Harmattan, 1994, p.139.

après près d'un quart de siècle d'absence d'élections disputées[1], circonstance consécutive à l'instauration du parti unique par Albert-Bernard Bongo[2] à travers la création du Parti démocratique gabonais (PDG) le 12 mars1968[3]. Cependant, le nouveau système pluraliste adopté à partir de ces premières élections post-parti unique, ont conduit au plébiscite électoral du PDG, ancien parti unique, qui a « remporté » 62 sièges[4]. L'opposition quant à elle, a obtenu 55 sièges[5] sur un total de 120 sièges au nouveau Parlement. Au reste, le 5 décembre 1993[6], a eu lieu la première élection présidentielle sous le Renouveau démocratique.

Malheureusement, le régime recyclé d'Omar Bongo opère un passage en force. Il en résulte qu'Omar Bongo est déclaré « vainqueur » par le ministre de l'Administration du Territoire et des Collectivités Locales de l'époque, Antoine Mboumbou Miyakou avant la fin de la phase de centralisation de tous les résultats électoraux

---

[1]A.-W. NDOMBET, « Processus électoraux, alternance et violence politique », *in*, NDOMBET A.-W. (dir.), *Processus électoraux et immobilisme au Gabon (1990-2009)*, L'Harmattan, 2015, p.24.

[2]Celui-ci a eu plusieurs noms, ce qui explique d'abord l'usage du nom d'Albert-Bernard Bongo au début de cette étude. Ainsi, connu sous d'Albert-Bernard Bongo au début de son Magistère, il se convertit à la religion musulmane en janvier 1975 puis, il fait précéder son nom du titre d'*El-Hadj.* Aussi, au crépuscule de sa vie et plus précisément en 2005, il a ajouté *Ondimba* à son patronyme. De fait, il est passé d'Albert-Bernard Bongo à Omar Bongo Ondimba. Pour cela, v. P. MALEKOU, *Le secret des choses cachées. Candide dans le marais de la politique gabonaise (1964-2009)*, *op.cit.*, p.111.

[3]P. MALEKOU, *Le secret des choses cachées. Candide dans le marais de la politique gabonaise (1964-2009)*, *op.cit.*, p.149.

[4]« Législatives de 90 : 117 élus sur 120 », *L'Union* n° 4445 du mardi 30 octobre 1990, p.1.

[5]« Déclaration du ministère de l'Administration du territoire », *L'Union* du mardi 30 octobre 1990, p.4.

[6]« Participation importante », *L'Union* du lundi 6 décembre 1993, n° 5372, p.1.

nationaux[1], avec 51,07 % des suffrages contre 27,48 % des suffrages pour son challenger, Paul Mba Abessole[2]. Cette déclaration de victoire fut confortée par Luc Bengone Nsi, président du Mouvement de redressement national (MORENA) qui était pour le compte de l'opposition à la Commission nationale de centralisation des résultats placée sous la responsabilité du ministre de l'Administration du Territoire et des Collectivités Locales, Antoine Mboumbou Miyakou précité[3]. L'effet immédiat de ce premier coup d'État électoral opéré dans cette phase sensible de transition politique, a été l'embrasement du pays. Dans cette perspective, l'on note des manifestations violentes à Libreville[4] et leur répression par le régime[5].

Ce début de déni de démocratie conduit les acteurs politiques de l'opposition regroupés autour du Père Paul

---

[1]N. METEGUE N'NAH, *Histoire du Gabon. Des origines à l'aube du XXIe siècle*, L'Harmattan, 2010, p. 263.

[2]« Bongo réélu 51,07 % », *L'Union* du samedi 11 et dimanche 12 décembre 1993, p. 1.

[3]« Je suis allé au lit. J'étais couché lorsque NGOUA-NGOU (enseignant et leader syndical) me réveille en me demandant : « est-ce que vous avez fini les travaux ? ». J'ai dit non. On doit poursuivre demain. Il dit : « non ! MBOUMBOU MIYAKOU est en train de donner les résultats ». J'ai dit mais il les a pris où ? Je ne pouvais pas imaginer que quand nous on travaillait, eux ils façonnaient leurs résultats. Le mercredi, (la veille de la proclamation des résultats) pendant qu'on travaillait, la Radio-Télévision Gabonaise (RTG) est venue et nous a filmés. Nous pensions qu'ils filmaient la séance de travail. Et quand je mets ma télé en marche, je me vois en train de parler au moment où MBOUMBOU MIYAKOU donnait les résultats. Moi je suis couché et les gens me voient à la télévision comme si j'étais dans la salle au moment où MBOUMBOU MIYAKOU proclamait les résultats ». Entretien avec Luc BENGONE NSI, président du Mouvement de redressement national (MORENA), Libreville, le 31 octobre 2019.

[4]« Chars et blindés sont déployés pour mettre fin à l'anarchie », *L'Union* du lundi 13 décembre 1993, p. 7.

[5]N. METEGUE N'NAH, *Histoire du Gabon. Des origines à l'aube du XXIe siècle*, *op.cit.*, p. 265.

Mba Abessole de rentrer en résistance politique, plongeant *de facto* le pays dans la première crise post-électorale d'une rare ampleur. Cette crise post-électorale est marquée entre autres, par la mise en place du Haut Conseil de la République (HCR) constitué des personnalités politiques qui contestent la victoire d'Omar Bongo[1]. Ce regroupement politique est suivi de la mise en place d'un Gouvernement parallèle[2], fait singulier dans le champ politique gabonais. Ce faisant, les élections présidentielles de 1998 et de 2005 n'échappent pas au cycle désormais « routinier » de la contestation des résultats électoraux. En effet, elles ont été secouées par des crises post-électorales de faible intensité si on les compare à celle qui s'est produite à l'issue de l'élection présidentielle du 5 décembre 1993 ; cette faible intensité est liée au fait qu'Omar Bongo avait déjà réussi à « dompter » certains leaders politiques radicaux opposés à son régime.

En droite ligne avec notre réflexion, la définition de quelques mots clés s'avère indispensable. Ici, est indiquée, la « crise politique » qui s'entend comme les formes de contestation du pouvoir[3]. Le processus électoral quant à lui s'entend comme l'ensemble des « opérations nécessaires au bon déroulement des élections, qu'il s'agisse de la confection des listes électorales, de l'organisation de la campagne électorale, de la formation des officiers électoraux, des différentes formalités préparatoire au scrutin, de la tenue des bureaux de vote, des procédés de votations, des modalités de centralisation et de décompte des résultats, ou encore de l'observation

---

[1]« Le Haut Conseil de la République », *Le Bûcheron* n°143 du 16 au 18 décembre 1993, p. 11.

[2] « Le gouvernement des Forces du changement », *Le Bûcheron* n°143 du 16 au 18 décembre 1993, p. 13.

[3]M. LAKEHAL, *Dictionnaire de science politique. Les 1500 termes politiques et diplomatiques pour rédiger, comprendre et répondre au discours politique*, 4ème éd., L'Harmattan, 2009, p. 120.

internationale des élections, etc… »[1]. Ainsi, c'est sans doute la récurrence des contestations post-électorales qui se muent en crises post-électorales observées dans l'histoire politique gabonaise post-parti unique, qui nous intéresse et nous choisissons les contestations post-électorales de 1998 et de 2005 comme l'épicentre de notre réflexion.

Dans le cadre de notre étude, une question essentielle se dégage et mérite d'être posée : quel est le lien qui unit les processus électoraux de 1998 et de 2005 et les crises post-électorales qui en ont découlées ? Pour répondre à cette question, il sied d'adopter une démarche à double détente pour analyser tant la présentation des processus électoraux des élections présidentielles de 1998 et de 2005 (**I**) que les différentes contestations post-électorales qui en découlent (**II**).

I. La présentation des processus électoraux des scrutins de 1998 et 2005

Les processus électoraux de 1998 et de 2005 ont été chacun des moments qui ont servi de terreau à la contestation post-électorale. C'est la raison pour laquelle pour rendre compte de cette réalité nous verrons les faits caractéristiques de l'élection présidentielle de 1998 (**A**) puis, ceux de l'élection présidentielle de 2005 (**B**).

---

[1]B. MWIMBA TAMBWE, « Processus électoral et contestation de résultat en Afrique subsaharienne. Cas de la RDC ». Disponible sur : https://www.memoireonline.com/, [consulté le 14 avril 2021].

A. Les caractéristiques de l'élection présidentielle de 1998 et les signes avant-coureurs de la contestation post-électorale

Après la première élection présidentielle du dimanche 5 décembre 1993, celle du dimanche 6 décembre 1998 constitua le deuxième scrutin organisé sous le nouveau système pluraliste[1]. Huit candidats prirent part à celui-ci, dont les majeurs sont Omar Bongo, président sortant et Pierre Mamboundou[2]. Au reste, après la phase électorale, les résultats du scrutin sont rendus publics. D'emblée ceux-ci interpellèrent plus d'un défenseur des valeurs démocratiques[3]. Et cela en raison du score stalinien qu'obtint Omar Bongo dans sa province d'origine, le Haut-Ogooué, soit 94,38 % des suffrages[4] pendant que son challenger, Pierre Mamboundou obtint 3,8 % des suffrages[5]. Ainsi, l'écart entre les deux concurrents fut de 90,58 % des suffrages. Dès lors, il s'agit de la poursuite de l'instrumentalisation

[1]« La parole aux urnes », *L'Union* n°6875, du samedi 5 décembre 1998, p. 1.

[2]Les candidats en lice sont les suivants : Omar BONGO du Parti démocratique gabonais (PDG), Pierre MAMBOUNDOU du Haut Conseil de la Résistance (HRC), Martin EDZODZOME ELLA, Alain ENGOUANG NZE et Joseph-Adrien MABICKE (indépendants), Pierre-André KOMBILA Rassemblement national des Bucherons/Démocrates (RNB /Démocrates), Pierre-Claver MAGANGA MOUSSAVOU du Parti social-démocrate (PSD), Paul MBA ABESSOLE du Rassemblement national des Bucherons/Nouveau départ (RNB /Nouveau départ). Pour cela voir « La parole aux urnes », *L'Union* n° 6875, du samedi 5 décembre 1998, *op.cit.,* p. 1.

[3]A.-W. NDOMBET, *Renouveau démocratique et pouvoir au Gabon (1990-1993)*, Karthala, 2009, p. 179.

[4]« Le Haut-Ogooué, comme sous le parti unique », *L'Union* du lundi 21 décembre 1998, p. 2.

[5]« Résultats de l'élection présidentielle de 1998 », *L'Union* du 10 décembre 1998, p. 2.

de la province du Haut-Ogooué amorcée avec les élections législatives de septembre et octobre 1990 qui consacrèrent le plébiscite électoral du PDG dans cette province où ce parti a été le seul vainqueur avec dix-sept « élus »[1]. Ainsi, à travers ce score, le régime d'Omar Bongo mit en exergue la prégnance du vote ethnique. De fait, il s'agit pour les Altogovéens de confirmer leur frère[2] et de démontrer leur attachement à Omar Bongo[3]. Ce procédé s'inscrit dans les actes posés par le régime lors du scrutin du 5 décembre 1993 où le même phénomène a été observé. En effet, dans cette province, Omar Bongo avait obtenu, successivement, 99,68 ; 93,85 ; 99,36 ; 100 ; 98,02 et 97,80 % des suffrages respectivement dans les départements des Plateaux (Lékoni), de l'Ogooué-Letili (Boumango), de la Djouri-Agnili (Bongoville), de la Djoué (Onga), de la Lékabi-Léwolo (Ngouoni) puis, de la Lékoni-Lékori (Akiéni)[4]. En revanche, son opposant d'alors, Paul Mba avait obtenu dans les mêmes départements tour à tour, 0,9 ; 3,62 ; 0,42 ; 1,55 ; 0 et 0,90 % des suffrages[5]. Au vu des scores d'Omar Bongo dans cette province, il est permis de dire que le contexte de

---

[1]Lors de ces élections au premier tour du 16 septembre 1990, le PDG est « vainqueur » et aucun n'opposant n'a été déclaré élu dans cette province parce qu'avaient été empêchés de mener campagne par le régime. Les « élus » PDG qui ont favorisé le plébiscite électoral de ce parti dans cette province sont entre autres, Leonard ANDJEMBE, Ali BONGO, Zacharie MYBOTO, Georges ONGOURI, Paul TOUNGUI, Luc OKENKALI, Luc MARAT ABYLA, François ODOUGA, Jules KAMY, Sidoine NEMBE, Julien ANKAMBI. Pour plus des précisions, v., « Les 57 premiers élus », *L'Union* du samedi 22 et dimanche 23 septembre 1990, p. 5.

[2]« Le Haut -Ogooué, comme sous le parti unique », *L'Union* du lundi 21 décembre 1998, *op.cit.*, p. 2.

[3]*Ibid.*

[4]« Les résultats du scrutin », *L'Union* du samedi 11 et dimanche 12 décembre 1993, *op.cit.*, p. 2.

[5]*Ibid.*

libéralisation politique perceptible au début de la décennie 90 a permis de mettre en lumière le vote ethnique dans le jeu politique en Afrique centrale[1].

Par ailleurs, ce score d'Omar Bongo au scrutin de décembre 1998 dans le Haut-Ogooué rappela aussi des pratiques bien enracinées pendant le parti unique. Ces pratiques donnèrent lieu à des plébiscites électoraux dans la mesure où il s'agissait d'élections à listes uniques. Mieux, Omar Bongo l'avait avoué plus tard, c'est-à-dire sous le Renouveau démocratique. Ainsi, il arguait que ce type de score était une sorte d'humiliation pour les peuples[2]. Poursuivant ses explications, il relevait que cela était lié au fonctionnement du Parti Unique dont « tout le monde » avait légitimé l'existence[3], plus précisément, les acteurs politiques de l'époque. Par conséquent, tout « le monde étant militant » du Parti Unique, forcément, ces élections ne pouvaient aboutir qu'à un raz-de-marée[4]. De fait, il avait reconnu les dégâts occasionnés par ces pratiques anti-démocratiques. Cependant, en 1998, le pays était déjà engagé sur la voie du processus de démocratisation. Pour autant, Omar Bongo ne s'était pas démarqué des anciennes pratiques même si le concerné avait prétendu que ce n'est pas ainsi qu'il concevait la démocratie[5]. Ce faisant, les résultats officiels finaux de ce scrutin donnèrent Omar Bongo « vainqueur » avec 66,88 % des suffrages contre 16,50 % des suffrages pour

---

[1]J.-A. NDJOCK, *Élections politiques et démocratisation en Afrique subsaharienne : le cas des États de l'Afrique centrale,* thèse de doctorat en Droit Public, Toulouse, Université des Sciences Sociales de Toulouse 1, le 4 mai 2001, p. 27.

[2]C. CASTERAN, *Omar Bongo. Confidences d'un africain*, Paris, Albin Michel, 1994, p. 57.

[3]*Ibid.*

[4]*Ibid.*

[5]*Ibid.*

Pierre Mamboundou, l'opposant à son régime[1]. Il reste maintenant à voir le scrutin de novembre 2005.

B. L'élection présidentielle de 2005 et la poursuite du règne d'Omar Bongo Ondimba

L'élection présidentielle de 2005 a été la troisième du genre sous la nouvelle ère du Renouveau démocratique. Elle ne connut pas l'inflation des candidatures. Cela fut sans doute lié au fait que de nombreux leaders de l'opposition avaient rejoint la Majorité présidentielle et l'un des effets d'une telle démarche fut l'affaiblissement de cette opposition. Le ralliement des leaders de l'opposition au bloc au pouvoir a fut la conséquence des arrangements politiciens entre eux et le pouvoir en place. Tel est le cas de Paul Mba Abessole. Ce dernier signa un accord politique avec Omar Bongo Ondimba par lequel il s'engagea à ne pas se présenter à l'élection présidentielle et à assurer au second son soutien puis, à attendre un retour d'ascenseur de ce dernier comme il est de coutume en matière d'accord politique. Ledit accord indiquait :

> « Il y'a deux ans, sous les auspices de Son Excellence El Hadj Omar Bongo Ondimba, Président de la République et Monsieur Paul Mba Abessole, président du RPG, a été signé un accord inter-partis qui a abouti à la mise en place d'un gouvernement de large consensus autour de l'axe PDG/RPG [...] C'est pourquoi S.E El Hadj Omar Bongo Ondimba, Président de la République et M. Paul Mba Abessole, président du RPG, se sont entendus sur ce qui suit : -Premièrement : Si S.E El Hadj Omar Bongo Ondimba, Président de la République, est candidat à l'élection présidentielle de 2005, M. Paul Mba Abessole s'engage à ne pas se présenter. Il s'engage en outre à faire campagne pour la réélection de S.E El Hadj Omar Bongo Ondimba »[2].

---

[1]Décision n° 011/CC du 12 décembre 1998 portant proclamation des résultats de l'élection du président de la République du 6 décembre 1998, *Hebdo informations* n° 391-12 décembre 1998. V. aussi « La Cour constitutionnelle proclame la réélection d'Omar Bongo », *L'Union* du lundi 14 décembre 1998, p. 2.

[2]Accord politique signé entre Paul MBA ABESSOLE et Omar BONGO ONDIMBA, Libreville, le 25 février 2004.

De ce point de vue, il est fort avéré que c'est un « deal politique » que Paul Mba Abessole passa avec le pouvoir en place qui fit en sorte qu'il ne soit pas candidat à l'élection présidentielle. Dans le même sillage, l'on note aussi le retour de Pierre-Claver Maganga Moussavou dans le bloc de la Majorité au pouvoir, lequel retour permit à ce dernier de faire son entrée au Gouvernement d'ouverture[1] en qualité de ministre d'État, ministre de l'Agriculture, de l'Élevage et du Développement rural en 2002[2]. Par voie de conséquence, pour ce scrutin de novembre 2005, l'on enregistra cinq candidatures, dont celles de candidats majeurs, Omar Bongo Ondimba et Pierre Mamboundou[3].

Comparativement à l'organisation des précédents scrutins, celui de 2005 connut des réajustements. En effet, ce scrutin se déroula en deux temps. Premier temps, seules les forces de sécurité et de défense ont été appelées les premières aux urnes pour accomplir leur devoir civique avant les autres composantes du corps électoral[4]. Cela a été rendu possible grâce à une « nouvelle disposition » de la loi électorale[5]. Cela étant dit, cette première phase du scrutin qui a lieu le samedi 26 novembre[6], fut qualifiée de

---

[1]L.-M. MIDEPANI, *Élites politiques et démocratisation au Gabon. Contribution à une sociologie de la construction démocratique en Afrique noire,* thèse de doctorat en sociologie, Amiens, Université de Picardie Jules Verne, 2005, p. 540.

[2]« Gouvernement de la République », *L'Union* du lundi 28 janvier 2002, p. 2.

[3]Les candidats à cette élection sont : Omar BONGO ONDIMBA, Pierre MAMBOUNDOU, Zacharie MYBOTO, Auguste MOUSSAVOU KING et Christian MAROGA. Pour cela v. « Présidentielle 2005, le premier round », *L'Union* n° 8976 du vendredi 25 novembre 2005, p. 1.

[4]« Les militaires se sont rendus en masse aux urnes hier ». *L'Union* du samedi 26 et dimanche 27 novembre 2005, p. 2.

[5]*Ibid.*

[6]« Présidentielle 2005 le premier round », *L'Union* n° 8976 du vendredi 25 novembre 2005, *op.cit.*, p. 1.

« premier round ». Ainsi, l'administration électorale n'avait pas manqué de justifier cette organisation en arguant la nécessité de sécurisation des opérations de vote sur l'ensemble du territoire que les forces de sécurité et de défense doivent assurer. Par conséquent, il était logique qu'ils votent avant les autres composantes du corps électoral pour leur permettre d'assurer correctement leur mission de sécurisation des opérations de vote sur l'ensemble du territoire[1]. Dans un second temps, les autres composantes du corps électoral furent appelées aux urnes. Ce qui fut qualifié de « second round » ; le scrutin eu lieu le dimanche le 27 novembre 2005[2].

Par ailleurs, après ces deux phases électorales et quelques jours d'attente, voire de faux suspense, le ministre de l'Intérieur d'alors, Clotaire-Christian Ivala proclama les résultats provisoires au siège de la Commission Nationale Électorale (CNE) le mardi 29 novembre 2005[3]. Ces résultats provisoires donnèrent « vainqueur » Omar Bongo Ondimba avec 79,21 % des suffrages[4]. Les autres candidats, Pierre Mamboundou, Serge Christian Maroga, Augustin Moussavou King et Zacharie Myboto, obtinrent respectivement, 13,57 ; 0,38 ; 0,38 et 3,09 % des suffrages[5]. Ainsi, comme lors du scrutin de 1998, l'écart entre Omar Bongo Ondimba et Pierre Mamboundou est de 65,64 % des suffrages, ce qui constitua à n'en point douter, un énième plébiscite électoral du président sortant.

---

[1]*Ibid.*, « Les forces de sécurité et de défense aux urnes aujourd'hui », p. 2.

[2]« Aux urnes, citoyens !», *L'Union* n° 8977 du samedi 26 et dimanche 27 novembre 2005, p. 1.

[3]« Omar Bongo Ondimba haut la main ! », *L'Union* n° 8980 du mercredi 30 novembre 2005, p. 1.

[4]*Ibid.*, « Résultats de l'élection présidentielle de 2005 », p. 3.

[5]*Ibid.*

Cependant, l'observation de ces résultats officiels provisoires interpella plus d'un observateur des faits politiques gabonais. En effet, la logique de l'instrumentalisation de la province du Haut-Ogooué se révéla à nouveau. Dans cette perspective, Omar Bongo Ondimba obtint dans cette province 92,38 % des suffrages pendant que Pierre Mamboundou son opposant obtint 1,48 % des suffrages[1], ce qui a augura la prééminence du vote ethnique et l'instrumentalisation d'une province à des buts électoralistes dans une optique de conservation du pouvoir. Bien plus, les chiffres officiels définitifs à l'échelle nationale donnèrent aussi Omar Bongo largement vainqueur. De ce fait, dans les provinces de l'Estuaire, du Moyen-Ogooué, de la Ngounié, de la Nyanga, de l'Ogooué-Ivindo, de l'Ogooué-Lolo, de l'Ogooué-Maritime, du Woleu-Ntem, le président sortant obtint successivement, 69,54 ; 70,96 ; 70,89 ; 62,57 ; 87,87 ; 76,21 ; 63,31 et 95,09 % des suffrages[2]. De son côté, Pierre Mamboundou obtint dans les mêmes provinces respectivement, 23,04 ; 22,65 ; 17,17 ; 35,54 ; 4,77 ; 2,36 ; 32,83 et 1,44 % des suffrages[3].

Ces détails ici mentionnés nous induisent à penser qu'il s'agit d'un « plébiscite électoral » au profit du candidat du PDG, Omar Bongo Ondimba. En même temps, ils confirmèrent la manipulation du scrutin. Un fait permit de le dire. En effet, s'il est vrai que les provinces du Haut-Ogooué et du l'Ogooué-Lolo sont considérées comme les « fiefs » du PDG par les détenteurs du pouvoir[4], il n'en reste pas moins que le régime a « ravi » à l'opposition les provinces qui sont réputées être ses bastions, plus

[1]« Résultats de l'élection présidentielle de 2005 », *L'Union* du mercredi 30 novembre 2005, p. 3.

[2]*Ibid.*

[3]*Ibid.*

[4]A.-W. NDOMBET, *Renouveau démocratique et pouvoir au Gabon (1990-1993), op.cit.*, p. 179.

précisément et notamment, les provinces de l'Ogooué-Maritime, du Woleu-Ntem et de la Nyanga.

Or, le challenger d'alors d'Omar Bongo Ondimba, Pierre Mamboundou bénéficiait d'une forte aura dans ces provinces. Mais à l'aune des faits, même dans lesdites provinces qui étaient favorables à l'opposition, Pierre Mamboundou est « battu » par Omar Bongo Ondimba avec des écarts considérables selon les chiffres officiels provisoires qui ont plus tard confirmés. Il résulte que ce « raz-de marrée électoral » est favorable à Omar Bongo Ondimba. En outre, les arrangements politiciens qui conférèrent des avantages multiformes à certains leaders d'opposition, par exemple leur nomination au Gouvernement (voir le cas de Paul Mba Abessole) confortèrent l'hypothèse de la manipulation du scrutin par le régime au seul profit du président sortant. Au reste, les résultats électoraux officiels définitifs desdits scrutins sont rejetés par les acteurs de l'opposition et par le corps social.

II. La contestation des élections présidentielles de 1998 et 2005 : indice révélateur de l'absence de sincérité des processus électoraux

Les processus électoraux des élections présidentielles de 1998 et de 2005 ont été émaillés de nombreuses irrégularités qui ont entamé leur sincérité et mis à mal le processus de démocratisation en marche. La conséquence qui en a découlé a été le rejet massif des « victoires » du président sortant candidats aux scrutins de 1998 (**A**) et de 2005 (**B**).

A. Le rejet de la « victoire » d'Omar Bongo candidat au scrutin de 1998

Le déroulement du processus électoral de l'élection présidentielle de 1998 connut des soubresauts. C'est pourquoi certains leaders d'opposition comme Vincent Moulengui Boukosso, Vice-président du Rassemblement national des Bûcherons Nouveau départ (RNB/Nouveau départ), montèrent au créneau avant la publication des résultats officiels[1]. En adoptant cette démarche, ce dernier soutint que le « RNB et son président, le Père Paul Mba Abessole, ne reconnaissent ni la légitimité, ni la légalité aux résultats censés en découler »[2]. Bien plus, prenant en compte certains cas de fraudes observables pendant la période électorale, il précisa qu'il n y'avait pas eu élection le dimanche 6 décembre 1998 au Gabon[3], mais une mascarade électorale. Cette mascarade électorale eu lieu également dans les villes de l'intérieur du pays[4]. Ce faisant, pour donner plus du contenu à son propos, ce leader politique de l'opposition nomma les faits. Il y a par exemple : le vote multiple[5], les faux documents d'identités établis par les services de la Documentation et des Travaux publics, dont des passeports, des récépissés des cartes nationales d'identités et des permis de conduire qui ont été distribués pour permettre à des personnes de voter pour le président sortant[6].

Il découle de tous ces éléments que le pouvoir s'attela à fausser le vote par des actes de fraude dans le but de permettre à Omar Bongo d'être « réélu ».

---

[1] « Moulengui-Boukosso demande l'annulation du scrutin », *L'Union* du mercredi 9 décembre 1998, p. 3.

[2] *Ibid.*

[3] *Ibid.*

[4] *Ibid.*

[5] *Ibid.*

[6] *Ibid.*

De même, en droite ligne avec la protestation de la réélection d'Omar Bongo, Pierre-Claver Maganga Moussavou, du Parti Social-Démocrate (PSD) donna les preuves de la fraude électorale opérée dans la ville de Mouila au Sud Gabon. Dans cette perspective, il indiqua que dans la localité de Mouila d'où il est originaire[1], des sommes d'argent ont été proposées à des électeurs, lesquelles oscillèrent entre 10.000 FCFA[2] et 30.000 FCFA[3] afin que ces électeurs rapportent leurs bulletins après avoir voté[4], pour justifier de leur choix en faveur d'Omar Bongo.

Par ailleurs, Pierre Mamboundou, leader de l'Union du peuple gabonais (UPG), arrivé deuxième rejeta lui aussi ces résultats en préconisant certaines actions « fortes ». Dans ce sens, il soutint qu'après avoir tiré les leçons du passé, les actions seront à la fois juridiques et politiques[5]. Au surplus, il envisagea la possibilité d'introduire un recours en annulation devant la Cour constitutionnelle[6] pour exiger de cette institution l'organisation d'un nouveau scrutin avec l'implication de la Commission Nationale Électorale (CNE) et le financement des pays soucieux de la paix et de la stabilité politique du Gabon[7]. En même temps, il appela les populations à observer une « ville morte » le lundi 14 décembre 1998[8]. En revanche, après le tollé que suscita ce scrutin jugé non sincère par les

[1]Ville dont il est originaire ; elle est située dans le Sud du Gabon.

[2]L'équivalent de 15,26 euros.

[3]L'équivalent de 45,80 euros.

[4]« Maganga Moussavou dit se mettre "en congé de la République" », *L'Union* du jeudi 10 décembre 1998, p. 5.

[5]« Pierre Mamboundou promet une "riposte graduée"», *L'Union* du lundi 14 décembre 1998, p. 3.

[6]*Ibid.*

[7]*Ibid.*

[8]« Les Librevillois ont dit non ! », *L'Union* du mardi 15 décembre 1998, p. 3.

acteurs politiques de l'opposition, le parti au pouvoir choisit de réagir par la voix de son Secrétaire général, Simplice Nguedet Manzela. Ainsi, ce dernier souligna que les « conditions de transparence, le calme et la sérénité qui ont caractérisé cette élection ainsi que la large victoire remportée par Omar Bongo ne peuvent que rendre ridicule et non crédible toute tentative de remise en cause de ses résultats »[1].

De ce point de vue, pour la deuxième personnalité du PDG, le processus électoral a été « sincère et crédible ». Ce que nous venons d'énoncer nous invite à émettre l'idée selon laquelle, cette communication s'était inscrite dans la légitimation de l'imposture ce, en dépit des preuves de fraude présentées par les déclarés « perdants » de ce scrutin. De fait, il aurait été souhaitable pour cette personnalité politique d'apporter des preuves contraires pour démentir les allégations des leaders politiques de l'opposition. En même temps, la communication du Secrétaire général du PDG ne pouvait être autre : en tant que membre du parti au pouvoir, il ne pouvait qu'avancer la « bonne foi » du président sortant et défendre son image. Au reste, ces opérations de fraude électorale entraînèrent des conséquences sur l'engagement politique de l'un des candidats à l'élection présidentielle, Pierre-Claver Maganga Moussavou. Ainsi, dépité par cette farce électorale, il décida se mettre en congé de la République[2] tout en indiquant ne plus participer, ni son parti, ni lui-même, à un quelconque scrutin aussi longtemps qu'Omar Bongo resterait au pouvoir[3].

Pour en revenir au rejet de la victoire d'Omar Bongo, nous soutenons que celui-ci est en phase avec le recul des

[1]« Guédet-Manzéla la fermeté face aux fauteurs de troubles », *L'Union* du jeudi 10 décembre 1998, *op.cit.*, p. 5.
[2]*Ibid.*
[3]*Ibid.*

avancées démocratiques observés dans certains pays d'Afrique francophone lors de la phase de libéralisation politique de 1990. En effet, nombreuses sont ces élections africaines qui ressemblent à des impostures dans la mesure où elles sont dominées par des acteurs politiques qui d'une part, se livrent à un « banditisme électoral » au lieu d'une compétition loyale et, d'autre part, ne satisfont pas aux exigences de la démocratie et de la participation[1]. De plus, dans cet environnement marqué par un déni démocratique, Pierre Jacquemot observe qu'entre

« 1990 et 1999, on compta 192 élections présidentielles et législatives dans 45 pays. Dans certains d'entre eux, les oppositions naissantes conduisirent des campagnes en faveur de réformes et permirent l'entrée en scène de nouveaux dirigeants, grâce à des élections pluralistes. Ailleurs, bien que des groupes aient l'initiative pour que des réformes politiques soient entreprises, les élections offrirent finalement des opportunités pour le recyclage d'anciens partis uniques bénéficiant de la légitimité conférée par le suffrage universel »[2]. Tel est le cas du régime gabonais en 1998.

De même, cette situation fut possible à travers la manipulation du processus électoral au profit exclusif d'Omar Bongo, c'est-à-dire dans le but de lui permettre de continuer son règne sans partage qu'il a entamé le 2 décembre 1967[3] après la mort du premier président Léon Mba[4]. La « victoire » de celui-là à l'élection présidentielle de 2005 n'échappa pas à la contestation à l'instar de celle de 1998 qui vient d'être présentée.

---

[1]T. KONE, « TIC et processus de démocratisation en Afrique : pour un système de gestion des élections par l'expérience du "Parallel Vote " (PVT) ». https://hal.univ-antilles.fr/, p.2 [consulté le 28 avril 2021].

[2]P. JACQUEMOT, *De l'élection à la démocratie en Afrique (1960-2020)*, Fondation Jean Jaurès Édition, 2020, p. 10.

[3]P. MALEKOU, *Le secret des choses cachées. Candide dans le marais de la politique gabonaise (1964-2009)*, *op.cit.*, p.141.

[4]P. AIRAULT et J.-P. BAT, *Françafrique. Opération secrètes et affaires d'État*, Éditions Tallandier, 2019, p. 57.

B. Le rejet de la « victoire » d'Omar Bongo Ondimba candidat au scrutin de 2005 et le syndrome de la « routinisation » de la contestation post-électorale

Au lendemain du scrutin de 2005 et des évènements qui en découlèrent, l'histoire bégaya et l'on nota *ipso facto* une forme de « routinisation » de la contestation post-électorale. En effet, le processus électoral est d'emblée remis en cause par les acteurs politiques de l'opposition qui se présentent à des scrutins ; ils rejettent le plébiscite électoral d'Omar Bongo Ondimba en appelant à la désobéissance civile. C'est l'attitude qu'adoptèrent Pierre Mamboundou et Zacharie Myboto. Ces deux candidats « malheureux » appelèrent à l'observation d'une « ville morte » sur l'ensemble du territoire dès le lundi 5 décembre 2005[1]. Il s'agit incontestablement d'un acte de défiance posé contre le régime politique en place. Cet acte de défiance occasionna des affrontements entre les militants de l'Union du peuple gabonais (UPG), parti politique dirigé par Pierre Mamboundou, et les forces de l'ordre[2]. Ces forces de l'ordre furent déployées par le régime pour des opérations de maintien de l'ordre. *Certeris paribus*, ces violents affrontements n'allèrent pas sans pertes en vies humaines. Ainsi, ils occasionnèrent la mort d'une personne à Libreville et de trois autres à Port-Gentil[3], ville réputée être le bastion de l'opposition gabonaise[4].

---

[1]« Le mouvement de grève n'a pas été suivi », *L'Union* du mardi 6 décembre 2005, p. 2.

[2]« Gabon : élections présidentielles, contestation et répression depuis 1990 », disponible sur http://libeafrica4.blogs.liberation.fr/, [consulté le 28 août 2020].

[3]Nom de la capitale économique du Gabon.

[4]J.-P. BAT, « Gabon : élections présidentielles, contestation et répression depuis 1990 » *op. cit*.

Ce faisant, pour la troisième fois sous l'ère du Renouveau démocratique, une élection présidentielle venait à nouveau d'être contestée, ce qui fit dire à Vincent Darracq et Victor Magnani que de « nombreuses élections sont marquées par des déchaînements de violence politique peu compatibles avec les exigences d'une démocratie fonctionnelle »[1]. Il va sans dire que le processus de démocratisation en marche au Gabon ne se déroulait pas normalement en dépit de l'organisation des élections fondatrices qui ont plutôt consacré le retour progressif de l'autoritarisme dont les différentes protestations post-électorales consécutives à des processus électoraux non sincères et crédibles en sont les marqueurs. Dès lors, il est observé dans certains pays d'Afrique francophone que les conditions nécessaires à l'organisation d'élections libres et transparentes ne sont pas souvent réunies. Des exemples probants d'une alternance au sommet à la suite d'une élection libre demeurent rares et leur destin politique de ces pays s'avère fragile[2]. En conséquence, les alternances politiques sont « des denrées » rares dans de nombreux pays d'Afrique francophone et particulièrement au Gabon. De fait, conscient de la contestation de sa « victoire », Omar Bongo Ondimba appela les responsables politiques à la retenue et au calme. Et il leur indiqua :

« Vous le savez, j'ai toujours placé le dialogue et la concertation au centre de mon action politique. Depuis l'avènement de la démocratie, je l'ai montré à plusieurs reprises. Je voudrais inviter en conséquence tous les acteurs politiques à ne pas créer des tensions inutiles. Il faut pour cela cesser avec des

[1]V. DARRACQ et V. MAGNANI, « Les élection en Afrique : un mirage démocratique ? », *Politique étrangère*, 2011, n° 4, p. 843.

[2]T. KONE, « TIC et processus de démocratisation en Afrique : pour un système de gestion des élections par l'expérience du "Parallel Vote " (PVT) », *op.cit.*, p. 4.

déclarations qui divisent les Gabonais et les marches qui, très souvent, se terminent en actes de violence et de pillage »[1].

Au vu de ce qui précède, il apparaît qu'Omar Bongo Ondimba reconnait de façon voilée l'absence de sincérité des processus électoraux qui ont conduit à le déclarer « vainqueur » de ces élections présidentielles. Ainsi, ces contestations multiformes menées tant par des hommes politiques de l'opposition que par la population, sont des indices qui révèlent cette réalité. Au demeurant, cette « routinisation » de la contestation post-électorale fit dire à Wilson-André Ndombet que ces différents processus électoraux ont entre autres, pour caractéristiques, l'absence d'alternance au sommet de l'État[2]. C'est cette absence d'alternance politique qui est la source des crises post-électorales, donc des rejets des victoires supposées du président sortant. Un autre analyste de la vie politique africaine, Patrice Yengo releva que le

« suffrage universel, loin d'être l'expression de la volonté populaire, devient le moyen par lequel le système politique se perpétue et, par le fait même exclut les populations comme par le passé. Là où celles-ci font l'apprentissage du droit à l'expression, les élites, elles, travaillent à la mise en œuvre du plébiscite dans la ligne des anciens partis uniques »[3].

De ce point de vue, le déni démocratique est un fait et la conservation du pouvoir par Omar Bongo Ondimba, une réalité. En conséquence, le contexte du multipartisme dans les États africains a malheureusement et paradoxalement contribué à la dégradation du climat politique depuis le

---

[1]« Discours à la Nation du président de la République chef de l'État », *L'Union* du samedi 3 et dimanche 4 décembre 2005, p. 2.

[2]A.-W. NDOMBET, « Processus électoraux, alternance et violence politique au Gabon », *op.cit.,* p. 32.

[3]P. YENGO, « La fraude électorale « démocratique », Les associations congolaises des droits de l'homme se mobilisent », *in Politique africaine*, 2002, n° 85, pp. 108-109.

début des années 1990[1]. Quant au concept de démocratie, il ne semble pas y avoir trouvé un terreau fertile[2].

***

Parvenu au terme de cette analyse, quelles conclusions pouvons-nous tirer des réflexions consacrées aux crises post-électorales qui ont émaillé les élections présidentielles de 1998 et de 2005 au Gabon ? Une réponse binaire s'avère indispensable.

Tout d'abord, l'histoire politique gabonaise depuis l'amorce du processus de démocratisation en 1990, est semée de violences post-électorales d'intensités variables. De ce fait, il est permis de soutenir qu'il existe un lien de causalité entre les processus électoraux et les crises post-électorales gabonaises. Ce lien de causalité se révèle à deux niveaux.

Le premier niveau est relatif à la mauvaise qualité des processus électoraux ouverts en vue des élections présidentielles de 1998 et de 2005. Ces processus électoraux ont tous été marqués par des opérations de manipulation des scrutins par les tenants du pouvoir au profit du président sortant. C'est sans doute ce qui justifie, par exemple, l'instrumentalisation de la province du Haut-Ogooué (région d'origine d'Omar Bongo Ondimba) par le régime en place et la mise en évidence d'un vote ethnique pour assurer au président sortant un plébiscite électoral dans cette localité.

Le second niveau concerne les violences qu'engendrent les manipulations des processus électoraux par le régime en place. Dans cet ordre d'idée, il est observé des violences qui surviennent toujours après chaque élection

[1]T. KONE, « TIC et processus de démocratisation en Afrique : pour un système de gestion des élections par l'expérience du "Parallel Vote " (PVT) », *op.cit.*, p.5.
[2]*Ibid.*

présidentielle au Gabon et on déplore d'importantes pertes en vies humaines et matérielles. Cela se confirma en 2009, année d'arrivée au pouvoir d'Ali Bongo Ondimba. D'ailleurs, son élection à la tête de l'exécutif gabonais a conforté l'hypothèse d'une succession dynastique[1]. Ainsi, les manifestations post-électorales ont été violentes tant à Port-Gentil qu'à Libreville, la capitale politique. Ces manifestations ont été réprimées par les forces de l'ordre[2] occasionnant au passage des pertes en vies humaines et de nombreux dégâts matériels.

Le scénario se reproduisit en 2016, sinon pire. Ainsi, la contestation post-électorale menée contre la réélection d'Ali Bongo Ondimba a été suivie de violentes répressions des manifestants par le régime. On releva de dizaines de morts, certaines dépouilles ont été acheminées par les forces de l'ordre vers des destinations inconnues[3]. La résolution du contentieux électoral par la Cour constitutionnelle se voulu formel, voire symbolique parce qu'ayant entériné le plébiscite électoral du président sortant Ali Bongo Ondimba. Pour tout dire, ces crises post-électorales sont liées aux processus électoraux formels[4]. Il va sans dire qu'un grand nombre d'élections

---

[1]J. TONDA et F. BERNAULT, « Le Gabon : une dystopie tropicale », *Politique africaine*, 2009, n° 115, p. 16.

[2]Pour cela, v. « Après l'annonce des résultats de la présidentielle. La ville à sac », *L'Union* du vendredi 4 septembre 2009, p. 10 ; « Après l'annonce des résultats de la présidentielle. La ville à sac », *L'Union* du vendredi 4 septembre 2009, *Politique africaine*, 2009, n° 115, p. 10 ; « Port-Gentil enterre ses morts », *L'Union* du mercredi 23 septembre 2009, p.1 7 ; « B. B. MOUBAMBA « J'en appelle à une réconciliation nationale et une médiation internationale », *L'Union* du samedi 5 et dimanche 6 septembre 2009, p. 3.

[3]A.-A. OWANGA et M. DEBAIN, « Demain, un jour nouveau ? » Un renversement électoral confisqué au Gabon », *Politique africaine*, 2016, n° 144, p. 174.

[4]V. DARRACQ et V. MAGNANI, « Les élection en Afrique : un mirage démocratique ? », *op.cit.*, p. 839.

ayant lieu en Afrique francophone sont imparfaites si on les met en parallèle avec les canons occidentaux[1].

Au demeurant, ces parodies électorales gabonaises ne sont pas sans rappeler le titre de l'article de Sayouba Traoré : *Élection en Françafrique : l'hymne à l'hypocrisie*[2]. De fait, dans l'espoir de rompre avec la « routinisation » des contestations post-électorales prégnantes au Gabon, les prochaines élections présidentielles seront des sites d'observation de la rupture avec la *culture de la contestation post-électorale* désormais enracinée ou au contraire de sa persistance.

[1]*Ibid.*, p. 849.
[2]S. TRAORÉ, « Élection en Françafrique : l'hymne à l'hypocrisie », *Mouvements*, 2002, n° 21-20, p-54.

Les éternels rebelles aux projets d'expropriation pour cause d'utilité publique : le cas des associations de défense de l'environnement

Placide LASMOTHEY
Docteur en droit public
Université de Lorraine
IRENEE – UR 7303

« Le révolté […] fait volte-face. Il marchait sous le fouet du maître. Le voilà qui fait face. Il oppose ce qui est préférable à ce qui ne l'est pas. Toute valeur n'entraîne pas la révolte, mais tout mouvement de révolte invoque tacitement une valeur […] ».

Albert CAMUS, *L'homme révolté*, Gallimard, 1951, p. 28.

L'État[1] et les différents expropriants[2], dans leur démarche d'expropriation, sont régulièrement voire toujours confrontés à la combativité de divers acteurs qui défendent la cause environnementale et qui ont une autre vision de l'utilité publique. Il s'agit de mouvements écologistes dont les plus visibles et présents sur la scène de la contestation voire de la rébellion sont les associations de défense de l'environnement.

Omniprésentes dans la procédure administrative de l'expropriation, toujours d'attaque et instigatrices de contestations, de rébellion aux formes variées pouvant être taxées d'abusives, il n'est pas exagéré de qualifier les associations de défense de l'environnement d'« éternels rebelles » aux projets d'expropriation pour cause d'utilité

[1]L'État est le seul détenteur du pouvoir d'exproprier.
[2]Les collectivités territoriales, les établissements publics de coopération intercommunale, les établissements publics, voire des personnes privées chargées d'une mission d'intérêt général.

publique. Leur rébellion se révèle *a fortiori* légitime dès lors que les opérations d'expropriation envisagées sont susceptibles d'avoir une réelle incidence environnementale. À travers leurs actions répétées souvent justifiées, parfois abusées, il est loisible d'affirmer qu'en filigrane, les associations de défense de l'environnement défendent une vraie philosophie qui, à la limite, vise à sanctuariser l'environnement lors des projets d'expropriation pour cause d'utilité publique.

Dans le cadre de cette réflexion, des précisions sémantiques s'imposent. Le terme « rebelle » doit être compris *lato sensu* dans le sens de contestataire, d'opposant à un projet d'expropriation pour cause d'utilité publique susceptible d'avoir une incidence sur l'environnement. Il s'agit, en effet, d'une « rébellion verte » à travers laquelle des défenseurs de l'environnement s'insurgent contre l'utilité publique du projet d'expropriation qui, selon eux, privilégie principalement des intérêts économiques cachés derrière le paravent de l'intérêt général au détriment d'intérêts écologiques. Ces rebelles, souvent constitués en mouvements de contestation écologistes, pensent qu'il n'y a pas en soi un changement climatique, mais qu'à travers l'expropriation, « il y a une volonté que le climat soit en crise »[1]. En outre, l'épithète « éternels » souligne et qualifie la persistance, l'omniprésence, la pugnacité des opposants ou contestataires écologistes qui occupent la scène juridique, juridictionnelle, voire politique à chaque fois qu'une expropriation est en projet et qu'elle est supposée menacer l'environnement. L'expropriation pour cause d'utilité publique, quant à elle, est une opération administrative qui consiste à déposséder des personnes privées de leurs biens immeubles ou de leurs droits immobiliers en vue de réaliser un ouvrage d'intérêt général. Il s'agit d'une démarche administrative qui traduit l'autorité de l'État,

---

[1]M. ALIZART, *Le coup d'État climatique*, PUF, 2020, p. 9.

créant un choc frontal avec le droit de propriété. Elle ne peut donc être mise en œuvre que si l'utilité publique la justifie. Comme il a été souligné, à propos de son caractère autoritaire, « l'expropriation s'analyse en un transfert autoritaire d'un bien ou d'un droit vers le patrimoine de l'État ou d'une autre personne que celui-ci désigne »[1]. Elle n'intervient réellement qu'après le versement d'une juste indemnité calculée par le juge de l'expropriation. Il s'agit d'une opération autorisée par la Constitution française de la Ve République notamment par la Déclaration des droits de l'Homme et du Citoyen de 1789 qui, à son article 17, indique *expressis verbis* que « la propriété étant un droit inviolable et sacré, nul ne peut en être privé, si ce n'est lorsque la nécessité publique, légalement constatée, l'exige évidemment, et sous la condition d'une juste et préalable indemnité ».

À ce sujet, le Code de l'expropriation précise à son article L. 1 que

> « l'expropriation, en tout ou partie, d'immeubles ou de droits réels immobiliers ne peut être prononcée qu'à la condition qu'elle réponde à une utilité publique préalablement et formellement constatée à la suite d'une enquête et qu'il ait été procédé, contradictoirement, à la détermination des parcelles à exproprier ainsi qu'à la recherche des propriétaires, des titulaires de droits réels et des autres personnes intéressées. Elle donne lieu à une juste et préalable indemnité ».

La procédure d'expropriation pour cause d'utilité publique comporte deux phases : une phase administrative et une phase judiciaire. La première phase comprend, en général, l'enquête publique préalable, la déclaration d'utilité publique et l'arrêté de cessibilité. Il est important de souligner que des exigences supplémentaires sont requises par le législateur à ces différents niveaux de la phase administrative lorsque le projet d'expropriation est susceptible de causer des dommages à l'environnement. Les illustrations peuvent être données à travers certaines obligations posées

---

[1] N. FOULQUIER, *Droit administratif des biens*, Lexis Nexis, 4e éd., 2018, p. 459.

par la loi Littoral[1] et la loi Montagne[2]. La phase administrative retiendra particulièrement notre attention puisque c'est principalement à ce niveau que la « rébellion verte » se manifeste le plus. L'expression « rébellion verte » désigne utilement la rébellion exercée par les associations de défense de l'environnement qui sont en réalité des personnes morales de droit privé dont le but est de protéger, sauvegarder et défendre l'environnement contre des opérations capables d'y porter atteinte. La légalité de leurs diverses actions peut être confortée par l'agrément que peut leur accorder l'autorité étatique et qui renforce une présomption d'intérêt à agir notamment au prétoire du juge administratif lors de la phase administrative. Pour les besoins de la réflexion, il est utile de qualifier la rébellion des associations de défense de l'environnement, face aux projets d'expropriation, de « rébellion verte ».

Analyser la rébellion des associations de défense de l'environnement face aux projets d'expropriation pour cause d'utilité publique est intéressant dans la mesure où l'étude permet d'approfondir les divers moyens utilisés par celles-ci pour contester, s'opposer, s'insurger et se rebeller contre les projets d'expropriation supposés dommageables à l'environnement. Il va sans dire qu'il s'agit d'apprécier le *modus operandi* de ces rebelles au cours de la procédure d'expropriation. À ce sujet, il est utile de relever le contraste saisissant des résultats produits par les différents modes opératoires. L'objectif avoué des associations de défense de l'environnement est de faire échec aux projets d'expropriation pour cause d'utilité publique qui menacent l'environnement.

---

[1]Loi n° 86-2 du 3 janvier 1986 relative à l'aménagement, la protection et la mise en valeur du littoral.

[2]Loi n° 85-30 du 9 janvier 1985 relative au développement et à la protection de la montagne.

Au regard de tous ces éléments, les problématiques suivantes peuvent être posées : par quel(s) moyen(s) ou comment les associations de défense de l'environnement se rebellent-elles contre les projets d'expropriation pour cause d'utilité publique ? Quelle est l'efficacité des moyens utilisés ?

L'analyse et la réponse aux interrogations posées induit une démarche à double détente. Elle permet d'affirmer qu'en termes de rébellion, les associations de défense de l'environnement s'investissent dans une rébellion à portée réelle par l'affrontement physique **(I)**, souvent en réponse à une complaisance supposée du juge administratif sur la légalité des déclarations d'utilité publique des opérations d'expropriation. Cette rébellion par l'affrontement physique n'est pas sans conséquences sur la poursuite de l'opération d'expropriation. Elle pose ainsi d'énormes difficultés aux autorités étatiques qui ont dû mal à la maîtriser concrètement **(II)**.

I. Une rébellion à portée réelle par l'affrontement physique

La rébellion par l'affrontement physique avec les autorités étatiques traduit une réponse des contestations menées par les mouvements écologistes à l'égard du caractère quasi platonique des recours en excès de pouvoir exercés principalement au prétoire des juridictions administratives. Il s'agit d'une rébellion qui constitue une réaction à une supposée complaisance du juge administratif à l'égard des déclarations d'utilité publique des procédures d'expropriation **(A)**.

Ce type de rébellion se manifeste concrètement à travers l'occupation des sites à exproprier **(B).**

A. La réaction à une supposée complaisance du juge administratif avec l'administration sur la régularité des DUP

La rébellion par l'occupation physique dont font preuve les associations de défense de l'environnement face aux projets d'expropriation pour cause d'utilité publique semble constituer une réponse à une supposée complaisance du juge administratif avec l'administration expropriante sur la régularité des déclarations d'utilité publique. Il va sans dire que l'avènement d'un contrôle juridictionnel maximum fondé sur la théorie du bilan coûts-avantages du projet d'expropriation pour décider de son utilité publique a suscité beaucoup d'espoir chez les administrés notamment les associations de défense de l'environnement. Ces dernières y ont vu une occasion pour faire annuler l'acte déclaratif d'utilité publique dès lors que les inconvénients environnementaux étaient plus nombreux que les avantages de l'opération d'expropriation projetée. Les considérations du juge administratif dans le célèbre arrêt *Ville Nouvelle-Est* ouvraient ainsi une brèche et le faisaient croire. Pour justifier leur refus d'annuler l'acte déclaratif d'utilité publique d'une expropriation dont le but était la construction d'une ville entièrement nouvelle dans les environs de Lille, les Sages du Palais-Royal avaient posé le principe selon lequel

> « une opération ne peut être légalement déclarée d'utilité publique que si les atteintes à la propriété privée, le coût financier et éventuellement les inconvénients d'ordre social qu'elle comporte ne sont pas excessifs au regard de l'intérêt qu'elle présente »[1].

Il est intéressant d'ajouter que, sur le plan environnemental, l'application de la théorie du bilan coûts-avantages a été confirmée avec force par le Conseil d'État dans une

---

[1]CE, 28 mai 1971, *Ministre de l'Equipement et du Logement c/ Fédération de défense des personnes concernées par le projet actuellement dénommé « Ville Nouvelle Est »* : Rec. 1972, p. 409.

décision restée célèbre[1]opposant le Premier Ministre à la veuve Beau de Loménie. En l'espèce, le juge administratif a intégré *expressis verbis* les considérations environnementales dans l'examen de l'utilité publique du projet d'expropriation pour faire annuler l'acte déclaratif d'utilité publique. À ce sujet, il est utile de rappeler le considérant de principe. La Haute juridiction administrative avait considéré que

« malgré l'intérêt public qui s'attache à la création d'une station aménagée dans une zone à vocation touristique, il ressort des pièces du dossier que l'implantation d'une station de l'importance envisagée, comportant 4 500 lits répartis en plusieurs centaines de logements avec leurs équipements annexes, située en bord de plage, sur 67 ha de forêt domaniale, et implantée dans un site inscrit à l'inventaire des sites pittoresques, nuirait gravement au caractère des lieux ; qu'en l'espèce, cette atteinte à l'environnement a pour effet d'entacher d'illégalité la déclaration d'utilité publique prononcée par l'arrêté du préfet »[2].

Cette décision n'a pas été, en la matière, la première à considérer qu'une atteinte à l'environnement pouvait faire partie des « autres intérêts publics » mis en balance pour juger de l'utilité publique du projet d'expropriation et faire annuler l'acte déclaratif d'utilité publique. Trois ans plus tôt[3], la Haute juridiction administrative avait accordé à la protection de l'environnement un poids non négligeable dans l'appréciation de l'utilité publique de l'opération projetée. Cette démarche avait permis, pour la première fois, au juge administratif d'annuler l'acte déclaratif d'utilité publique. Après avoir rappelé le principe du bilan coûts-avantages, le Conseil d'État a considéré qu'

« il ressort des pièces versées au dossier que l'existence à Andlau, commune dont la population est inférieure à 2 000 habitants, du lotissement destiné à l'habitation ''Résidence du Val d'Eléon'', comportant 77 lots, nuirait gravement au caractère des lieux dans un site pittoresque, à proximité de l'ancienne abbaye et de l'église d'Andlau ; qu'en l'espèce, cette atteinte à

---

[1] CE, 26 mars 1980, *Beau de Loménie, préc.*

[2]*Ibid.*

[3]CE, 9 décembre 1977, n° 01859, *Ministre de l'Equipement c/ Sieurs Weber et autres.*

l'environnement a pour effet d'entacher d'illégalité la déclaration d'utilité publique prononcée par arrêté du préfet du Bas-Rhin ».

Cet arrêt très positif à la protection de l'environnement et au droit de l'environnement suscita plusieurs commentaires[1].

L'application environnementale du contrôle du bilan a connu une postérité. Le Conseil d'État a pu ainsi, sur le fondement du contrôle du bilan, dénier l'utilité publique à un projet de construction d'autoroute lorsque celui-ci portait atteinte à l'environnement. Il y affirmait qu'

> « en dépit de l'intérêt qui s'attache à la réalisation du projet de l'autoroute A 16, les conditions dans lesquelles cet ouvrage se raccordera à l'autoroute A 1, les importantes nuisances qu'il est susceptible de provoquer, tant en ce qui concerne le bruit que la qualité de l'air, dans les parties très urbanisées de plusieurs communes traversées et l'atteinte qu'il porte au parc de la Courneuve constituent des inconvénients excessifs, de nature à lui retirer son caractère d'intérêt général »[2].

Il ne fait donc pas de doute que, dans les premières années de gloire du contrôle du bilan, tout était réuni pour nourrir l'espoir d'une annulation en cascade des actes déclaratifs d'utilité publique dès lors que la menace à l'environnement était réelle. Il était également question d'un vrai changement de paradigme relatif au contrôle juridictionnel exercé en la matière sur la déclaration d'utilité publique. À ce sujet, il est utile de rappeler qu'avant le contrôle du bilan, le juge administratif se bornait à vérifier si l'opération d'expropriation correspondait en elle-même à un but d'utilité publique *in abstracto*. Ainsi, il refusait d'examiner le contenu concret du projet comme le choix des parcelles, le tracé des voies,

[1]J.-F. FLAUSS, « Expropriation pour cause d'utilité publique. Atteinte à l'environnement excessive eu égard à l'intérêt de l'opération. Lotissement susceptible de nuire gravement au caractère des lieux dans un site pittoresque. Conseil d'État – 9 décembre 1977, ministère de l'équipement contre Weber et autres. Avec commentaire. », *Revue Juridique de l'Environnement*, n° 2, 1978. pp. 181-187.

[2]CE, 21 juin 1999, n° 179612, *Commune de la Courneuve* : *Rec.* 1999, p. 208.

l'importance des moyens financiers déployés voire une éventuelle atteinte à l'environnement, sauf pour déceler un éventuel détournement de pouvoir. L'administration était présumée contribuer au bonheur de la collectivité. Le juge se refusait à vérifier l'intérêt général des opérations projetées. Il n'exerçait qu'un contrôle restreint en fondant souvent ses annulations de déclarations d'utilité publique sur des illégalités externes ; par conséquent, les annulations au fond étaient rarissimes.

Dans de telles conditions, la consécration d'un contrôle de proportionnalité conférant plus de pouvoirs au juge ne pouvait qu'être envisagée comme un élément déterminant devant concourir à l'annulation d'actes déclaratifs d'utilité publique supposés illégaux par les associations de défense de l'environnement. Les fruits ont-ils finalement réussi à tenir la promesse des fleurs ? Beaucoup d'éléments permettent de procéder à l'analyse et de conclure, *in fine*, à la faible efficacité du recours juridictionnel contre les DUP au regard de la teneur du contrôle maximum annoncé. Dans ses commentaires sur l'arrêt *Ministre de l'Equipement contre Weber*, le Professeur Jean-François Flauss avait tenu à avertir sur la faible portée de l'annulation de l'acte déclaratif d'utilité publique pour atteinte à l'environnement en insistant sur le caractère très circonstancié de l'annulation en l'espèce. La remarque confirme aujourd'hui la tendance du contrôle du bilan qui remet difficilement en cause l'utilité publique d'une opération d'expropriation d'envergure au nom de la protection de l'environnement. L'auteur insistait sur le fait que

> « cette prise en considération positive du paramètre environnement mérite d'être soulignée, car il s'agit du premier arrêt de la Haute Assemblée qui retienne l'atteinte à l'environnement pour fonder la nocivité publique d'une opération d'expropriation. Néanmoins, comme en l'occurrence la défense de l'environnement s'inscrivait dans un contexte particulièrement favorable, il faut sans doute se garder de toute conclusion trop excessive quant à la portée de la solution retenue. Et ce d'autant plus qu'en définitive, l'impact des préoccupations d'environnement au niveau du contrôle de l'utilité publique sera

très largement fonction de la signification attribuée par la juridiction administrative à la notion même d'environnement »[1].

En tout état de cause, pour juger de l'efficacité de la contestation par l'argumentation juridique pour faire annuler un acte déclaratif d'utilité publique de l'opération d'expropriation projetée, il est utile de procéder à un bilan environnemental du bilan en s'inspirant de ce qu'avait déjà proposé le Professeur Bertrand Seiller lorsqu'il affirmait en des termes clairs dans une étude que « seul le bilan des bilans est susceptible de conférer une utilité à la jurisprudence *Ville Nouvelle-Est* dans les grands dossiers d'aménagement »[2]. Ainsi, seul un bilan environnemental du contrôle du bilan permet de jauger de son efficacité environnementale. En effet, les annulations d'actes déclaratifs d'utilité publique d'opérations d'expropriation au nom de la protection de l'environnement restent tant exceptionnelles que circonstanciées du moins pour les grands projets d'aménagement et de construction qui ont le plus grand impact sur l'environnement. L'attitude contrastée voire contradictoire du juge administratif en matière de contrôle de l'utilité publique du projet d'expropriation à l'aune de l'intérêt public de protection de l'environnement contribue également à la très faible efficacité de son contrôle, ce qui, par conséquent, fragilise la « rébellion verte » paisible des associations de défense de l'environnement.

À titre illustratif, dans une espèce où une opération d'expropriation menaçait dangereusement les gorges du Verdon, site jugé remarquable et protégé par les législateurs national[3] et européen[1], alors que la Haute juridiction

---

[1]*Ibid.*

[2]B. SEILLER, « Pour un contrôle de la légalité extrinsèque des déclarations d'utilité publique », *AJDA* 2003, p. 1472.

[3]Loi du 2 mai 1930 ayant pour objet de réorganiser la protection des monuments naturels et des sites de caractère artistique, historique, scientifique, légendaire ou pittoresque.

administrative avait annulé l'arrêté interministériel portant déclaration d'utilité publique du projet de construction d'une ligne électrique de 400 000 volts au motif que celle-ci devait traverser à deux reprises les gorges du Verdon et qu'elle portait de manière significative atteinte à l'environnement[2], la même juridiction reconnut la légalité de deux arrêtés préfectoraux déclaratifs d'utilité publique de l'expropriation de terrains nécessaires à la création et à l'accès de deux postes de transformation de 400 000 volts indispensables à la construction de la ligne électrique. Dans la deuxième hypothèse, le juge administratif souligne opportunément que « l'atteinte à l'environnement doit être importante pour entraîner l'annulation d'un arrêté de déclaration d'utilité publique »[3].

Le bilan environnemental du contrôle du bilan reste négatif, car même dans les circonstances où l'atteinte à l'environnement est flagrante et incontestable, le Conseil d'État conclut à l'utilité publique de l'opération d'expropriation projetée lorsque d'autres composantes de l'intérêt général lui paraissent plus convaincantes pour justifier l'intérêt général. Il s'investit ainsi dans un forcing juridique à travers une casuistique sans précédents pour respecter une politique jurisprudentielle. L'arrêt *Association Alsace Nature*[4] en est une parfaite illustration. En l'espèce, l'atteinte à l'environnement était pourtant indéniable. Le juge administratif l'avait lui-même reconnue en considérant que l'étude d'impact comportait des estima-

---

[1]Directive 92/43/CEE du Conseil concernant la conservation des habitats naturels ainsi que de la faune et de la flore sauvages. Cette directive instaure le réseau Natura 2000.

[2]CE, 10 juillet 2006, n° 288108, *Association interdépartementale et intercommunale pour la protection du lac de Sainte-Croix et de son environnement, des lacs et du site du Verdon* : *Rec.* 2006, p. 332.

[3]N. FOULQUIER, *Droit administratif des biens, op.cit.*, p. 500.

[4]CE, 17 mars 2010, n° 314114, *Association Alsace Nature et autres.* : *Rec.* 2010, p. 862.

tions précises des nuisances sonores par commune non remises en cause par l'expert commis par le tribunal administratif et qu'elle prévoit l'aménagement d'une tranchée couverte pour la traversée du secteur le plus exposé ; qu'elle présente un bilan initial de la qualité de l'air ainsi qu'une évaluation des impacts du projet sur les différents polluants, tant au cours des travaux qu'en phase d'exploitation.

L'appétence pour la réalisation du projet d'expropriation était beaucoup plus forte que la protection de l'environnement et s'est traduite à travers le raisonnement du juge administratif qui conclut à un bilan coûts-avantages positif mais défavorable à l'environnement reléguant ainsi sciemment au second plan l'application du principe de précaution ayant pourtant valeur constitutionnelle. Les commentaires suscités par cette décision confortent la démonstration. Il a été relevé et mise en cause « la ''validation'' du projet par la haute assemblée, malgré un ''embarras du choix des motifs'' d'annulation disponibles, révélé par le décalage entre les conclusions du rapporteur public et la décision des 6e et 1re sous-sections réunies »[1].

Sur le principe de précaution contenu dans la Charte constitutionnelle de l'environnement, l'incertitude traduite par l'utilisation de la phrase au conditionnel aurait pu inciter le juge à remettre en cause l'utilité publique du projet d'expropriation mais tout porte à croire que les enjeux économiques liés à la construction d'une autoroute étaient plus forts. Pour confirmer l'utilité publique du projet de construction de l'autoroute, le juge administratif a considéré que

> « contrairement à ce que soutiennent les requérants, aucun texte n'impose que l'étude d'impact comporte un bilan carbone de la construction ; que si les requérants invoquent l'absence de données précises sur le climat, il ne ressort

---

[1]L. DE FOURNOUX, « Contournement ouest de Strasbourg : quand la raison d'État a raison du droit », *AJDA* 2020, p. 1275.

pas des pièces du dossier que le projet serait susceptible d'affecter le climat ou les micro-climats ; qu'il ne ressort pas davantage du dossier que la sismicité de la zone traversée soit telle qu'elle ait dû faire l'objet d'une mention spécifique dans l'étude d'impact ; que l'absence de prise en compte par l'étude d'impact des risques d'accidents et d'explosions afférents à la tranchée couverte et aux stations-services, ne caractérise pas une insuffisance de son contenu au regard des dispositions précitées, dès lors que ces risques, qui doivent faire l'objet d'études spécifiques en application, respectivement de l'article R. 118-3-1 du code de la voirie routière et des dispositions du titre Ier du livre V du code de l'environnement, ne présentent en l'espèce aucun caractère particulier ».

Le raisonnement est, à l'évidence, contestable d'un point de vue environnemental.

Le contrôle du bilan coûts-avantages du projet d'expropriation, contrôle de proportionnalité qui a été annoncé comme un contrôle maximum semble être dénaturé, car le juge administratif ne se résout qu'à contrôler foncièrement qu'une erreur manifeste d'appréciation commise par l'administration parce qu'il craint d'empiéter sur le pouvoir discrétionnaire qui lui est reconnu en matière de détermination de l'intérêt général. La rébellion par l'argumentation juridique peut-elle espérer un lendemain plus radieux et prolifique en termes d'annulation de DUP de projets d'expropriation qui portent frontalement atteinte à l'environnement ? La réponse semble négative au regard de la technique jurisprudentielle mise en œuvre au prétoire des juridictions administratives. Comme il a été remarqué à juste titre, en l'état actuel du droit et de la jurisprudence administrative, l'enjeu du contrôle du bilan « porte sur la part de pouvoir discrétionnaire qu'il [le juge administratif] laisse à l'expropriant et à l'État. Le Conseil d'État refuse de réduire à néant ce pouvoir. Le contrôle du bilan semble dès lors s'apparenter à la sanction des seules erreurs manifestes entachant les déclarations d'utilité publique. Comme l'utilité publique de grands projets d'infrastructures ou d'aménagement s'évalue en prenant compte nombre de facteurs, il n'y a rien d'étonnant à ce que le juge ne sanctionne que de telles erreurs. Ceci explique que les annulations de DUP relatives à de grands projets (centrale nucléaire, autoroute, base militaire, etc…) restent rares. ». Il peut être déduit que les Sages du Palais-Royal, à travers leur raisonnement, refusent clairement de sanctuariser l'environnement. Ainsi, face à la faible efficacité de la contestation des associations de défense de l'environnement par l'argumentation juridique, celles-ci n'hésitent pas à faire entendre leurs voix en utilisant la voie d'une rébellion par l'affrontement physique.

B. Une rébellion engagée via l'occupation des sites à exproprier

Le juge administratif se montre réticent à donner une issue favorable aux recours des associations de défense de l'environnement. L'analyse montre qu'il est devenu courant voire automatique d'observer les associations de défense de l'environnement contester tout projet d'expropriation quelle qu'en soit l'ampleur. C'est, en effet, en ce sens qu'un pan de leur éternelle rébellion doit être compris. À cet effet, les associations de défense de l'environnement peuvent valablement être intégrées à la catégorie des « requérants d'habitude »[1], des « requérants acharnés »[2] voire des rebelles déterminés contre les projets d'expropriation pour cause d'utilité publique. Leur attitude laisse penser que les éternels rebelles désignés souffriraient d'une « quérulence processuelle »[3] aigüe, ce qui n'est forcément le cas. Cette détermination, cette obstina-

[1]F. LEMAIRE, « Les requérants d'habitude », *RFDA* 2004, p. 554. L'auteur évoque les associations comme faisant partie de la catégorie des « requérants d'habitude » mais les exclut simplement de son champ d'étude car il avait décidé de consacrer sa réflexion aux requérants individuels.

[2]*Ibid.*

[3]P. CASSIA, « Entre droit et psychiatrie : la quérulence processuelle », *AJDA* 2006, p. 1185.

tion à faire échec aux projets d'expropriation pour cause d'utilité publique prend une autre dimension lorsque les « rebelles verts » décident d'occuper les sites à exproprier. Les associations de défense de l'environnement (ADE) ouvrent ainsi la voie à une « guerre des tranchées » avec les autorités étatiques.

Il n'est pas exagéré de prétendre que la contestation par les ADE de la déclaration d'utilité publique des projets d'expropriation, menée par le biais de l'argumentation juridique au prétoire des juridictions administratives, est quasi-platonique. Dans ces conditions, à l'instar des nombreux justiciables désemparés par l'attitude du juge administratif – qui, lui-même avait formellement et solennellement proclamé un contrôle maximum, mais qui, matériellement, se résout à procéder à un contrôle minimum de l'erreur manifeste pour avaliser l'utilité publique des projets d'expropriation – les associations de défense préfèrent recourir à une autre forme de rébellion. Il est, à l'évidence, également difficile pour les ADE de « se départir d'un sentiment de connivence entre l'administration et son juge »[1]. Opiniâtres et décidées à faire obstacle aux projets d'expropriation supposés nuisibles à l'environnement voire de ceux pouvant s'apparenter à une « bêtise écologique »[2], les ADE s'investissent dans une occupation militante *a priori* illégale et, par conséquent, interdite par l'autorité administrative compétente. Dans un État de droit comme la France, la dynamique ne peut qu'être déplorée car, en l'état du droit, en matière de « rébellion verte » aux projets d'expropriation pour cause d'utilité publique, la contestation légale est inefficace, alors que celle qui est

---

[1]B. SEILLER, « Décisions régularisées », *RFDA* 2019, p. 791.
[2]Qualification donnée par Nicolas HULOT (l'ancien ministre de la transition écologique) au projet de grand contournement ouest de Strasbourg sur le plateau de l'Emission politique le 22 novembre 2018.

illégale est relativement efficace comme cela a particulièrement été le cas lors de la rébellion contre le projet de construction d'aéroport à Notre-Dame-des-Landes. À ce sujet, il a été souligné à juste titre que

> « le rapport de droit ne [produit] plus d'effet en matière de travaux publics et d'environnement ; c'est alors le rapport de force qui, comme à Notre-Dame-des-Landes, est seul à même de faire évoluer la situation, ce qui est particulièrement dommageable »[1].

La réflexion a clairement pour objectif de mettre en lumière les arguments de la lutte, de la rébellion par l'affrontement physique des associations de défense de l'environnement contre les projets d'expropriation pour cause d'utilité publique. Les enjeux environnementaux de ces projets d'expropriation sont souvent ignorés et relégués au second plan par les expropriants voire par le juge administratif qui n'hésite pas à conforter l'utilité publique souvent économique du projet au nom d'un abus de réserve d'intérêt général[2] laissant même penser à un intérêt général dévoyé pour respecter une politique jurisprudentielle qui tend de plus en plus à réduire le principe de légalité en « peau de chagrin ». C'est bien cette tendance qui justifie et motive la rébellion par l'affrontement physique des associations de défense de l'environnement qui restent convaincues qu'une autre forme de rébellion est possible pour faire plier les pouvoirs publics dans leur obstination à réaliser un projet d'expropriation aux conséquences frontalement nuisibles et dommageables à l'environnement. Une parfaite illustration est apportée par la situation à Notre-Dame-des-Landes où la défense de véritables joyaux environnementaux a été le cheval de bataille des associations de défense de l'environnement. En effet, la zone menacée d'expropriation est un remarquable bocage

---

[1]L. DE FOURNOUX, « Contournement ouest de Strasbourg, quand la raison d'État t a raison du droit », *AJDA* 2020, p. 1275.

[2]F. BRENET, « Les réserves d'intérêt général », *in Mélanges Jean-François LACHAUME*, *Dalloz* 2007, p. 139.

de zone humide ; elle est composée de nombreuses terres agricoles et de haies naturelles. La « bêtise écologique » supposée pourrait être renforcée d'autant plus que la modification voire la destruction d'une zone essentiellement humide aura des conséquences sur le reste du bassin agricole[1]. Ainsi, la « rébellion verte » par l'occupation amorcée par les mouvements écologistes vise clairement à défendre la destruction importante des zones naturelles protégées. En pratique, les associations de défense de l'environnement font partie d'un ensemble hétéroclite plus vaste aux motifs de rébellion divers[2] regroupés au sein de la « coordination contre le projet d'aéroport ».

Il est important de rappeler que la rébellion via l'occupation et l'affrontement physique est, *ab initio*, traduite par la récupération d'un acronyme qui était d'ailleurs le cadre juridique de l'opération d'expropriation projetée : la Z.A.D. La zone d'aménagement différé est devenue une « zone à défendre ». Il s'agit d'une occupation des sites à exproprier en vue de faire échec à l'opération d'expropriation. À l'analyse, il est utile d'avancer que, par le biais de la rébellion par l'occupation, les associations de défense de l'environnement ne contestent plus tant la légalité de la déclaration d'utilité publique des projets d'expropriation mais surtout leur légitimité. En la matière, le *modus operandi* des associations de défense de l'environnement a une visée socio-politique cherchant à mobiliser l'opinion publique et à interpeller les acteurs politiques sur la nocivité environnementale de l'opération d'expropriation projetée. En d'autres termes, la rébellion par l'affrontement physique vise à remettre en cause

---

[1]F. VERCHÈRE, « Notre-Dame-des-Landes : la plus vieille et longue lutte foncière de France ? », *Pour* 2013/4, n° 220, pp. 297-303.

[2]Outre les associations de défense de l'environnement, cette coordination regroupe des associations d'exploitants agricoles, les associations citoyennes, les altermondialistes, certains élus locaux.

la légitimité du projet d'expropriation pour une cause d'utilité publique supposée et contestée. Une partie de l'opinion publique a sérieusement pris conscience de la question, notamment sur l'enjeu environnemental lié à la préservation des terres agricoles en réaction à leur artificialisation grandissante[1].

Cependant, dans bon nombre de cas, les effets de la rébellion des associations de défense de l'environnement dans l'opinion publique et sur le plan politique par l'occupation, se décuplent lorsque l'autorité administrative ordonne de procéder à l'expulsion des rebelles ayant occupé les sites devant abriter le projet d'expropriation, notamment lorsque sont observés des actes de violence causant des blessés voire des morts dans le rang des rebelles. L'évènement a fait les choux gras de la presse nationale et internationale. Il est d'emblée intéressant de qualifier cette occupation qui, selon les différents projets, peut s'apparenter d'une part, à une occupation sans titre ni droit d'un domaine privé d'une personne publique, car souvent, même dans le cas où le bien immeuble qui lui appartient est illégalement occupé, celui-ci n'est pas perçu comme affecté ni à l'usage direct du public ni à l'exécution d'une mission de service public dont l'aménagement indispensable fait défaut pour le faire rentrer dans le domaine public. Certaines routes bloquées et occupées sans titre par les « zadistes » dans le cas de Notre-Dame-des-Landes bénéficient du régime de la domanialité publique et justi-

---

[1]G. GUIBERT, « « La contestation des grands projets d'infrastructures », *Esprit* 2013, n° 398,
p. 92-104. L'auteur, en donnant l'illustration de la « rébellion » par l'occupation à Notre-Dame-Des-Landes, affirme que « l'enjeu de l'artificialisation des sols bénéficie d'une prise de conscience relativement récente et était assez peu présent dans le débat du milieu des années 2000. Il en va de même du problème de la compensation de l'empreinte écologique, abordé pour l'essentiel en bout de course alors qu'il aurait pu et dû l'être beaucoup plus tôt. »

fieraient légalement *a priori* une expulsion *illico presto*. D'autre part, l'occupation peut prendre la forme de squats d'immeubles privés appartenant à des particuliers disposant toujours du droit de propriété sur ces biens tant que le juge de l'expropriation ne s'est pas encore prononcé sur le transfert de propriété moyennant le versement à leur profit d'une juste indemnité. Dans les deux hypothèses, occupations du domaine privé de la personne publique et d'immeubles privés, il s'agit d'occupations illégales qui justifient l'expulsion des lieux à condition que le juge judiciaire se soit au préalable prononcé en ce sens. Il est également utile d'indiquer que tant que l'occupation illégale du site à exproprier ne se traduit pas par un trouble à l'ordre public, l'autorité administrative ne peut ordonner l'expulsion des occupants illégaux. À ce sujet, il est admis que l'installation d'une ZAD ne constitue pas, en elle-même, un trouble à l'ordre public[1].

Il va sans dire que l'échec de « l'opération César » d'octobre 2012 relatif à la première évacuation de grande ampleur des « zadistes » de Notre-Dame-des-Landes a été déterminant pour la prolifération et la multiplication des rébellions par affrontement physique et par occupation. Cet échec est considéré comme une réelle victoire pour les ADE qui n'ont été que confortées dans leur rébellion. Les évènements liés à cette évacuation ratée ont eu un écho médiatique considérable offrant par l'occasion une nette visibilité socio-politique à ces mouvements écologistes. Comme il a été si bien remarqué,

> « à la suite de l'échec d'une grande opération d'évacuation des occupant.e.s par l'[E]tat en 2012 (« opération César » d'octobre 2012), le phénomène des zones à défendre a pu bénéficier d'une attention médiatique certaine. Les milieux académiques ont suivi, se penchant notamment sur la dimension oppositionnelle des zad comme stratégie de protection des espaces agricoles, ainsi que sur l'insertion de ces stratégies dans l'histoire des mouvements contestataires. Or, depuis l'échec de l'opération César suivi d'une

---

[1]Rapport de la mission de médiation relative au projet d'aéroport du Grand Ouest, décembre 2017.

manifestation de réoccupation de la zad de Notre-Dame-des-Landes, le mouvement d'opposition est sorti renforcé et l'engouement a permis d'étendre les modalités d'action »[1].

Mais si les actions des mouvements écologistes se sont amplifiées dans une « rébellion » par l'occupation, quels ont été leurs résultats concrets quant à l'issue du projet d'expropriation dont l'utilité publique a déjà été déclarée ?

II. Une rébellion maîtrisée

Face à la quasi-inefficacité de la contestation de la régularité des DUP au prétoire des juridictions administratives lors de la phase administrative de l'expropriation, les associations de défense de l'environnement ont changé de tactique. Elles s'investissent davantage dans une sorte de rébellion taxée de violente par leurs détracteurs à cause de l'affrontement physique inévitable avec les forces de l'ordre intervenant pour les déloger. Il s'agit d'une forme de rébellion traduite par l'occupation des sites à exproprier. L'occupation des sites à exproprier est, en soi, illégale et présente une efficacité limitée **(A)**. Pour la maîtriser, les autorités étatiques apportent des réponses en tenant compte des conséquences politiques du démantèlement des sites occupés **(B)**.

A. Une occupation illégale à l'efficacité limitée

Les ADE s'investissent de plus en plus dans la rébellion par l'occupation illégale et par l'affrontement physique car elles restent convaincues que cette forme de rébellion est plus efficace pour faire échec aux projets d'expropriation pour cause d'utilité publique. La postérité de ce type de rébellion mis en œuvre à Notre-Dame-des-

---

[1]P. DE CLERCK, « Habiter avant la règle : quelques nouvelles d'une mise en chantier de l'institution à Notre-Dame-des-Landes », *Revue interdisciplinaire d'études juridiques*, 2018/2 volume 81, pp. 267-295.

Landes est assez évocatrice. Comme il a été souligné *supra*, la rébellion par l'occupation illégale des sites à exproprier n'a pas logiquement pour objectif de remettre en cause la légalité de l'opération d'expropriation projetée mais elle s'évertue à lui dénier toute légitimité. La rébellion par l'occupation a été la source de plusieurs volt-faces des pouvoirs publics dans la réalisation des projets d'expropriation. Son impact ne se limite donc pas à l'opposition physique à l'opération projetée à Notre-Dame-des-Landes. Dans les situations où cette forme de rébellion a été efficace pour les associations de défense de l'environnement, elle a conduit, *in fine*, à l'abandon pur et simple du projet d'expropriation.

Dans la situation très évocatrice de l'efficacité environnementale de la rébellion par l'affrontement physique des ADE à Notre-Dame-des-Landes contre le projet d'aéroport, plusieurs étapes peuvent être distinguées pour rendre véritablement compte de son impact. Il est utile de rappeler que l'acte déclaratif de l'utilité publique du projet d'aéroport a été pris par décret le 9 février 2008 dont la légalité a été reconnue à plusieurs reprises par les Sages du Palais-Royal[1]. En réaction, à la suite de cet échec, les mouvements écologistes, convaincus qu'un autre moyen de contestation était possible et pouvait s'avérer efficace pour faire obstacle au projet d'expropriation, ont décidé d'occuper les sites à exproprier. C'est dans ces conditions que la zone d'aménagement différée s'est transformée en zone à défendre. En effet, les associations de défense de l'environnement qui font partie intégrante des « zadistes » ont pris possession des espaces à exproprier après le premier « camp climat » tenu en 2009 par l'Association citoyenne intercommunale des populations concernées par le

[1]CE, 31 juillet 2009, n°314955, *ACIPA et autres* ; CE, 27 janvier 2010, n° 319241.

projet d'aéroport de Notre-Dame-des-Landes (ACIPA). Il est à noter que ces mouvements écologistes ont connu leur véritable affrontement physique avec les forces de l'ordre en octobre 2012 lorsque celles-ci avaient enclenché l'opération César[1] pour les déloger des sites à exproprier et permettre le commencement des travaux de construction. Leur rébellion par l'affrontement physique a été fructueuse puisqu'elle a conduit à l'échec de l'opération d'expulsion. La tactique, certes illégale de l'occupation, s'est avérée payante pour ces associations, car l'opération César a été un fiasco. La ZAD avait donc vaincu César. Elles sont ressorties de cette première expérience de rébellion, de confrontation physique et violente, plus que déterminées à continuer leur lutte anti-aéroport, à faire définitivement échec au projet de construction d'aéroport à Notre-Dame-des-Landes[2]. Il faut rappeler que la procédure légale à mettre en œuvre par les autorités publiques, en vue de l'expulsion de zadistes dans le cadre d'opérations d'expropriation de grande ampleur, reste quand même très encadrée et favorable aux ADE malgré l'illégalité de l'occupation des sites à exproprier. En effet, l'installation d'une zone à défendre n'est pas constitutive en elle-même d'un trouble à l'ordre public pour justifier une expulsion sans décision de justice.

La « rébellion verte » acharnée a certes provoqué la suspension de l'évacuation de la ZAD, mais elle n'a pas définitivement réduit à néant la détermination des autorités publiques à réaliser leur projet de construction d'aéroport sur les sites illégalement occupés. La détermination dont il est question est, à tous égards, une détermination politique

---

[1]L'opération, regroupant un millier de gendarmes et de policiers sur une semaine, avait pour objectif d'expulser les occupants illégaux de Notre-Dame-des-Landes.

[2]P. DE CLERCK, « Habiter avant la règle : quelques nouvelles d'une mise en chantier de l'institution à Notre-Dame-des-Landes », *op.*, *cit.*

à réaliser le projet de construction d'aéroport. Pour y parvenir, l'État a eu recours à ce qui s'apparente à du forcing juridique lorsqu'il décide d'organiser un « référendum » - il est juridiquement plus juste de parler de consultation locale - local pour un projet qui relève de la compétence de l'État[1]. Il est utile, à ce propos, de préciser que si le « référendum local » existe en droit français, les projets de délibérations ou d'actes sur lesquels il porte doit relever de la compétence d'une collectivité territoriale. Tel est clairement le but de l'article 72-1 de Constitution française qui indique à son alinéa 2 que « dans les conditions prévues par la loi organique, les projets de délibération ou d'acte relevant de la compétence d'une collectivité territoriale peuvent, à son initiative, être soumis, par la voie du référendum, à la décision des électeurs de cette collectivité. »

Tout porte à croire que les autorités étatiques se placeraient hors du champ du droit positif si elles s'aventuraient dans une démarche sans législation *ad hoc* en créant une nouvelle législation[2], à la limite « taillé [e] sur mesure »[3]. L'ordonnance du 21 avril 2016[4] a été adoptée pour justifier la consultation locale sur le transfert du projet d'aéroport du Grand ouest à Notre-Dame-des-Landes. Deux jours plus tard, un décret relatif à la consultation locale était adopté et appelait ainsi les habitants des communes de Loire-Atlantique en âge de voter à se prononcer

---

[1]D. ROUSSEAU, « L'insoutenable référendum à Notre-Dame-des-Landes », *AJCT* 2016, p. 125.

[2]M. PAOLETTI, « L'intervention d'un nouveau référendum pour ''résoudre la crise'' à Notre-Dame-des-Landes », *RFDC* 2017/1, n° 109, pp. 173-196.

[3]B. DELAUNAY, « Une procédure taillée sur mesure pour Notre-Dame-des Landes ? », *AJDA* 2016, p. 1515.

[4]Ordonnance n°2016-488 du 21 avril 2016 relative à la consultation locale sur les projets susceptibles d'avoir une incidence sur l'environnement.

le 26 juin 2017 par un oui ou un non à la réalisation du projet de construction de l'aéroport à Notre-Dame-des-Landes[1].

La rébellion à cette nouvelle résolution des autorités étatiques à concrétiser le projet d'expropriation fut-ce de manière juridiquement instrumentalisée voire dévoyée ne s'est pas fait attendre. Elle s'est d'abord traduite par une démarche de justiciables respectueux de l'État de droit, de la procédure administrative et du droit du contentieux administratif. Les divers recours environnementaux ont été rejetés pour diverses raisons[2].

---

[1]Décret n°2016-503 du 23 avril 2016 relatif à la consultation des électeurs des communes de la Loire-Atlantique sur le projet de transfert de l'aéroport de Nantes Atlantique sur la commune de Notre-Dame-des-Landes.

[2]CE, 20 juin 2016, n° 400364, 400365, *Association intercommunale des populations concernées par le projet d'aéroport de Notre-Dame-des-Landes et autres*. D'une part, au considérant n° 6, il a été retenu que « la construction d'un nouvel aéroport et de sa desserte routière sur le territoire de la commune de Notre-Dame-des-Landes constitue un projet d'infrastructure susceptible d'avoir une incidence sur l'environnement dont la réalisation est subordonnée à la délivrance de plusieurs autorisations relevant de la compétence de l'État ; que les requérants font valoir que le projet sur lequel porte la consultation prévue par le décret attaqué a déjà donné lieu à l'adoption, par l'État, de plusieurs autorisations conditionnant sa réalisation et, notamment, du décret du 9 février 2008 déclarant d'utilité publique les travaux nécessaires à la réalisation du projet d'aéroport et de sa desserte routière, du décret du 29 décembre 2010 approuvant la convention passée entre l'État et la société concessionnaire Aéroports du Grand Ouest pour la concession de l'aérodrome, et de quatre arrêtés du 20 décembre 2013 du préfet de la Loire-Atlantique, autorisant ces travaux, pour deux d'entre eux, au titre de l'article L. 214-3 du code de l'environnement et accordant aux maîtres d'ouvrage, pour les deux autres, des dérogations aux interdictions de capture, d'enlèvement, de transport, de perturbation intentionnelle, de destruction de spécimens d'espèces protégées et de destruction d'habitats d'espèces protégées ; que si les requérants soutiennent que la consultation ne pouvait avoir lieu après l'intervention de ces décisions d'autorisation et après que

l'État a décidé de réaliser le projet, les dispositions de l'article L. 123-20 du code de l'environnement, citées au point 2, ne conditionnent nullement la légalité de la consultation des électeurs à ce que la délivrance d'une autorisation de l'État soit encore nécessaire à la réalisation du projet et précisent, notamment, qu'une telle consultation peut intervenir après une déclaration d'utilité publique ; que cette consultation peut permettre à l'État de confirmer son choix et de décider de mettre en œuvre son projet ou d'y renoncer ; que, dès lors, les requérants ne sont pas fondés à soutenir que le décret attaqué méconnaîtrait l'article L. 123-20 du code de l'environnement, au motif que la consultation qu'il prévoit interviendrait postérieurement à la décision de l'État de réaliser le projet en cause'' ; D'autre part, au considérant n° 7, les Sages du Palais-Royal ont considéré que ''le projet sur lequel les électeurs sont appelés à se prononcer en vertu du décret attaqué a fait l'objet, le 9 février 2008, d'une déclaration d'utilité publique et a donné lieu, à ce titre, à enquêtes publiques conjointes prescrites par un arrêté du préfet de la Loire-Atlantique du 27 septembre 2006 ; que le même projet a donné lieu, en vertu de l'article L. 214-4 du code de l'environnement, relevant de la législation sur la protection de l'eau et des milieux aquatiques, à des enquêtes publiques conjointes en vue de l'adoption des arrêtés du 20 décembre 2013 mentionnés au point précédent ; que le Gouvernement n'a ni décidé, ni manifesté la volonté de modifier ce projet, ni annoncé une consultation des électeurs portant sur un projet distinct ; qu'est, dans ces circonstances, sans incidence sur ce point le fait que des projets alternatifs, comportant une seule piste au lieu de deux, auraient été évoqués ; que, de plus, le dossier d'information prévu par l'article L. 123-26 du code de l'environnement, mis en ligne sur le site internet de la Commission nationale du débat public et dont la publication a été portée à la connaissance des électeurs par la lettre d'information prévue à l'article L. 123-27 du même code, décrit les principales caractéristiques de ce projet et précise notamment qu'il ''se développerait sur une surface totale de 1 239 hectares, avec deux pistes, l'une au Nord de 2 750 mètres destinée à l'atterrissage et l'autre au Sud de 2 900 mètres, extensible à 3 600 mètres'' ; qu'ainsi, la consultation prévue par le décret attaqué porte sur le projet qui a fait l'objet, notamment de la déclaration d'utilité publique du 9 février 2008 ; que, par ailleurs, ainsi que cela ressortait déjà du dossier d'enquêtes publiques conjointes publié au titre de la procédure de déclaration d'utilité publique, le même dossier d'information relève que ''dans l'hypothèse de la réalisation de l'aéroport de Notre-Dame-des-Landes, aussi bien les vols commerciaux, que l'aviation d'affaires

S'en est suivie une rébellion par l'affrontement physique lorsqu'à la suite d'une décision de justice et consultation locale aux résultats favorables à la réalisation des travaux, les autorités étatiques ont décidé de reprendre les travaux relatifs à la construction de l'aéroport. La « rébellion » par l'occupation s'est davantage renforcée et, face à cette détermination des rebelles, le gouvernement français a courbé l'échine. Par la voix de son premier ministre, Monsieur Edouard Philippe, l'annonce de l'abandon du projet de réalisation de l'aéroport à Notre-Dame-des-Landes a été faite le 17 janvier 2018 dans des termes traduisant la prise en compte de la « rébellion verte ». Il est important de noter que la rébellion par l'affrontement physique a également été efficace dans le cas de la construction du barrage de Sivens sur le cours d'eau du Testet. La suspension du projet est intervenue à la suite de la mort du militant écologiste Rémi Fraisse le 26 octobre 2014 avant d'être définitivement abandonné le 4 décembre 2015 par arrêté préfectoral. Les mouvements écologistes défendaient notamment la destruction de douze hectares de zone humide par la construction d'un lac de barrage devant permettre la constitution d'une réserve d'eau d'un volume de 1,5 million de m^3 utilisable, notamment pour l'irrigation de terres agricoles et le contrôle de la baisse périodique des eaux du Tescou. La violente rébellion entamée à Sainte-Soline en 2023 semble prendre les mêmes allures et dont la résolution reste incertaine. Par ailleurs, l'occupation illégale par des zadistes des sites à

---

et de tourisme seraient transférés'' et que ''la piste de Nantes-Atlantique serait maintenue pour un usage strictement industriel d'Airbus avec deux ou trois vols par semaine en fonction des besoins logistiques du pôle industriel aéronautique'' ; que, dès lors, contrairement à ce qui est soutenu, les termes de la question soumise aux électeurs, qui ne sont entachés d'aucune erreur ou ambigüité, ne sont nullement de nature à porter atteinte à la sincérité du scrutin organisé par le décret attaqué ».

exproprier a aussi eu raison du projet de construction de Center Parks à Roybon en Isère. Le projet était destiné à la construction en pleine forêt de Chambaran, autour d'un espace aquatique, d'un ensemble immobilier énergétivore[1] composé d'un millier de cottages, de restaurants et de commerces.

Toutefois, l'efficacité d'une rébellion par l'occupation doit être nuancée car elle reste limitée, ponctuelle et relative. Sur le plan juridique, l'attitude des autorités étatiques dans le cas de la rébellion à Notre-Dame-des-Landes constitue la preuve d'une mise en veilleuse de l'État de droit et de la démocratie. La démarche est très évocatrice et a été vivement critiquée. Il est utile de relever à ce sujet que la décision de recourir à un « référendum », une consultation locale pour être plus juste, semble être motivée par la prise en compte de la « rébellion verte ». Elle va ainsi à l'encontre de toutes les décisions de justice qui ont reconnu l'utilité publique du projet d'expropriation. Il est intéressant de souligner pour étayer l'observation critique, qu'à l'analyse, « la France est un régime représentatif qui reconnaît aux institutions des différents niveaux territoriaux – national, régional, départemental et municipal – le pouvoir de prendre des décisions. Et ces décisions sont légitimes car elles sont prises par des institutions issues du suffrage universel et reconnues par la Constitution. Or, en l'espèce, toutes les institutions représentatives se sont prononcées en faveur de la création de l'aéroport de Notre-Dame-des-Landes, l'institution judiciaire a statué sur les contestations et n'y a pas fait droit et pourtant cette décision n'est pas appliquée. Mieux – ou pire –, le Président de la République semble tenir pour nulles toutes les décisions des institutions représentatives en appelant à l'organisation d'un référendum. En d'autres termes, il

[1]Construction sous la forme d'une bulle transparente chauffée à 29° pendant toute l'année avec piscines, toboggans et jacuzzis.

participe directement à l'affaiblissement de la démocratie représentative en laissant penser que ces institutions ne sont plus suffisamment légitimes pour emporter l'adhésion des citoyens. Les coups ne viennent pas de l'extérieur ; ils viennent de l'intérieur de la démocratie représentative portés par ceux-là mêmes qui sont censés la faire vivre et qui semblent eux-mêmes ne plus y croire »[1].

En outre, en ce qui concerne l'efficacité prétendue de la rébellion par l'occupation et l'affrontement physique, il est important de noter que ce type de rébellion ne réussit pas toujours à entraîner l'abandon des projets d'expropriation. Les illustrations sont nombreuses mais celle relative à un projet de méga-transformateur électrique de RTE (Réseau Transport Électricité) dans l'Aveyron se montre assez synthétique de la fragilité de la rébellion occupationnelle voire « occupassionnelle »[2]. En réaction contre ce projet de transformateur électrique qui existait depuis 2009 et auquel étaient favorables la Chambre d'agriculture, la Direction régionale de l'industrie et la préfecture de l'Aveyron, l'association de défense de l'environnement « Plateau survolté » fut créée. Ayant comme cheval de bataille la sauvegarde de la biodiversité, elle était clairement contre la mise en place d'une zone électro-industrielle. L'impact écologique n'était pas négligeable car le projet de construction du méga-transformateur électrique prévoit le défrichement et le déboisement d'une surface d'environ 7 000 m^2 et le volume des déblais à évacuer de 110 000 à 160 000 m^3. Une sorte de ZAD dénommée *Amassada*[3] a donc été créée pour faire de la rébellion par occupation

[1]D. ROUSSEAU, « L'insoutenable référendum à Notre-Dame-des-Landes », *op.cit*.

[2]Terme non consacré mais nous l'utilisons à dessein pour traduire la profonde passion liée à l'occupation des sites devant accueillir les travaux.

[3]Assemblée en occitan et regroupant certains citoyens dont des contestataires écologistes opposés au projet de construction.

illégale des sites devant accueillir le transformateur électrique. La rébellion par l'affrontement physique n'a pu empêcher le démantèlement de l'*Amassada*. En outre, la ZAD installée à Kolbsheim initiée par le collectif « GCO Non Merci » contre le projet de construction du contournement ouest de Strasbourg a connu le même sort, c'est-à-dire le démantèlement en septembre 2018. Il est autorisé de croire que les diverses réactions des autorités étatiques face aux occupations des zones à exproprier, traduisent des réponses présentant une dimension politique variable.

B. Une réponse étatique à dimension politique variable

L'efficacité limitée de l'occupation illégale des zones à exproprier a indéniablement une relation directe avec la réponse des autorités étatiques à ce type de rébellion. Ainsi, si la ZAD a une fois vaincu César, ce qui était d'ailleurs une victoire tolérée pour des raisons politiques, elle ne vaincra pas toujours car les « armes » de l'État sont beaucoup plus fortes et la « raison d'État » finit toujours par l'emporter au nom de la loi via la « réserve d'intérêt général »[1] ou au nom de la force publique. Il en ressort que la réponse étatique à la rébellion comporte une dimension politique variable. Il ne fait pas de doute que la contestation par des associations de défense de l'environnement de la déclaration d'utilité publique des projets d'expropriation peine à dénier l'utilité publique aux opérations d'expropriation projetées et à remettre en cause voire à réduire à néant leur réalisation. Si la connivence supposée du juge administratif avec l'administration y contribue fortement, l'administration elle-même recule rarement face à l'obstination des associations de défense de

[1]L. DE FOURNOUX, « Contournement ouest de Strasbourg, quand la raison d'État t a raison du droit », *AJDA* 2020, p. 1275.

l'environnement sur des projets à fort enjeu économique et politique. Le raisonnement tenu par le juge administratif pour soutenir les irrégularités des projets d'expropriation pour cause d'utilité publique a, par exemple dans le cadre de la validation du projet du grand contournement-ouest de Strasbourg, été vivement critiqué. En effet, il a été constaté

> « qu'au-delà de l'argument juridique et contentieux, le juge a manifesté une tendance notoire à sanctuariser le projet, en refusant de tirer des conséquences qui semblaient pourtant s'imposer, par la mobilisation de diverses techniques typiques du contentieux administratif contemporain. C'est alors que la notion de ''raison d'État'' qui avait présidé à la décision de 2010 trouve encore de sa pertinence dans le contentieux des actes découlant de la déclaration d'utilité publique. Au point que l'on peut se demander s'il est encore utile de contester un projet d'aménagement d'envergure nationale au moyen de recours juridictionnels, tant ceux-ci s'avèrent impropres à empêcher sa réalisation, même illégale, du fait de la position adoptée par le juge administratif face à l'administration dont il est censé contrôler les actes »[1].

La « rébellion verte » semble, pour l'heure, relativement maîtrisée par les autorités étatiques. S'il peut advenir que les associations de défense de l'environnement réussissent à remettre en cause ponctuellement la déclaration d'utilité publique de projets d'expropriation, l'État et les expropriants arrivent souvent à vaincre ce type de rébellion. Si l'efficacité de l'occupation illégale des sites à exproprier paraît limitée, c'est parce que les autorités étatiques la maîtrisent parfaitement et n'y font souvent qu'une concession politique pour renoncer aux projets d'expropriation. Cela a été particulièrement le cas à Notre-Dame-des-Landes où le projet d'expropriation a finalement été abandonné en 2018. Le Premier ministre de l'époque déclarait solennellement qu'

> « en relation étroite avec le président de la République, le gouvernement a pris sa décision : je constate aujourd'hui que les conditions ne sont pas réunies pour mener à bien le projet d'aéroport de Notre-Dame-des-Landes. Un tel projet qui structure le territoire pour un siècle ne peut se faire dans un contexte d'opposition exacerbée de la population. Les grands projets récents se sont

---

[1] L. DE FOURNOUX, « Contournement ouest de Strasbourg, quand la raison d'État a raison du droit », *op., cit.*

réalisés malgré les oppositions locales car portés par la population. Notre-Dame-des-Landes, aujourd'hui, c'est l'aéroport de la division. Le projet de Notre-Dame-des-Landes sera donc abandonné ».

Si la rébellion par l'occupation et l'affrontement physique peut s'avérer efficace pour de grands projets d'expropriation surmédiatisés, elle ne l'est pas forcément pour des projets de moindre envergure. Dans cette dernière hypothèse, il est utile de noter que « l'occupation protestataire constitue un mode de protestation exigeant de multiples conditions et se révèle relativement fragile tant ses conditions de félicité sont difficiles à réunir »[1].

***

Il est loisible de distinguer au sujet de la « rébellion verte » deux formes de réactions des autorités étatiques face aux contestations des projets d'expropriation pour cause d'utilité publique : une majoritaire et une minoritaire. La tendance majoritaire est le principe et c'est elle qui est privilégiée pour réaliser les grands projets d'infrastructures, en réalité des projets de campagne électorale. Elle traduit la témérité des autorités étatiques à aller jusqu'au bout de leur démarche politique malgré toutes les contestations légales et illégales. Il s'agit souvent de projets d'expropriation qui frôlent l'illégalité mais qui sont maintenus pour des raisons politiques et cautionnés par le juge administratif.

Il va sans dire que cette attitude prétorienne, comme il a été souligné, incite les ADE à la rébellion par l'occupation des zones à exproprier. Celle-ci ne constitue pas pour autant idéologiquement une panacée en matière de contestation car dans la majorité des cas, les zones à défendre ont fini par être démantelées constatant ainsi l'échec de ce *modus operandi* aux vertus pourtant proclamées et vantées

---

[1] S. DECHEZELLES, « Une zad peut en cacher d'autres. La fragilité du mode d'action occupationnel », *Politix* 2017/1, n° 117, pp. 91-116.

pour faire échec aux projets d'expropriation pour cause d'utilité publique. Par exemple, l'expulsion après plus de six mois d'occupation, le 23 mars 2021, des occupants illégaux de la ZAD du Carnet de Frossay et Saint Viaud en Loire-Atlantique opposés à un projet d'industrialisation – un parc dédié aux énergies marines renouvelables – taxé d'« écosuicidiare »[1] initié par le Grand Port maritime de Nantes-Saint-Nazaire témoigne de la tendance majoritaire de gestion des occupations illégales des sites à exproprier. Les exemples peuvent être multipliés car il en existe une pléthore attestant de la volonté politique des autorités de toujours mener à terme la procédure d'expropriation malgré les contestations de toutes sortes des mouvements écologistes.

Toutefois, il existe une tendance minoritaire afférente à la réponse des autorités étatiques face à la contestation par l'affrontement physique des projets d'expropriation pour cause d'utilité publique. Il s'agit d'une démarche politique prenant en compte les conséquences socio-politiques, et rien d'autre, du maintien du projet d'expropriation. Elle résulte concrètement de la constatation de l'impopularité de certains projets d'expropriation à la suite de vives contestations à travers des occupations ayant causé des pertes en vies humaines pour ainsi choquer l'opinion nationale. Sur ce point, il va de soi que ce sont ces évènements qui ont justifié l'abandon des projets d'expropriation à Sivens et à Notre-Dame-des-Landes conduisant le gouvernement à surseoir à s'obstiner dans une aventure politico-économique qui divise les Français. Les évènements à Notre-Dame-des-Landes ont beaucoup plus retenu l'attention et la décision d'abandon du projet a pu calmer la situation de tension. Il est impossible de dire qu'objectivement,

[1]Les travaux de construction du parc destiné aux énergies marines renouvelables auront pour but de bétonner des espaces naturels.

l'abandon du projet fut un bon choix car comme il a été souligné, il est

> « difficile à dire tant se sont opposés partisans et détracteurs du projet. Y avait-il un bon choix ? Seul l'avenir le dira, tellement il est difficile de se projeter à vingt ou trente ans sur l'évolution du trafic aérien, même si d'après les spécialistes, celui-ci double tous les vingt ans. La décision du Premier ministre, forcément en concertation avec le président de la République, est courageuse. Celle-ci fait suite, depuis le lancement du projet, à tant d'hésitations, d'atermoiements, de renoncements, et surtout de ''chausse-trapes'' politiques visant à laisser à d'autres le soin de décider »[1].

Dans tous les cas, cette réaction ponctuelle ne saura jamais éclipser la détermination politique constante à réaliser les projets d'expropriation malgré la pugnacité démontrée par les mouvements écologistes.

[1]C. DEVÈS, « Notre-Dame-des-Landes et après ? », *Juris tourisme* 2018, n° 205, p.3.

Le rebelle devant la Cour Pénale Internationale

Koumba DEMBELE
ATER en droit public
Université de Lorraine
IRENEE – UR 7303

La scène internationale est le théâtre de conflits sporadiques qui ne datent pas de l'époque contemporaine. Ces conflits qui opposaient par le passé des États, opposent aujourd'hui dans la majorité des cas ces derniers à des groupes armés non étatiques[1] dont la plupart sont qualifiés de manière triviale de « groupes de rebelles ». Les révoltes violentes savamment orchestrées par ces groupes armés irréguliers âprement organisés, ont pour finalité de renverser un pouvoir central. À défaut de parvenir au renversement du pouvoir central, ces groupes espèrent le déstabiliser. Confrontés à de telles adversités en interne, les États mettent en place des systèmes de répressions afin de contrer la révolte. Le soulèvement de ces groupes armés et la volonté de répression exprimée par l'armée régulière donnent lieu à des boucheries à ciel ouvert. Par essence, de tels conflits, sont loin de se dérouler « de manière chevaleresque et humaine »[2]. Et pour cause, ils sont le foyer de graves violations des droits humains et du droit international humanitaire.

Si les ordres juridiques internes s'organisent autour d'une réponse ferme face à ces violences[3], le droit interna-

[1]H. WEHBERG, « La guerre civile et le droit international », *RCADI*, vol. 63, p. 1

[2]*Ibid.*, p. 8

[3]L'exemple du droit français dont l'article 433-6 se lit comme suit : « Constitue une rébellion le fait d'opposer une résistance violente à une personne dépositaire de l'autorité publique ou chargée d'une mission de service public agissant, dans l'exercice de ses fonctions,

tional quant à lui laisse planer des zones d'ombres. En effet, la réponse apportée par le droit international au sujet de la rébellion laisse un goût d'inachevé. La rébellion n'est pas érigée en infraction internationale[1]. Le délit de rébellion n'existe pas en droit international. D'ailleurs, le droit international n'interdit ni ne permet la rébellion[2] du fait de son fameux principe de neutralité[3]. Par conséquent, il ne permet pas de saisir aisément la notion de rébellion. Le droit international se limite à réagir aux conséquences engendrées par la rébellion. Dans le fil droit de cette approche, la Cour internationale de justice dans son célèbre avis relatif à la licéité de la menace ou de l'emploi d'armes nucléaires, énonce ceci : « le principe de neutralité s'applique à tous les conflits armés internationaux »[4].

La neutralité du droit international par rapport à la rébellion se justifie par la place centrale occupée par les deux principes suivants en droit international : le droit des peuples à disposer d'eux-mêmes et le droit des peuples à résister à l'oppression. Le postulat qui sous-tend le principe de neutralité est le suivant : interdire les oppositions aux gouvernants de manière générale, reviendrait à nier le droit des peuples à disposer d'eux-mêmes[5] et leur droit à

---

pour l'exécution des lois, des ordres de l'autorité publique, des décisions ou mandats de justice ».

[1]O. De FROUVILLE, *Droit international pénal. Sources, incriminations, responsabilité*, Pedone, 2012.

[2]R. VAN STEENBERGHE, « L'emploi de la force en Libye : question de droit international et de droit belge », *Journal des tribunaux*, vol. 26, n° 6444, p. 531.

[3]O. CORTEN, *la rébellion et le droit international : le principe de neutralité en tension*, Les Livres de poche de l'Académie de droit international de La Haye, vol. 28, 2016.

[4]CIJ, affaire de la Licéité de la menace ou de l'emploi de l'arme nucléaire, CIJ Recueil 1996, p. 261, § 89.

[5]H. WEHBERG, « la guerre civile et le droit international, antérieurement cité, p. 9.

résister à l'oppression[1]. Ce qui en soit révèlerait une incohérence.

Bien que la rébellion ne soit pas interdite en droit international, le conflit armé secrété par la rébellion n'échappe pas à un encadrement par le droit international surtout lorsque ces hostilités sont susceptibles de conduire à des violations graves des droits humains et du droit international humanitaire. Cela est rendu possible par la soumission des groupes armés non étatiques au droit international des droits de l'homme, au droit international humanitaire et au droit international pénal.

Contrairement au droit international humanitaire qui s'applique lors des conflits armés qu'ils soient internationaux ou non, qu'il y'ait eu ou non déclaration de guerre ou reconnaissance de l'État de guerre[2], Le droit international des droits de l'homme[3] s'applique en tout temps aussi bien en temps de paix qu'en temps de guerre[4]. De ce fait, lorsqu'il excède les limites du droit international humanitaire, du droit international des droits de l'homme ou du

---

[1]Le printemps arabe avec les évènements de la Lybie et la Tunisie en est l'exemple le plus récent.

[2]Services consultatifs du CICR en droit international humanitaire, « Droit international humanitaire et droit international des droits de l'homme, similitudes et différences », CICR, dih-didh-factsheet-cicr (2).pdf (consulté le 17/05/2021).

[3]Les conventions relatives aux DIDH dont les principales : les Pactes internationaux relatifs aux droits économiques, sociaux et culturels (1966) et aux droits civils et politiques (1966), ainsi que les Conventions sur le génocide (1948), l'élimination de la discrimination raciale (1965), la discrimination à l'égard des femmes (1979), la torture (1984) et les droits de l'enfant (1989).

[4]C.I.J., « Conséquences juridiques de l'édification d'un mur en territoire palestinien occupé », avis du 9 juillet 2004, § 104-106. Dans la même veine, le professeur Robert Kolb explique que la résolution dite Šahoviæ de l'Institut de droit international qui est une résolution sur l'applicabilité du DIH et du droit des droits de l'homme dans les conflits armés permet de conclure que le DIH et le DIDH peuvent être convoqués dans les situations de conflits armés.

droit international pénal, le rebelle doit répondre de ses manquements. Dans ce sens, du fait de son articulation autour du droit international pénal, du droit international humanitaire, et du droit international des droits de l'homme, le statut de Rome donne au juge de la Cour international pénale compétence pour connaitre des violations du DIH et du DIDH commises par le rebelle en situation de paix ou de conflits armés[1]. C'est à ce jour la seule convention internationale réunissant les normes de droit international humanitaire et du droit international des droits de l'homme dans un même instrument.

La constance des conflits armés a encouragé l'adoption de nombreux textes dont les quatre conventions de Genève. Ces conventions obligent les belligérants à se soumettre aux lois de la guerre qu'ils soient membres d'une armée irrégulière ou membres d'une armée régulière[2]. En effet, l'article 3, commun aux quatre conventions de Genève de 1949 et leur protocole additionnel II de 1977, imposent aux groupes armés non étatiques de respecter le DIH[3]. Deux décennies plus tard entrait en vigueur le 1er juillet 2002 à Rome après le dépôt du soixantième instrument de ratification, le statut de la Cour Pénale Internationale. Le statut de Rome dès son préambule, met en évidence l'objectif de cette Cour, celui de « mettre un terme à

[1]La convention relative aux droits de l'enfant et son protocole facultatif concernant l'implication des enfants dans des conflits armés internationaux et le statut de Rome. Ces deux conventions font mention tant du DIH que du DIDH.

[2]Ces conflits armés qui se déroulent entre les frontières d'un État relevaient jusqu'à l'adoption des quatre Conventions de Genève de 1949 exclusivement du droit interne, du domaine réservé des États. Seul le droit national pouvait être appliqué lorsque le souverain faisait face à une révolte interne.

[3]L'obligation de protéger les victimes des conflits armés non internationaux, l'obligation de limiter les méthodes et moyens de guerre notamment l'interdiction de recourir à certaines armes et l'interdiction de prendre pour cible des personnes civiles, biens civils.

l'impunité (...) des crimes les plus graves touchant l'ensemble de la communauté internationale (...) et (...) de contribuer ainsi à leur prévention »[1].

Si elle a, à maintes occasions, inquiété des chefs d'État[2] sur la base de son article 27, la Cour Pénale Internationale inquiète également les seigneurs de guerre[3], des chefs rebelles qui plongés dans leur entreprise de conquête ou de déstabilisation de l'exécutif en place, en viennent à ignorer les obligations qui leur incombent au regard du droit international humanitaire, du droit international des droits de l'homme et du droit international pénal. C'est l'application du droit de la guerre, du droit international des droits de l'homme et du droit international pénal aux conflits armés non internationaux, qui facilite la mise en place d'un système de responsabilité du combattant ou du soldat, c'est de cette architecture juridique qu'est tirée la responsabilité du

[1]Document officiel de la CPI « Mieux comprendre la Cour », UICCFra.pdf (icc-cpi.int) (consulté le 10/05/2021), p.1.

[2]La Cour a émis à l'endroit de l'ancien président soudanais Omar Hassan Ahmad Al Bashir un mandat d'arrêt délivré le 4 mars 2009. Il était en fonction lors de l'émission de ce premier mandat. Un second mandat fut émis le 12 juillet 2010. A ce jour, Omar Hassan AHMAD AL BASHIR est en fuite. Madame le procureur avait demandé l'ouverture d'enquêtes contre le président Kenyan uhuru muigai KENYATTA (président du Kenya). Le 8 mars 2011, la Chambre préliminaire II a décidé à la majorité de citer Uhuru Muigai Kenyatta à comparaître devant la Cour. Le 5 décembre 2014, la Cour a finalement abandonné les charges. Uhuru Muigai KENYATTA est toujours en fonction au Kenya. Un mandat d'arrêt avait été émis contre l'ancien président ivoirien, le Président Laurent Gbagbo, le 23 novembre 2011. A l'issue d'un procès qui a duré quasiment cinq ans, l'ancien président ivoirien a été acquitté le 31 mars 2021 par confirmation de la décision de la chambre de première instance I rendu le 15 janvier 2019.

[3]J.-P. MBEMBA GOMBO chef d'une milice congolaise, J. KONY le chef de la Lord résistance armée en Ouganda. Elle a également inquiété les chefs de mouvements rebelle en Colombie notamment les dirigeants des Farcs.

rebelle[1]. Les groupes armés non étatiques de manière générale et le rebelle de manière particulière, s'ils ne sont pas des sujets du droit international, sont néanmoins liés par le droit international humanitaire, le droit international des droits de l'homme et le droit international pénal. C'est d'ailleurs ce que la chambre d'appel du tribunal spécial de la Sierra Leone va mettre en lumière en ces termes : « Il est bien établi que toutes les parties à un conflit armé, qu'il s'agisse d'États ou d'acteurs non étatiques, sont liées par le droit international humanitaire, même si seuls les États peuvent devenir parties à un traité international »[2]. Si les différentes juridictions apparues à la faveur des conflits armés sont allées dans le sens de la reconnaissance de la soumission des membres des groupes armés aux normes du DIH, DIDH et DIP, elles n'ont pas proposé de définition de la rébellion. Qu'en est-il de la Cour Pénale internationale ?

La Cour n'a jusqu'à ce jour aucune définition connue des concepts de rébellion ou de rebelle[3]. Elle emploie les mots « rébellion » et « rebelle », sans toutefois leur donner un contenu[4]. D'ailleurs, elle ne fait dans ses arrêts aucune mention de la légitimité ou du bien-fondé d'une rébellion. La Cour pénale internationale a eu l'occasion de proposer

---

[1]R. KOLB, *L'applicabilité du droit des conflits armés, https://baripedia.org/wiki/L'applicabilité_du_droit_des_conflits_armés#Individus,* (consulté le 10/05/2021).

[2]T.S.S.L., *Prosecutor c. Sam Hinga Norman*, scsl-2004-14-AR72 (E), 31 mai 2004, §22 (notre traduction).

[3]Dans certains arrêts, les différentes chambres emploient le mot « rebelle » notamment dans l'affaire : The prosecutor v. Dominic Ongwen, situation in Uganda, ICC-02/04-01/15, 4 February 2021.

[4]Par exemple à l'occasion de l'affaire le procureur c. Dominic Ongwen, ICC-02/04-01/15, référence est faite deux fois au concept de : « rébellion ». À titre illustratif, la phrase suivante est évocatrice : « La LRA a mené une rébellion armée contre le gouvernement ougandais » § 1083. Quant au concept : « rebelle », il est invoqué 254 fois.

une définition de la « rébellion » et par ricochet du « rebelle » mais, elle s'est contentée d'évoquer ces concepts sans les définir. Comme si implicitement, elle en laissait le soin à la CIJ qui s'est prononcée à cet effet[1].

Cependant, elle emprunte au droit international humanitaire certains termes pour qualifier les membres des groupes rebelles. Ainsi, les qualificatifs vont de « groupes armés non étatiques »[2], « groupes armés »[3], « forces organisées », « d'organisations »[4], « groupes armés organisés », « milices » ou « forces armées organisées », à celui de « combattants »[5].

---

[1]C.I.J, « Conformité au droit international de la déclaration unilatérale d'indépendance relative au Kosovo », Avis consultatif du 22 juillet 2010.

[2]Ce qualificatif n'est pas conventionnel. Cependant, les juges de la Cour pénale internationale l'emploient.

[3]Affaire le *Procureur c. Germain Katanga*, situation en république démocratique du Congo, n° ICC-01/04-01/07, 23 mai 2014, § 97, 98.

[4]Affaire le *Procureur c. Germain Katanga*, Situation en République démocratique du Congo, n° ICC-01/04-01/07 du 23 mai 2014, § 66.

[5]Le rebelle peut être qualifié de combattant lorsqu'on a un basculement du Conflit armé non international vers un conflit armé international. De telles situations se présentent lorsque, un État t soutien un groupe armé organisé ou encore lorsque celui-ci est soutenu par la communauté internationale. Le conflit rwandais est intéressant à analyser quant au soutien d'un État t à un mouvement rebelle. À la fin du conflit rwandais, une partie des Hutus s'est réfugiée au Congo. Elle a organisé une rébellion dans le but de reconquérir le pouvoir. En réaction à cette rébellion qui se déroule hors des frontières rwandaises et qui n'en demeure pas moins une source de déstabilisation du pouvoir central, le président rwandais a apporté son soutien à des milices congolaises opposées aux groupes armés rwandais, une milice dénommée M23. Tandis que le gouvernement congolais apporte de son côté, son soutien aux hutus. Le conflit Lybien est une parfaite illustration du second cas de figure. Lors de ce conflit, le Conseil de sécurité dans ces résolutions affichait une certaine préférence pour les groupes rebelles. La raison avancée était la lutte de ceux-ci contre la dictature de Mohammar Kadhafi.

On peut toutefois penser que la question est tranchée à l'article 8-2-f du statut de Rome. En effet, cet article mentionne « les groupes armés organisés » comme étant des synonymes de « groupes de rebelles »[1]. Lorsqu'elle évoque les groupes armés organisés, la Cour fait référence aux groupes armés non étatiques opposés au gouvernement central et qui mènent dans ce sens des attaques armées contre celui-ci[2]. On peut partir de l'hypothèse selon laquelle, voulant s'accorder une marge de manœuvre, les juges de la Cour n'ont pas procédé à une définition de l'un ou l'autre des deux concepts. Ils utiliseront une approche assez répandue chez les juristes qui confrontés à une notion ou expression aux contours incertains, passent par le descriptif. Ainsi, dans l'affaire *le Procureur c. Germain Katanga*, la chambre de première instance II va énumérer des éléments non exhaustifs permettant de reconnaitre un groupe armé organisé[3]. Au titre de ceux-ci, la hiérarchie interne du groupe en cause ; sa structure de commandement, les règles appliquées au sein du groupe ; sa capacité à se procurer des équipements militaires notamment des armes à feu ; sa capacité à planifier et à mener des opérations militaires ainsi que l'étendue, la gravité et l'intensité des interventions armées du groupe armé[4]. Par ailleurs, la structure et l'organisation du groupe armé ne doivent pas

---

Dans ce cas, les individus menant la révolte sont qualifiés de combattants. Cet exemple est applicable au conflit syrien.

[1]Art 8-2-f du statut de Rome.

[2]Affaire le *Procureur c. Dominic Ongwen*, n° ICC-02/04-01/15

[3]Affaire le *Procureur c. Germain Katanga*, n° ICC-01/04-01/07 du 7 mars 2014, § 1185-1186.

[4]Affaire le *Procureur c. Thomas Lubanga Dyilo*, n° ICC-01/04-01/06, 14 mars 2012, § 537. V. aussi, TPIY, le *Procureur c. Limaj et autres*, n° IT-03-66-T du 30 novembre 2005, § 90 ; TPIY, affaire le *Procureur c. Haradinaj et autres*, n° IT-04-84-T du 3avril 2008, § 60 ; TPIY, affaire le *Procureur c. Boškoski*, n° IT-04-82-T du 10 juillet 2008, § 199 à 203.

être comparables à celles d'un État[1]. Dans le fil droit de cette idée, selon la Cour, le groupe armé ne doit pas nécessairement être structurée d'une manière : « telle qu'elle présente les mêmes caractéristiques formelles que celles d'un État »[2]. On peut cependant partir de ces éléments descriptifs pour faire une ébauche de définition du « rebelle ». Le rebelle serait alors, le membre d'un groupe armé non étatique prenant une part active aux activités armées organisées par ce groupe armé.

Lorsque la Cour est appelée à se prononcer sur les violations graves commises par un « rebelle », elle procède à un examen. Cet examen n'est pas propre à la question des violations graves commises par les membres des groupes armés mais à toute situation de violations graves des droits de l'homme et du droit international humanitaire portée à sa connaissance. Plus concrètement, la Cour exerce sa compétence dans trois cas de figure : dans un premier temps, la Cour se prononce à la suite de la requête d'un État partie[3]. Dans un deuxième temps, elle se prononce lorsqu'une situation lui est déférée conformément au chapitre VII de la charte des Nations Unies par le con-

---

[1]Affaire le *Procureur c. Dusko Tadic*, n° IT-94-1-A du 15 juillet 1999, § 227 ; affaire le *Procureur c. Jadranko PRLIĆ et al.*, I n° T-04-74-T du 29 mai 2013, § 212. § 1626.

[2]Affaire le *Procureur c. Germain Katanga*, n° ICC-01/04-01/07 du mars 2014, § 1120.

[3]L'Ouganda a saisi la Cour en janvier 2004 avec pour objectif de porter à sa connaissance les crimes commis par le mouvement rebelle « l'armée du Seigneur » qui occupe le nord du pays. La République Démocratique du Congo a également saisi la CPI a effet d'enquêter sur les graves violations commises dans la région de l'Ituri et dans le Nord et le sud Kivu. La République Centrafricaine a saisi la Cour en 2004 pour les violences commises sur son territoire par les forces rebelles, le gouvernement malien a saisi la CPI relativement pour les crimes de guerre commis dans le Nord du Mali.

seil de sécurité[1]. Enfin, dans un troisième temps, la Cour se penche sur une affaire lorsque le procureur la porte à sa connaissance. C'est le cas où le procureur se saisit *proprio motu* afin d'ouvrir une enquête[2].

Les crimes pour lesquelles la Cour pénale internationale est saisie doivent satisfaire à quatre conditions qui ont été mentionnées dans l'affaire opposant *le Procureur de la Cour pénale internationale à al hassan ag abdoul aziz ag mohamed ag mahmoud*[3] : le crime doit être l'un des crimes visés à l'article 5 du Statut de Rome, Il doit avoir été commis dans le cadre temporel précisé à l'article 11 du Statut de Rome ; et le crime doit remplir l'un ou l'autre des deux critères définis à l'art 12 du statut de Rome à savoir que le crime doit avoir été commis sur le territoire d'un État partie au statut (article 12 du statut) ou par un ressortissant de cet État soit sur le territoire d'un État ayant déposé la déclaration prévue à l'article 12-3 du statut ou par un ressortissant de cet État. Enfin, la Cour n'est compétente pour juger que les personnes physiques[4] (compétence personnelle) et non des groupes.

À cet égard, la CPI peut se prononcer sur la perpétration d'un génocide, d'un crime de guerre, d'un crime contre l'humanité ou d'une agression armée du rebelle commis par le rebelle en tant qu'individu et non pris dans un ensemble c'est-à-dire comme un « groupe de rebelles ».

---

[1]Le conseil de sécurité a saisi le procureur de la Cour sur la situation en Lybie par le biais de la résolution 1970. Le conseil de sécurité a dans le cadre du conflit qui a lieu au Darfour saisi le procureur sur la base de la résolution 1593 du 31 mars 2005.

[2] Article 15 du statut de Rome.

[3]CPI, affaire le *Procureur c. Al Hassan Ag Abdoul Aziz Ag Mohamed Ag Mahmoud (Al Hassan)*, n° ICC-01/12-01/18, § 13.

[4]Article 25.1 du statut de Rome.

La Cour n'est pas compétente à l'égard des personnes morales[1]. Elle ne l'est pas non plus à l'égard des États, ni des entreprises[2]. Une fois les quatre conditions réunies, la Cour se pose des questions sur le mode de participation du « rebelle », ou son degré d'implication dans la commission du crime de guerre, crime contre l'humanité, génocide ou agression armée.

Les juges vont tenter dès lors d'établir le mode de participation du « rebelle » à la commission de l'infraction au statut de Rome. Le mode d'établissement de la responsabilité du « rebelle » n'est pas distinct du régime de responsabilité de l'individu en droit international pénal dans le sens où le rebelle est perçu comme un individu. Le rebelle étant d'abord un individu, le régime de la responsabilité individuelle lui est appliqué. À ce titre, dans l'affaire le *procureur c. Germain Katanga et Matthieu Ngudjolo Chui*, la Chambre préliminaire I en tentant d'établir la responsabilité de deux « rebelles » a considéré que, pour que le Statut de Rome soit considéré comme un corpus cohérent et prévisible de règles, il faut parvenir à établir la distinction entre les auteurs principaux d'un crime **(I)** et les complices de ce crime **(II)**.

---

[1]O. De FROUVILLE, *Droit international pénal. Sources, incriminations, responsabilité*, *op.cit.* ; H. ASCENSIO, E. DECAUX et A. PELLET (dir.) *Droit international pénal*, Pedone, 2000.
[2]R. NOLLEZ-GOLDBACH, « Chapitre II. La compétence de la Cour pénale internationale », *in* R. NOLLEZ-GOLDBACH, *La Cour pénale internationale*, PUF, 2018, pp. 43-81.

I. La mise en jeu de la responsabilité du rebelle comme auteur principal d'une infraction au statut de Rome

Dans son arrêt *le procureur c. bahar idriss abu garda*[1], la Cour a émis trois éléments permettant d'établir la responsabilité d'un rebelle en tant qu'auteur principal. Au titre de ces éléments, elle cite l'exécution physique des éléments objectifs de l'infraction **(A)** ; le deuxième élément avancé par la CPI dans cette affaire, est le contrôle de la réalisation de l'infraction par l'auteur principal en lien avec d'autres personnes **(B)**.

A. L'exécution physique de l'infraction par l'auteur (l'argument tiré de...)

L'auteur est celui qui commet matériellement l'acte incriminé. Ce principe est aussi vieux que le droit pénal lui-même. L'exécution physique d'une infraction est une « contribution positive, personnelle et directe »[2] à la commission des quatre crimes définis dans le statut de Rome à savoir le crime de guerre, le crime contre l'humanité, le génocide et l'agression armée. La commission physique d'une infraction renvoie à la commission directe de l'infraction par une participation personnelle[3]. Seule la personne ayant procédé à l'exécution physique de l'un ou plusieurs éléments des quatre crimes définis dans le statut de Rome peut être qualifiées d'auteur principal[4].

---

[1]Affaire *le Procureur c. Bahar Idriss Abu Garda*, n° ICC-02/05-02/09 du 8 février 2010, §153.

[2]Affaire le *Procureur c. Thomas Lubanga Dyilo*, n° ICC-01/04-01/06 du 14 mars 20, § 948.

[3]O. De FROUVILLE, *Droit International pénal*, *op.cit.*, p. 350.

[4]C. ROXIN, *Täterschaft und Tatherrschaft*, 8e éd., Berlin, De Gruyter, 2006, p. 34.

Dans l'arrêt *Dusko Tadic* du 15 juillet 1999, les juges du Tribunal Pénal International de l'ex-Yougoslavie expliquaient qu'est considéré comme auteur d'un crime celui qui l'a perpétré physiquement[1]. L'élément physique de l'infraction qui est un élément matériel renvoie au fait que le rebelle ait commis directement, personnellement le crime[2]. Dans son arrêt le *Procureur c. Kunarac* et *al*, les juges expliquent qu' : « un individu est réputé avoir commis un crime lorsqu'il a perpétré matériellement l'acte criminel en question ».[3] La question ici n'est pas de savoir qui commandite l'infraction mais plutôt qui en commet l'élément matériel. La commission physique de l'infraction peut être individuelle ou conjointe[4].

Il est cependant difficile d'établir la responsabilité pénale des supérieurs hiérarchiques des troupes de milices en tant qu'auteur ayant matériellement commis les crimes[5]. Ces « seigneurs de guerre » ont pendant longtemps réussi à passer entre les mailles des systèmes judiciaires internes. Dans de nombreux cas, ce sont plutôt leurs subalternes qui commettent les actes incriminés. L'exécution physique est bien souvent le fait de subordon-

---

[1]Affaire le *Procureur c. Dusko Tadic*, (la chambre d'appel), n° IT-94-1-A du 15 juillet 1999, §188.

[2]Affaire le *Procureur c. Dario Kordic et Mario Cerkez* du 26 février 2001, § 376.

[3]Affaire le *Procureur c. Kunarac et al*, n° IT-96-23/1-T du 22 février 2001, § 390. V. dans le même sens affaire le *Procureur c. Tadi*, n° IT-94-1-A du 15 juillet 1999, § 188.

[4]O. De FROUVILLE, *Droit international pénal*, *op.cit*., p.349 ; affaire le *Procureur c. Kunarac et al* du 22 février 2001antérieurement citée, § 390.

[5]La responsabilité évoquée ici n'est pas celle prévue à l'article 28 du statut de Rome. La responsabilité prévue à l'article 28 est la responsabilité pour « fait » de subordonnés. Cette forme de responsabilité est basée sur le reproche fait au supérieur hiérarchique du fait de son inaction à empêcher la commission des crimes en dépit de son rôle au sein du groupe.

nés obéissant à un commandement supérieur. Les subordonnés rebelles sont des « légions d'exécutants ». Ils sont de ce fait plus concernés par la commission physique du crime que leurs supérieurs hiérarchiques. Il devient ainsi ardu pour le procureur de démontrer que les « chefs rebelles » ont commis l'acte matériel constitutif du crime.

Toutefois dans certaines affaires la Cour a réussi à établir la participation physique des supérieurs hiérarchiques[1]. Par exemple, dans l'affaire opposant le procureur à *Thomas Lubanga Dyilo*, l'accusation pointait une participation directe du chef des rebelles à l'exécution physique de crimes de guerre[2]. L'accusation parlait à cet effet de perpétration directe du crime ou de commission individuelle du crime[3]. Dans le même sens, la responsabilité pénale d'Ali Kushaib, un milicien, « seigneur de guerre » du Darfour a été établie par la Cour sur la base d'une commission personnelle de crimes de guerre et de crimes contre l'humanité visée aux chefs 7, 16, 25, 27, 29, 31, 33, 45 et 47[4]. Dans une autre affaire, la responsabilité d'Alfred Yekatom avait été engagée au titre d'une commission individuelle de crimes de guerre et de crimes contre l'humanité[5]. Cependant, dans la majeure partie des cas, les supérieurs hiérarchiques se contentent de juste exercer un contrôle sur la commission des crimes.

---

[1]Ce point n'est pas relatif à la responsabilité du supérieur hiérarchique prévue à l'article 28 du statut de Rome.

[2]Affaire le *Procureur c. Tomas Lubanga Dyilo*, (situation en république démocratique du Congo), n° ICC-01/04-01/06-803, 29 janvier 2007, § 9.

[3]Affaire le *Procureur c. Tomas Lubanga Dyilo,* (situation en république démocratique du Congo), antérieurement citée, § 318.

[4]Affaire le *Procureur c. ahmad muhammad harun (« ahmad harun ») et ali muhammad ali abd-al-rahman* (« ali kushayb »), n° ICC-02/05-01/07 du 27 avril 2007, §77.

[5]Affaire le *Procureur c. Alfred Yekatom et Patrice-Édouard Ngassona,* Situation en république démocratique du Congo, n° ICC-01/14-01/18 du 24 juillet 2020, § 24.

B. La commission indirecte par le contrôle exercé sur l'exécution de l'infraction

La commission par le contrôle sur l'exécution du crime renvoie à la commission indirecte ou à la commission par l'intermédiaire d'une personne[1]. Elle renvoie aux situations dans lesquelles, un individu sans commettre lui-même physiquement le crime, le fait commettre par un autre en exerçant sur ce dernier une influence. Dans l'affaire *Thomas Lubanga Dyilo c. Procureur,* les juges expliquent que : « les auteurs principaux d'un crime ne se trouvent pas uniquement parmi ceux qui exécutent physiquement les éléments objectifs de l'infraction, mais également parmi ceux qui, en dépit de la distance qui les sépare du lieu du crime, contrôlent ou dirigent la commission de ce dernier parce qu'ils décident si l'infraction sera commise et comment »[2]. Les statuts des Tribunaux Pénaux Internationaux ne faisaient pas mention d'une telle commission. Toutefois, leur jurisprudence laissait présager cette forme de commission de l'infraction et partant, de responsabilité. Il a fallu attendre l'adoption du statut de Rome pour donner forme concrète à ce mode de perpétration. En son article 25 § 3-a le statut de Rome fait mention de la commission « par l'intermédiaire » d'une autre personne. La commission indirecte réfère à la maxime « *Quis per alium facit per se ipsum facere videtur* »[3]. Selon Olivier de Frouville, la théorie de la commission indirecte renvoie à la théorie du perpétrateur derrière le perpétrateur. Sera donc déclaré auteur, le rebelle qui sans perpétrer physiquement un crime va le faire commettre par le biais

---

[1]O. DE FROUVILLE, *Droit International Pénal, op.cit.,* p. 350.

[2]Affaire le *Procureur c. Thomas LUBANGA DYILO,* n° ICC-01/04-01/06 du 29 janvier 2007, § 330.

[3]Quiconque agit par personne interposée est considéré comme agissant lui-même.

d'un autre, que ce dernier soit pénalement responsable ou non[1]. Deux éléments permettent de reconnaitre que les « commandant in chief » ont exercé un contrôle sur des individus pour commettre un crime : « un élément objectif constitué par les circonstances de fait qui permettent l'exercice d'un contrôle sur le crime, et un élément subjectif, qui consiste en la connaissance desdites circonstances »[2].

Les procureurs de la CPI sont bien conscients que les « commandant in chief » rebelles ne commettent pas eux-mêmes l'acte positif des infractions au statut de Rome. Ils les font faire par des subordonnés. Partant de ce constat, les procureurs vont pour parvenir à démontrer que les chefs rebelles sont des auteurs principaux, passer tout d'abord par la mise en lumière d'un contrôle exercé sur la commission de l'infraction. De l'avis de la chambre préliminaire I, cette forme de responsabilité s'assimile à la coaction[3]. À titre illustratif, dans l'affaire opposant le procureur de la CPI à Germain Katanga et Matthieu Ngudjolo des « lords of war » du Congo, le procureur va démontrer principalement que Germain Katanga et Matthieu Ngudjolo : « peuvent être tenus pénalement responsables au sens de l'article 25-3-a du statut de Rome (comme auteur principal) du Statut en tant qu'auteurs principaux des crimes commis par des membres des FRPI/du FNI »[4]. L'idée mise en avant dans cette affaire est celle du contrôle conjoint. Dans ce cas, l'individu qui exerce un contrôle sur la commission du crime est coauteur. Il n'est pas complice.

---

[1]O. DE FROUVILLE, *Droit international pénal*, *op.cit.*, p. 350.
[2]Affaire le *Procureur c. Thomas LUBANGA DYILO*, antérieurement citée, §. 331,
[3]*Ibid.*, § 342.
[4]Affaire le *Procureur c. Germain KATANGA et Mathieu NGUDJOLO CHUI*, n° ICC-01/04-01/07 du 30 septembre 2008, § 466.

S'inspirant des travaux d'Ambos K.[1], la Cour mettra en avant le fait que :

« La notion de coaction prend sa source dans l'idée selon laquelle, lorsque la somme des contributions individuelles coordonnées de plusieurs personnes aboutit à la réalisation de tous les éléments objectifs d'un crime, toute personne apportant une contribution peut se voir imputer les contributions des autres et, en conséquence, être considérée comme un auteur principal du crime dans son ensemble »[2].

Cette approche est une conception objective de la coaction qui s'oppose à la conception subjective retenue par le TPIY connue à travers les notions « d'entreprise criminelle commune » ou de « théorie du but commun » qui accordent une place moindre à la commission de l'infraction en tant que critère distinctif de l'auteur principal et du complice[3]. Indépendamment de l'importance de la contribution positive à la commission d'un crime, seuls ceux qui apportent leur contribution dans l'intention partagée de commettre l'infraction peuvent être considérés comme les auteurs principaux du crime[4].

Aucun des coauteurs ne détient le contrôle de l'ensemble du crime car les éléments constitutifs du crime dépendent de l'action de chacun des coauteurs. Ainsi, les auteurs partagent le contrôle de l'exécution du crime car, la non-exécution de sa tâche par l'un, pourrait « compromettre la commission du crime »[5]. Plus substantiellement, la coaction réunit des éléments objectifs et des éléments subjectifs. De l'avis des juges de la CPI, Les éléments objectifs de la coaction se rapportent à

---

[1]K. AMBOS., "Article 25: Individual Criminal Responsibility", in Commentary on the Rome Statute of the International Criminal Court, Baden-Baden, Nomos, 1999, p. 479.

[2] Affaire le *Procureur c. Thomas LUBANGA DYILO*, antérieurement citée, § 326

[3]*Ibid.*, § 329.

[4]*Ibid.*, § 329.

[5]Affaire le *Procureur c. Milomir STAKIC*, n° IT-97-31-T du 24 juillet 2003, § 440.

l'existence d'un accord ou d'un plan commun entre deux ou plusieurs personnes[1]. Ce plan commun est nécessaire à la démonstration d'une coaction. Aussi, la « contribution essentielle et coordonnée aboutissant à la réalisation des éléments objectifs du crime »[2] est une preuve des éléments objectifs de la coaction. Quant aux éléments subjectifs, ils peuvent être déduits de la connaissance du crime et de l'intention de commettre le crime. Cette présentation est conforme à l'article 30-1 du statut de Rome. En effet : « Sauf disposition contraire, nul n'est pénalement responsable et ne peut être puni à raison d'un crime relevant de la compétence de la Cour que si l'élément matériel du crime est commis avec intention et connaissance »[3]. De cet article les deux éléments subjectifs peuvent être déduits : la « connaissance » du crime et « l'intention » de commettre le crime. Il s'agit de deux critères cumulatifs.

Le lien entre le contrôle d'un crime et la coaction est aisément établi par la Cour dans sa décision le *procureur c. Germain Katanga*. Dans cette décision, la chambre préliminaire de la Cour notifiera aux accusés et à leur défense qu'il existe des preuves suffisantes donnant des motifs substantiels permettant de croire que Germain Katanga et Matthieu Ngudjolo ont conjointement commis des crimes par l'intermédiaire d'autres personnes au sens de l'article 25-3-a du Statut de Rome « en sachant qu'ils adviendraient dans le cours normal des évènements »[4]. Dans l'affaire opposant le procureur à Thomas Lubanga Dyilo, les juges vont mentionner les éléments permettant de reconnaitre le contrôle effectué dans la coaction dont, l'exécution physique des éléments objectifs de

[1]Affaire le *Procureur c. Thomas LUBANGA DYILO*, antérieurement citée, § 343.
[2]*Ibid*, § 345.
[3]Article 30-1 du statut de Rome.
[4]Affaire *le Procureur c. Germain KATANGA*, n° ICC-01/04-01/07-3436 du 7 mars 2014, § 10.

l'infraction, le contrôle de la volonté de ceux qui exécutent lesdits éléments et le contrôle de l'infraction en raison des tâches essentielles[1]. L'implication du rebelle dans la perpétration d'un crime ne se résume pas à l'établissement de la responsabilité en tant qu'auteur, elle peut prendre la forme d'une complicité.

II. La mise en jeu de la responsabilité du rebelle comme complice d'une infraction au statut de Rome

Le complice est l'individu qui, sans être auteur d'un crime facilite par son comportement la réalisation du crime[2]. La jurisprudence de la Cour pénale internationale permet de dégager deux éléments à partir desquels, la complicité du rebelle peut être caractérisée. Il s'agit d'un élément matériel **(A)** et d'un élément psychologique **(B)**.

A. La complicité du rebelle eu égard à l'élément matériel de l'infraction

L'article 25 § 3, c, du statut de Rome énonce que quiconque « en vue de faciliter la commission d'un crime, apporte son aide, son concours ou toute autre forme d'assistance à la commission ou à la tentative de commission de ce crime, y compris en fournissant les moyens de cette commission » peut être tenu pour responsable de complicité. Le rebelle complice est donc un individu qui « sans accomplir personnellement l'infraction, en favorise l'accomplissement par l'auteur »[3]. Il est nécessaire en vue d'établir la complicité de démontrer l'existence d'un lien

---

[1]Affaire le *Procureur c. Thomas LUBANGA DYILO*, antérieurement citée, §332.

[2]J. SALMON (dir.), *Dictionnaire de droit international public*, Bruylant 2001, p. 50

[3]P. SALVAGE, « Chapitre 1. La complicité », *in* P. SALVAGE, *Droit pénal général*, Presses universitaires de Grenoble, 2016, pp. 91-102.

entre l'aide ou l'assistance et les crimes commis par l'auteur principal. Il y a complicité soit par action, soit par omission[1]. Pour que la complicité soit caractérisée, il faut démontrer l'existence d'un crime commis par l'auteur principal. Le crime commis par l'auteur est celui auquel se greffe se greffe l'aide, le concours et l'assistance du complice. La responsabilité du rebelle complice est donc envisagée en lien avec celle du rebelle auteur.

La complicité est fondée sur un système de criminalité d'emprunt[2]. Ainsi, le complice « tombe sous le coup (…) des mêmes qualifications et encourt les mêmes peines que l'auteur »[3]. Elle n'existe que parce qu'un acte principal a été commis. L'acte de complicité est greffé à l'acte principal de l'auteur dans le sens où, il existe un lien de connexité entre l'aide, le concours et la commission du crime par l'auteur principal. Le complice pose une action accessoire qui se greffe à une action principale.

De manière générale, le complice au sens du rebelle qui accomplit l'élément matériel (aide, concours, assistance) est celui qui par son comportement facilite la réalisation d'un crime. C'est l'individu qui fournit une assistance à la commission d'un crime en procurant des moyens permettant d'en faciliter la réalisation. Même si par moment, elle se désolidarise des conclusions des tribunaux pénaux internationaux, les travaux de la cour pénale internationale s'inspirent en grande partie des travaux des Tribunaux Pénaux Internationaux. Le statut des TPI (TPIY et TPIR) faisait référence à « l'aide » et à « l'encouragement » comme synonyme de la complicité[4]. Toutefois, même s'ils apparaissent comme synonyme,

[1]*Ibid*, § 392.
[2]Au système de criminalité d'emprunt est opposé celui du délit distinct. Dans ce système, la responsabilité du complice est perçue comme indépendante de celle de l'auteur.
[3]P. SALVAGE, « Chapitre 1. La complicité », *op.cit*., pp. 91-102.
[4]O. DE FROUVILLE, *Droit international pénal*, *op.cit*., p.390.

l'aide et l'encouragement peuvent présenter des différences non négligeables ; c'est ce que les juges du TPIR dans l'affaire Akayesu tenteront d'expliquer[1]. Ils expliquent que l'aide est le soutien manifesté à une personne. S'agissant de l'encouragement, il fait référence à la motivation d'une personne à commettre un crime. Plus explicitement, l'encouragement est matériellement un conseil dont la finalité est de convaincre un individu de commettre une infraction au statut de Rome[2]. Autrement, il est « l'offre d'un soutien moral ou l'assurance de ce soutien ou la simple présence sur le lieu »[3] de commission des crimes. Toutefois, l'aide et l'encouragement peuvent souvent se recouper car « l'aide apportée à un auteur principal peut encourager celui-ci à commettre son crime »[4].

Contrairement à l'article 25 § 3, c, qui permet de mettre en évidence une « complicité individuelle », l'article 25 § 3, d évoque une forme différente de complicité. Notons que l'article 25 § 3, d selon la chambre préliminaire met en lumière une forme de complicité résiduelle[5]. Cet article à notre sens est celui qui cadre le mieux avec la nature des crimes évoqués dans le statut de Rome et commis par le rebelle. Cet article laisse en effet percevoir une complicité greffée à une coaction[6]. Les crimes définis au statut de Rome sont des crimes qui nécessitent généralement la participation de plusieurs personnes. S'agissant de la coaction, elle est fréquente, ce qui justifie que la compli-

---

[1]Affaire le *Procureur c. Jean-Paul Akayesu*, n°1 ICTR-96-4-, 2 septembre 1998, § 726.

[2]W. GERHARD et Boris BURGHARDT, « Les formes de participation en droit international pénal », *Revue de science criminelle et de droit pénal comparé*, vol. 1, n°1, 2012, p. 65.

[3] *Id*, p.65.

[4]O. De FROUVILLE, *Droit international pénal*, *op.cit.*, p. 390.

[5]Affaire le *Procureur c. Callixte MBARUSHIMANA* n° 1ICC-01/04-01/10 du 16 décembre 2011 ; n° ICC-01/04-01/10-465, § 278.

[6]O. De FROUVILLE, *Droit international pénal*, p. 385.

cité jusque-là relevée par le procureur soit greffée à une coaction. Cette assertion peut être vérifiée dans l'affaire opposant le procureur de la CPI à Callixte Mbarushimana. Lors de ce procès, l'accusation expliquait qu'est constitutif d'un encouragement le fait d'émettre des communiqués de presse et des discours faisant l'éloge de troupes rebelles[1]. Dans la même affaire, le juge explique qu'il n'est pas nécessaire que l'aide et l'encouragement soient accomplis concomitamment dans le même crime pour parler de complicité, un seul des deux suffirait. Quant à l'aide ou l'assistance, il peut s'agir de la fourniture des moyens facilitant la commission d'un crime.

Dans l'affaire citée, l'accusation tentait de démontrer la responsabilité de Callixte Mbarushimana sur la base de l'article 25-3-d du Statut en tant que complice dans une coaction. Selon la chambre, les éléments de preuve « présentés par l'accusation ne suffisent pas pour établir, au regard de la norme applicable, l'existence de motifs substantiels de croire que le rôle joué par le suspect en qualité de dirigeant des Forces démocratiques de libération du Rwanda constitue une contribution importante à la commission de crimes par les FDLR, comme envisagé à l'article 25-3-d du Statut »[2]. Le rebelle, tenu pour responsable en vertu de cette règle, endosse une culpabilité de quatrième niveau dans la mesure où on lui imputerait le crime d'autrui du fait d'avoir fourni une aide ou autre contribution en toute connaissance de cause à un groupe dont les membres commettent ensemble des crimes de guerre, des crimes contre l'humanité ou un génocide. Par conséquent, la complicité prend forme non seulement dans l'accomplissement d'aide, d'encouragement et de secours mais aussi dans la matérialisation de l'élément intellectuel.

---

[1]Affaire le *Procureur c. Callixte MBARUSHIMANA*, *antérieurement*, § 321.
[2] *Ibid.*, § 303.

B. La complicité du rebelle eu égard à l'élément intellectuel de l'infraction

Cet élément est souvent qualifié de *mens rea* c'est-à-dire d'élément psychologique. Pour établir l'élément intellectuel, les TPI se satisfaisaient de la connaissance que le complice avait des effets de son aide, son assistance ou son concours qui contribuerait à la commission d'un crime[1]. L'élément psychologique se limitait ainsi à la seule connaissance du crime. Les TPI n'attendaient pas du complice qu'il partage l'intention criminelle de l'auteur[2]. L'élément intellectuel (*mens rea*) de la complicité consiste, pour le complice, dans le fait de savoir qu'il facilite par ses actes la commission d'un crime précis. S'il n'est pas nécessaire qu'il partage l'intention délictueuse de l'auteur, il doit connaître les éléments fondamentaux du crime (y compris l'intention coupable de son auteur) et prendre sciemment la décision d'agir en sachant que ses actes favorisent la commission de l'acte criminel[3].

La CPI va aller bien au-delà de la simple connaissance de l'intention de l'auteur principal en introduisant un élément nouveau qui prend la forme d'un dol général. En effet, à l'article Art 25 § 3-d du statut de Rome la Cour énonce que « cette contribution doit être intentionnelle ». Cet article pose des questions qui aujourd'hui encore restent irrésolues[4]. Le statut de Rome exige pour que la complicité soit caractérisée, que le complice partage l'intention

---

[1]Arrêt *MRKSIC et SLJIVANCANIN* du 5 mai 2009, n° IT-95-13/1-A, §. 159.

[2]Affaire le *Procureur c/ DRAGOLJUB KUNARAC et al*, n° IT-96-23/1-A du 22 juin 2002, § 81.

[3] Arrêt MRKSIC et SLJIVANCANIN, *op.cit.*, §. 159.

[4]O. De FROUVILLE, *op.cit.*, p. 386.

criminelle de l'auteur[1] et entende faciliter la commission du crime[2].

De manière pratique, dans l'affaire opposant le procureur à Germain Katanga et Mathieu Ngudjolo Chui, l'accusation tentait d'établir que les deux « rebelles » étaient « animés de l'intention et de la connaissance nécessaires pour les provoquer et les encourager à commettre les crimes reprochés contre les populations civiles »[3]. Pour démontrer que le rebelle est complice d'un crime, il ne suffit pas qu'il ait connaissance de l'action principale à laquelle se greffe sa complicité, il faut aussi que la facilitation du crime par l'aide, le concours et l'assistance soit intentionnelle. Le comportement intentionnel est défini à l'article 30 du statut de Rome comme le fait pour le rebelle complice d'adopter un tel comportement[4] et d'être conscient « que son comportement contribue aux activités du groupe de personnes pour les crimes desquelles sa responsabilité serait engagée »[5].

L'article 25 du statut de Rome fait une distinction qui se rapproche de la perception de la complicité exposée dans la jurisprudence des TPI. C'est la distinction de l'élément intellectuel selon qu'il s'agit de l'article 25 § 3-c ou de l'article 25 §3-d. Lorsque la complicité est fondée sur l'article 25 § 3-c, le juge va toujours requérir l'élément intentionnel. En revanche lorsque la complicité est saisie sous l'angle de l'article25 § 3-d, le juge Va se contenter de la connaissance dont le complice avait du projet criminel de l'auteur principal ou des auteurs principaux[6].

---

[1]Article 25, §3, c.

[2]Affaire le *Procureur c. Callixte MBARUSHIMANA*, *op.cit.*, § 281.

[3]Affaire le *Procureur c. Germain KATANGA et Mathieu NGUDJOLO CHUI*, n° ICC-01/04-01/07 du 30 septembre 2008, § 470.

[4]Article 30-2-a.

[5]Article 30-3.

[6]Affaire le *Procureur c. Callixte MBARUSHIMANA*, antérieurement citée. § 289.

Dans l'affaire opposant le procureur à *Callixte Mbarushimana*, l'accusation va présenter un dossier axé sur la complicité en se fondant sur l'article 25 §3-d précité. Toutefois, la majorité des juges ne suivra pas le procureur dans son raisonnement. Vu que la responsabilité du complice n'existe qu'en raison de l'infraction principale commise par l'auteur principal ou des auteurs principaux, la Cour estime que cette infraction principale n'a pas pu être démontrée par conséquent, elle considère qu'il n'y a pas lieu en l'absence de l'élément principal, d'établir la responsabilité du rebelle en tant que complice. Pour parvenir à une telle solution, les juges dans leur majorité se sont fondés sur les éléments objectifs sans aborder l'élément subjectif.

***

La rébellion ne fait pas partie des éléments caractéristiques du crime de guerre, du crime contre l'humanité, du génocide ou de l'agression armée. Ce qui amène la Cour à ne pas s'attarder sur la notion en elle-même si ce n'est de manière accessoire. Toutefois, elle sanctionne les graves violations du DIH et du DIDH commises par les rebelles soit comme auteur principal, soit comme complice dans leur entreprise de revendication. Qu'importe la forme que peut prendre la rébellion, la Cour ne la sanctionne que lorsqu'elle est menée au mépris du statut de Rome[1].

---

[1]Dans l'affaire *le Procureur c. Thomas LUBANGA DYILO*, I n° CC-01/04-01/06 du 14 mars 2006, la Cour a eu l'occasion de se prononcer sur la question de la rébellion. Elle a préféré s'en tenir à la question de savoir si à travers l'acte de rébellion un crime de guerre, un crime contre l'humanité ou un génocide a été commis. La question de la légitimité ou de l'illégitimité de la rébellion est occultée.

L'affaiblissement du « délit de solidarité » par la désobéissance civile

Audrey HERVY et Céline KUTLU
Doctorantes en droit public
Université de Lorraine
IRENEE – UR 7303

« Quand l'ordre
est l'injustice, le
désordre est déjà
un
commencement
de justice ».

Romain Rolland (écrivain
français, 1866-1944)[1].

La mondialisation que connaît notre civilisation actuelle promeut l'interdépendance étatique aux dépens de la souveraineté, se joue des frontières, renforce les métissages, incite à la déterritorialisation, densifie les communications et favorise la mobilité[2]. Cette libre circulation est possible dans le secteur commercial notamment, mais strictement encadrée pour les migrations humaines. L'État français s'appuie sur le Code de l'entrée et du séjour des étrangers et du droit d'asile (CESEDA) qui limite l'accès au territoire aux étrangers[3], entendus

---

[1]R. ROLLAND, *Le Quatorze- Juillet*, éd. des Cahiers [de la quinzaine], 1902, p.36.

[2]B. BADIE, « Migrations dans la mondialisation », *Revue Projet,* 2009/4 (n°311), pp. 23-31.

[3]Voir en ce sens Héritage BITA HEYEGHE, « La Procédure de maintien en "zone" d'attente : approche théorique de droit public », *in* Dialogues Mulhousiens, no 4, L'Attente, Journées Doctorales Humanités 2019, sous la direction de Marie-Lou Solbach et Régine Battiston, mai 2020, p. 131-139 (version en ligne, http://dialogues.hypotheses).

dans son article L. 110-3 (anciennement article L.111-1), comme « les personnes qui n'ont pas la nationalité française, soit qu'elles aient une nationalité étrangère, soit qu'elles n'aient pas de nationalité ». Pourtant, chaque année, de nombreux étrangers passent la frontière française sans autorisation.

Dans ce contexte migratoire, ces personnes, insuffisamment prises en charge par l'État, reçoivent l'aide de certains citoyens français. Cette aide est rapidement qualifiée de « rébellion » ou de « désobéissance » par l'ordre établi. En effet, des citoyens agissent individuellement en faveur de ces migrants arrivant sur le sol français, selon ce qu'ils considèrent comme une action juste, en se mobilisant pour défendre leurs droits ou leur apporter une aide humanitaire. Le terme de migrant désigne simplement :

> « [toute] personne qui quitte son lieu de résidence habituelle pour s'établir à titre temporaire ou permanent et pour diverses raisons, soit dans une autre région à l'intérieur d'un même pays, soit dans un autre pays, franchissant ainsi une frontière internationale (...) »[1].

Ce terme générique, dénué de définition juridiquement reconnue, s'entendra dans notre étude comme l'ensemble des personnes non-ressortissantes d'un État membre de l'Union Européenne (UE) et présentes sur le territoire français de manière irrégulière. Les motifs de départ s'expliquent par le besoin de fuir le pays d'origine pour diverses causes : politiques, économiques ou climatiques, etc. Ainsi, ces migrants souhaitent déposer une demande d'asile afin d'obtenir a protection qu'offre le statut de réfugié, statut qui leur sera attribué ou refusé selon les causes de leur départ[2].

---

[1]Définition de l'Organisation internationale pour les migrations, v., (https://www.iom.int/fr/termes-cles-de-la-migration, 2 juil. 2020).

[2]Le statut de réfugié sera accordé au demandeur d'asile s'il répond aux critères de la définition légale de la Convention de Genève de 1951 relative au statut des réfugiés. Pour obtenir ce statut, la personne doit avoir été forcée de quitter son pays d'origine pour des motifs

Seulement, les solidarités citoyennes envers ces populations en situation de détresse sont pénalement condamnées ; elles sont en effet perçues comme un délit d'aide à l'entrée et au séjour irréguliers, que l'on nommera ici « délit de solidarité ». Les citoyens se retrouvent alors involontairement dans l'illégalité mais refusent « d'obéir à une loi contraire à [leur] conscience »[1]. Ces actes, jugés illégaux par l'État, peuvent s'apparenter à de la rébellion, entendue comme l'« action de se rebeller, de se révolter contre l'autorité de l'État, contre le pouvoir ou l'ordre établi »[2]. En droit, la rébellion peut être définie comme l'« action de résister par la violence aux forces de l'ordre, aux représentants de l'autorité, qui, selon sa gravité, constitue un délit ou un crime »[3].

Cependant, nous focaliserons davantage notre étude sur un aspect particulier de la rébellion : le concept de désobéissance civile. En effet, la désobéissance a sa « dynamique propre »[4], non-violente et visant une évolution du droit. John Rawls définit cette autre forme de résistance comme « un acte public, non violent, décidé en conscience, mais politique, contraire à la loi et accompli le

---

politiques et il serait dangereux pour elle de retourner dans son pays. Le refus de l'accord du statut de réfugié par les autorités s'explique par des migrations pour des motifs non inclus dans la Convention. Il peut s'agir de causes de départ considérées comme volontaires pour des motifs économiques.

[1]H.D. THOREAU, *La désobéissance civile*, éd. Le mot et le reste, coll. Les essais de Thoreau. VI, Marseille, 2018, introduction de M. GRANGER, p.8.

[2]V., « rébellion » dans Centre national de ressources textuelles et lexicales, (https://www.cnrtl.fr/definition/rébellion, 5 juillet. 2020).

[3]V., « rébellion » dans le Dictionnaire de l'Académie française, (https://dictionnaire-academie.fr/article/A9R0760, 5 juillet. 2020).

[4]R. ENCINAS DE MUÑAGORRI, « La désobéissance civile : une source du droit ? », *RTDCiv.*, Dalloz, 2005, pp.73-78.

plus souvent pour amener un changement dans la loi ou bien dans la politique du gouvernement »[1].

C'est à Henry David Thoreau, militant engagé contre l'esclavage aux États-Unis au milieu du XIXème siècle, que l'on doit le concept de désobéissance civile[2]. Il s'agit d'une action purement individuelle qui impulsera pourtant de nombreux mouvements d'action collective luttant contre l'injustice. Gandhi, pour la libération de l'Inde au temps de la colonisation britannique ou Martin Luther King dans la lutte pour les droits civiques aux États-Unis, se sont tous deux réclamés de la pensée de Thoreau[3]. Plus récemment, on peut citer une vague planétaire de déboulonnage de statues, glorifiant d'anciens esclavagistes ou massacreurs coloniaux[4]. D'autres actions désobéissantes en faveur de la protection de l'environnement s'organisent pour exiger des pouvoirs

---

[1]J. RAWLS, *Théorie de la justice*, trad. par C. Audard, éd. Seuil, Paris, 1987, p.405.

[2]Henry David Thoreau (1817-1862) est l'auteur d'un essai publié en 1849, originellement intitulé *Résistance au gouvernement civil* (*Resistance to Civil Government*). Il aurait inventé l'expression de désobéissance civile lors d'une correspondance. Son essai sera alors renommé *La désobéissance civile* (*Civil Disobedience*) lors d'une édition posthume en 1866. Il est qualifié de « figure tutélaire de la désobéissance civile » dans A. Ogien et S. Laugier, *Pourquoi désobéir en démocratie ?*, éd. La découverte, 2010, p.12.

[3]H.D. THOREAU, La désobéissance civile, préc.

[4]Depuis quelques années, des statues sont déboulonnées dans plusieurs régions du monde. Par exemple, le 22 mai 2020, jour de la commémoration de l'abolition de l'esclavage en Martinique, deux statues de Victor Schoelcher ont été déboulonnées. Érigé en héros de l'abolition de l'esclavage en 1848, glorifier une seule personne, blanche, reviendrait à effacer des mémoires les actions anti-esclavagistes d'acteurs noirs. Le déboulonnage est un acte de désobéissance civile dont le but est de « décoloniser les esprits », de forcer à la réflexion, de casser des mythes et des idées préconçues avec une vision très européo-centrée de l'histoire de l'esclavage. On observe aussi une volonté de déboulonner la figure de Colbert.

publics des actions concrètes et urgentes dans la lutte contre le changement climatique[1]. Ainsi, on peut assimiler le *désobéissant* à un *rebelle*, mais :

> « il ne saurait être assimilé au délinquant, au révolutionnaire, à l'insurgé, à l'insoumis, au résistant, ni même au sens strict à l'objecteur de conscience qui adopte une attitude individuelle sans prétendre dépasser son cas particulier par un appel à un changement du droit »[2].

Les désobéissants se soutiennent alors collectivement pour agir et décident de ne pas se soumettre à un droit inique restreignant l'aide aux migrants. Cette désobéissance civile devient un moyen d'action efficace pour affaiblir, autrement dit, priver progressivement le « délit de solidarité » de son effectivité.

Dans ce contexte, l'Europe constitue l'une des principales destinations des migrants. Beaucoup d'entre eux tentent de traverser la Méditerranée qui est pourtant l'itinéraire de migration le plus dangereux au monde. En effet, depuis 2014, plus de 20 000 personnes y ont disparu, dont environ un tiers d'enfants et d'adolescents[3]. Ceux qui atteignent l'Italie, souhaitent généralement rejoindre le nord de l'Europe à pied. Depuis février 2016, la route des Balkans a été fermée, ce qui explique le flux migratoire massif à la frontière italo-française. Ainsi, les migrants, pour la plupart érythréens, soudanais ou tchadiens, traversent la zone montagneuse frontalière et arrivent dans la vallée de la Roya dans les Alpes-Maritimes. Seulement, cette zone enclavée qui jouxte la frontière sur 20 kilomètres, est bordée de nombreux points de contrôle frontalier. Ces derniers, réinstaurés depuis les attentats du

---

[1]On peut citer par exemple les faucheurs volontaires d'OGM en 2003, les décrocheurs des portraits d'Émmanuel MACRON en 2019 pour inaction face au dérèglement climatique, ou le groupe pro-écologie « Extinction Rebellion » qui prône la désobéissance civile.

[2]M. J FALCON Y TELLA, « La désobéissance civile », *RIEJ*, 1997.39, p.27, spéc. n° 10 et s.

[3]V., (https://www.fondationdefrance.org/fr/solidarite-migrants, 7 juillet 2020).

13 novembre 2015 survenus en France, visent à renvoyer les migrants en Italie.

Bloqués aux frontières en tentant d'échapper aux contrôles, de nombreux migrants arrivent dans la vallée de la Roya depuis 2016, après un long parcours traumatique. Motivés par l'urgence de la prise en charge de ces populations en danger, des citoyens viennent pallier les carences de l'État, en se mobilisant pour leur porter assistance, afin de permettre un accueil digne et fraternel. Ce sont alors 150 à 200 personnes qui œuvrent collectivement pour réunir des denrées alimentaires ; certains se sont réunis au sein de l'association « Roya citoyenne »[1]. Leurs actions se manifestent par exemple par l'hébergement des migrants, palliant l'insuffisance d'infrastructures destinées à leur accueil dans le département. De plus, les habitants souhaitent que les demandeurs d'asile puissent accéder à leurs droits en déposant une demande d'asile dans la ville la plus proche[2] et que les mineurs isolés soient pris en charge par la protection de l'enfance.

Ces citoyens risquent pourtant leur liberté. En effet, l'État lance des poursuites contre certains habitants de cette « vallée de la désobéissance » en raison de l'aide qu'ils ont illégalement apporté aux migrants. Entre 2015 et 2019, cette hospitalité a valu la condamnation par la justice de 19 personnes de la vallée de la Roya et de Briançon[3] malgré la nature humanitaire de leurs actions. Parmi eux, on citera notamment l'agriculteur Cédric Herrou, devenu le symbole de l'aide citoyenne aux migrants dans la vallée de la Roya. S'estimant victime de

---

[1]Cette association œuvre depuis 2017 à la « défense des citoyens du monde ».

[2]Cela explique pourquoi les militants transportent les migrants vers les gares les plus proches (gare de Breil, Antibes, Arc, Marseille).

[3]Public Sénat, documentaire *La loi de la vallée*, 11 mai 2019, v., (https://www.dailymotion.com/video/x77zbls, 7 juillet 2020).

sa condamnation pour solidarité aux migrants, il saisit le Conseil constitutionnel en 2018 d'une question prioritaire de constitutionnalité (QPC), espérant ainsi une évolution du droit.

En effet, l'État ne peut plus rester aveugle face à la crise migratoire. En langue chinoise, le mot « crise » est composé de deux caractères, le premier désignant le « danger ». On remarque ainsi une certaine réticence à l'accueil des migrants du côté des populations, nourrie par les discours politiques anxiogènes français et européens. Du côté de l'État, la politique migratoire consiste à réguler l'entrée des migrants sur le territoire national, mais les moyens qu'il met en place pour les accueillir se révèlent insuffisants. Le second caractère chinois du mot « crise » désigne « l'opportunité ». Alors que la gestion des flux humains par l'État entre parfois en contradiction avec les principes fondamentaux et démocratiques d'un État de droit, l'État devrait soutenir la désobéissance civile en la considérant, selon Habermas, comme une « composante normale parce que nécessaire de [la] culture politique d'un État de droit[1] ». D'autant plus que ces actions sont souvent basées sur des principes universels (solidarité, fraternité). Cette crise est d'autant plus importante que les migrations environnementales devraient augmenter dans les années à venir[2].

Ainsi, deux visions de la justice se confrontent. Face à la criminalisation des initiatives solidaires citoyennes, certains citoyens choisissent la rébellion, le « désordre » plutôt que l'abandon des migrants. Ils aspirent à défendre

---

[1]C. AGUILON, « La reconnaissance de la désobéissance civile en démocratie », *Jurisdoctoria*, 2017, (https://www.jurisdoctoria.net/2017/03/la-reconnaissance-de-la-desobeissance-civile-en-democratie/, 7 juillet. 2020).

[2]Proposition de loi n° 2533 visant à mieux anticiper le déplacement des populations victimes des changements climatiques et environnementaux, en France et dans le monde, 17 déc. 2019.

une vraie justice et demandent alors un changement dans le droit, afin de cesser la pénalisation de l'aide humanitaire ; et condamnent l'État pour irrespect du droit en vigueur.

L'enjeu de ce sujet est d'une part, de comprendre le rôle que joue la désobéissance civile dans l'accueil des migrants en France et, d'autre part, d'en expliquer les mécanismes d'action. La question qu'il convient alors de se poser est la suivante : dans quelle mesure les rebelles, par la désobéissance civile, affaiblissent-ils le délit de solidarité en France ?

Parce que ce moyen d'action, la désobéissance civile, peut être condamné par l'État, mais aussi parce qu'il permet l'évolution du droit, notamment par diverses avancées jurisprudentielles, nous tenterons de traiter ce sujet sociétal actuel de manière chronologique. Tout d'abord, nous exposerons la désobéissance civile comme facteur de dénonciation du droit applicable avec, pour point de départ, les premiers faits de désobéissance civile ayant conduit à l'affaiblissement progressif du « délit de solidarité » (**I**). Ensuite, nous exposerons la désobéissance civile comme facteur d'évolution du droit applicable, ayant permis la consécration du principe à valeur constitutionnel : le principe de fraternité. Consécration qu'il conviendra toutefois de relativiser car la portée, a priori illimitée, de ce principe a très vite été restreinte (**II**).

I. La désobéissance civile en faveur des migrants irréguliers, facteur d'affaiblissement du délit de solidarité

Si l'expression « délit de solidarité » ne laisse pas indifférent, c'est certainement parce que les termes qui la composent paraissent incompatibles. En effet, au sein de l'État dit des « droits de l'homme », qui promeut au plus haut niveau les valeurs « liberté, égalité et fraternité » dont la solidarité découle nécessairement, on peut douter de la légitimité d'un tel délit.

Les mots empruntés à Christine Lazerges, Professeure émérite de droit et ancienne Présidente de la Commission nationale consultative des droits de l'homme (CNCDH) sont éclairants sur ce point :

« Les mouvements migratoires existent depuis la nuit des temps, ils sont une constante des sociétés en quelque lieu et à quelque époque que l'on se situe. Les États modernes, soucieux de régulation et de pénalisation dans tous les domaines, érigent des frontières matérielles et immatérielles toujours franchissables mais *a priori* sans incidences sur la liberté d'expression de la solidarité ou de la fraternité de la société civile, et de citoyens individuellement, à l'égard de migrants. Que ce soit dans la vallée de la Roya, dans le Briançonnais, dans le Calaisis, ou encore en bien d'autres lieux, villes ou villages de France, des associations, des personnes individuellement déploient une énergie remarquable pour protéger la dignité de migrants, expression magistrale de ce que solidarité et fraternité signifient. Elles courent le risque de poursuites pénales, elles sont souvent interpellées, auditionnées, gardées à vue, poursuivies et quelquefois condamnées au pays dit des droits de l'homme. Les vigies institutionnelles que sont le Défenseur des droits ou la Commission nationale consultative des droits de l'homme (CNCDH), les vigies de la société civile que sont nombre d'associations, ne sont pas parvenues à ce jour, pas plus que des juristes, des historiens, des philosophes, des journalistes, à ébranler certaines juridictions sur le délit de solidarité »[1].

En France, l'article L. 622-1 du CESEDA définit ce que les médias et l'opinion publique nomment le « délit de solidarité » ou, pour reprendre les mots du philosophe français Jacques Derrida, de « délit d'hospitalité »[2] :

« toute personne qui aura, par aide directe ou indirecte, facilité ou tenté de faciliter l'entrée, la circulation ou le séjour irréguliers, d'un étranger en France sera punie d'un emprisonnement de cinq ans et d'une amende de 30 000 Euros »[3].

---

[1]C. LAZERGES, « Le délit de solidarité, une atteinte aux valeurs de la République », *RSC,* 2018, p.267.

[2]J. DERRIDA, « Quand j'ai entendu l'expression « délit d'hospitalité »… », *Plein droit*, n° 3, 1997 (réédité dans *Le Monde*, 19 janv. 2018).

[3]V., art. L. 622-1 du Code de l'entrée et du séjour des étrangers du droit d'asile (CESEDA), tel qu'issu de la Loi n° 2006-911 du 24 juillet 2006 relative à l'immigration et à l'intégration, *JORF* 25 juillet 2006.

Ainsi, les actions solidaires des désobéissants se confrontent au droit national en vigueur en matière migratoire (**A**). Ces derniers tentent alors de renforcer leurs actions dans le but de dénoncer le droit applicable et ce, malgré une protection européenne insuffisante (**B**).

A. La confrontation des actions des désobéissants au droit national en vigueur en matière migratoire

La rébellion, ou désobéissance civile en faveur des migrants, s'effectue de manière progressive. Tout d'abord, face à l'urgence de la situation, des citoyens agissent dans le but d'aider des personnes en situation précaire, sans volonté de désobéir à l'État t. Pourtant, en France, l'aide aux migrants est assimilée depuis longtemps à un « délit de solidarité » (**1**).

Ce n'est que dans un second temps que les citoyens prennent conscience du droit positif et choisissent délibérément de le transgresser. Ils deviennent alors des *désobéissants*. S'il existe des conditions d'immunité pénale au bénéfice des personnes ayant apporté leur aide dans un but purement humanitaire, ces conditions font l'objet d'une interprétation critiquable de la part des juridictions françaises (**2**).

1. L'assimilation de l'aide aux migrants au « délit de solidarité » en droit français

En France, l'incrimination de l'aide aux personnes en situation irrégulière prend racine au sein du décret-loi du 2 mai 1938 sur la police des étrangers. Cette incrimination est construite autour de deux éléments constitutifs de l'aide apportée aux migrants et qui peuvent, indépendamment, constituer un « délit de solidarité ».

D'une part l'aide à l'entrée et à la circulation irrégulières et, d'autre part, l'aide au séjour irrégulier[1].

Au début des années 2000, sous la présidence de Jacques Chirac, la refonte du droit français des étrangers a conduit le Gouvernement à transposer l'incrimination à l'article L.622-1 CESEDA[2]. Cette transposition du « délit de solidarité » a été opérée par le Gouvernement français, dans l'indifférence la plus totale de la proposition faite par la directive européenne 2002/90/CE du 28 novembre 2002 définissant l'aide à l'entrée, au transit et au séjour irréguliers[3]. Cette directive opère une distinction entre, d'une part, l'aide apportée à l'entrée et au transit irréguliers - ici utilisés au sens de « circulation » - et, d'autre part, l'aide au séjour irrégulier. Concernant cette dernière, la directive prévoit notamment la possibilité pour les États membres de ne pas imposer de sanction lorsque cette aide « a pour but d'apporter une aide humanitaire à la personne concernée[4] ». La condition de l'incrimination serait donc la poursuite d'un but lucratif[5].

Or, depuis 2016, plusieurs habitants de la Roya viennent en aide à des personnes en situation irrégulière. Ils s'exposent alors, et ce malgré la non-violence de leurs

---

[1]Quand bien même la distinction entre la circulation et le séjour est à relativiser puisque, pour circuler en France, encore faut-il y séjourner.

[2]Ord. n° 2004-1248, 24 nov. 2004 relative à la partie législative du code de l'entrée et du séjour des étrangers et du droit d'asile.

[3]*Journal officiel de l'Union européenne,* L.328, 5 déc. 2002, pp. 17–18.

[4]Article la Directive 2002/90/CE du 28 nov. 2002.

[5]La non prise en compte de la proposition de la directive européenne dans la législation française est d'autant plus incompréhensible lorsqu'on sait que c'est la France, elle-même, qui est à l'initiative de cette directive Voir en ce sens les travaux préparatoires de la directive, publié au Journal officiel des Communautés européennes, C 253, 04 sept. 2000, « Initiative de la République française en vue de l'adoption de la directive du Conseil visant à définir l'aide à l'entrée, à la circulation et au séjour irréguliers ».

actes, à la sanction de l'autorité judiciaire qui assimile la solidarité à un délit et le citoyen « aidant » à un désobéissant. Parmi eux, Cédric Herrou - devenu figure emblématique de la désobéissance civile face au « délit de solidarité » - est accusé d'avoir facilité l'entrée, la circulation et le séjour irréguliers sur le territoire national, en hébergeant environ 200 étrangers se trouvant dépourvus de titres de séjour. Le droit français prévoit une « peine maximale de cinq ans d'emprisonnement et trente mille euros d'amende[1] » [dans ce cas]. Le 10 février 2017, Cédric Herrou sera condamné par le Tribunal correctionnel de Nice à une peine d'amende de 3000 euros, assortie d'un sursis simple le dispensant de l'exécution de la peine d'emprisonnement[2]. Une décision qui, à l'instar de bien d'autres, provoqua l'appel interjeté par le procureur de la République de Nice souhaitant une condamnation plus ferme des militants. En effet, le Procureur réfutait la reconnaissance des conditions d'immunité pénale au « délit de solidarité » en faveur de ces derniers. Nous verrons que ces conditions d'immunité, et notamment le « fait justificatif spécial d'humanité », font l'objet d'une interprétation restrictive, et donc critiquable de la part du juge français.

2. L'interprétation restrictive du « fait justificatif spécial d'humanité » par le juge français

Outre les conditions d'immunité familiale, l'article L.622-4 CESEDA, 3°, dans sa version applicable lors des faits reprochés[3], permettait le bénéfice d'une

[1] V., art. L.622-1, alinéa 1, CESEDA.
[2] T. corr. Nice, n°16298000008, 10 fév. 2017.
[3] Loi n° 2012-1560, 31 décembre 2012 relative à la retenue pour vérification du droit au séjour et modifiant le délit d'aide au séjour irrégulier pour en exclure les actions humanitaires et désintéressées, *JORF* n° 0001 du 1 janvier 2013.

immunité pénale pour l'aide apportée au séjour irrégulier dans un but humanitaire[1]. À noter que ce fait justificatif qui, au surplus, ne concerne que l'hypothèse de l'aide au séjour irrégulier, a fait l'objet de nombreuses critiques notamment de la part de la CNCDH. En effet, cette dernière affirmait dans un avis de 2009, affirmait qu'il « n'est pas en France nécessaire d'être autorisé par la loi pour aider son prochain ou pour manifester sa solidarité au nom des droits de l'homme »[2].

Toutefois, si l'on veut faire état de l'insuffisance de cette immunité pénale, le cas de Cédric Herrou est le plus emblématique, car il a été condamné, le 8 août 2017 à quatre mois d'emprisonnement avec sursis par la Cour d'appel d'Aix-en-Provence au titre notamment de l'aide apportée à la circulation et au séjour à des personnes en situation irrégulières[3]. Or, Cédric Herrou avait réussi à prouver en première instance que l'aide apportée aux migrants s'était effectuée dans un but purement humanitaire, sans contrepartie aucune. Par conséquent, on ne peut que s'interroger sur le fondement de cette condamnation.

---

[1]L'article L.622-4, 3° CESEDA était rédigé comme suit: « Ne peut donner lieu à des poursuites pénales sur le fondement des articles L. 622-1 à L. 622-3 l'aide au séjour irrégulier d'un étranger lorsqu'elle est le fait [...] de toute personne physique ou morale, lorsque l'acte reproché n'a donné lieu à aucune contrepartie directe ou indirecte et consistait à fournir des conseils juridiques ou des prestations de restauration, d'hébergement ou de soins médicaux destinées à assurer des conditions de vie dignes et décentes à l'étranger, ou bien toute autre aide visant à préserver la dignité ou l'intégrité physique de celui-ci ».

[2]Voir en ce sens les avis de la CNCDH du 19 nov. 2009 et du 18 mai 2017, « Mettre fin au délit de solidarité », *JO* n° 031 du 4 juin 2017, texte n° 82.

[3] CA Aix-en-Provence, 13ème ch., n° 2017/568, 08 août 2017.

La Cour d'appel refusa à Cédric Herrou le bénéfice de la protection de l'article L.622-4 CESEDA, estimant que ses actes s'inscrivaient dans une « démarche d'action militante[1] », en totale contradiction avec le Tribunal correctionnel de Nice pour qui, interpréter une démarche militante comme étant une contrepartie relèverait d'une « construction intellectuelle »[2]. La principale critique, plus que justifiée, faite à l'arrêt de la Cour d'appel d'Aix-en-Provence, est la violation du principe d'interprétation stricte de la loi pénale. Damien Roets l'affirme très explicitement :

> « il s'agit en somme de faire une application originale (en miroir) de la règle de l'indifférence des mobiles en droit pénal : si, en principe, ceux-ci ne sauraient être pris en considération pour faire obstacle à la caractérisation d'une infraction, ils ne peuvent empêcher le jeu d'un fait justificatif dès lors que le texte qui le contient n'y fait pas référence.

Alors qu'elle répugne à admettre l'altruisme du prévenu [...], la cour d'appel d'Aix-en-Provence met ainsi en exergue le caractère (mobile) militant de son action pour le priver du bénéfice de l'article L. 622-4 3° du CESEDA. Ce faisant, elle viole le principe d'interprétation stricte de la loi pénale »[3].

En effet, l'on s'aperçoit que le motif retenu pour la condamnation de Cédric Herrou est sa « démarche militante en vue de soustraire des étrangers aux contrôles mis en œuvre par les autorités pour appliquer les dispositions légales relatives à l'immigration »[4]. Ce qui exclut de ce fait, pour Cédric Herrou, la possibilité de « bénéficier des dispositions protectrices de l'article L.622-4 du CESEDA »[5]. Chose surprenante, le juge « s'autorise à ajouter une condition, l'absence de

---

[1] *Ibid.*

[2] T. corr. Nice, 10 fév. 2017, *préc.*

[3] D. ROETS, « À quoi sert le fait justificatif spécial d'humanité de l'article L. 622-4 3° du CESEDA ? », *AJ pénal*, 2017, p. 535.

[4] CA Aix-en-Provence, 8 août 2017, *préc.*

[5] *Ibid.*

mobile militant pour bénéficier des deux cas d'exemption »[1]. Il est ainsi permis de douter de la légitimité des motifs retenus par la Cour d'appel.

Ainsi, les procès prennent une dimension politique et peuvent s'apparenter à un acharnement judiciaire. Cela interroge sur la criminalisation du militantisme et d'actes jugés trop solidaires, ayant une portée civique et politique. Nous sommes bien loin de ce qu'avait prononcé un substitut du procureur de la République en 2004 dans une affaire semblable. Selon ses mots : « on n'est pas ici pour juger des délinquants de la solidarité »[2]. L'État craint une désobéissance systématique et assimile le militant à un rebelle, qui viserait à faire échec à sa politique migratoire. Comme l'écrivait Henry David Thoreau : « Celui qui se voue corps et âme à ses semblables passe à leurs yeux pour un bon à rien, un égoïste, mais celui qui ne leur voue qu'une parcelle de lui-même est salué des titres de bienfaiteur et philanthrope »[3].

Paradoxalement, l'acharnement judiciaire subi par les militants renforce leurs convictions, c'est-à-dire la légitimité de leurs actions humanitaires. De simples citoyens agissant dans l'urgence de la situation, sans conscience ni volonté initiale de désobéir, sont poussés par des lois iniques à désobéir pour éviter des situations déshumanisant les migrants. Ainsi, les militants ont choisi la désobéissance civile comme moyen d'action de solidarité envers les migrants. Les condamnations qu'ils

---

[1]C. LAZERGES, « Le délit de solidarité, une atteinte aux valeurs de la République », *préc.*

[2]T. corr. Boulogne-sur-Mer, 20 août 2004. Des militants associatifs, venus en aide à des étrangers en les hébergeant et en les aidant financièrement, après le démantèlement par l'État du centre de Sangatte, avaient été déclarés coupables pour aide directe et indirecte à l'entrée, au séjour d'étrangers en situation irrégulière, puis avaient été dispensés de peine.

[3]H.D. THOREAU, La désobéissance civile, préc., p.24.

ont subies ne les ont pas arrêtés dans leurs entreprises, qu'ils estiment justes et légitimes. Ils sont parvenus à dénoncer le droit applicable en France dans ce domaine et à affaiblir le délit de solidarité.

B. Le renforcement des actions des désobéissants due à la faiblesse de la protection européenne des migrants

On peut se demander si ce qui est légal en matière migratoire est nécessairement légitime et si les actions désobéissantes et illégales sont nécessairement illégitimes ? En raison de la faiblesse de la protection qui leur est accordée au niveau européen (**1**), nous verrons que les désobéissants invoquent des principes fondamentaux renforçant leurs actions de solidarité, permettant ainsi une première évolution du droit (**2**)

1. La faiblesse de la protection européenne

Si comme on l'a vu, la directive européenne 2002/90/CE du 28 novembre 2002 définissant l'aide à l'entrée, au transit et au séjour irréguliers, « fait barrage au délit de solidarité pour l'aide au séjour sans contrepartie »[1]. Il convient également de se pencher sur la protection accordée par la Cour européenne des droits de l'homme (ci-après « CourEDH ») aux désobéissants qui viennent en aide aux personnes en situation irrégulière.

En effet, l'article L. 622-4, 3°, du CESEDA faisait référence, à plusieurs reprises, au principe de dignité qui renvoie « implicitement, mais nécessairement, au droit

---

[1]C. LAZERGES, « Le délit de solidarité, une atteinte aux valeurs de la République », *préc.*

européen des droits de l'homme »[1], surtout lorsqu'on sait que, d'après la jurisprudence de la CourEDH, « l'essence même [de la Convention] est le respect de la dignité et de la liberté humaines »[2]. Or, le contrôle du respect de la dignité humaine est notamment assuré par la CourEDH sous l'angle de l'interdiction de la torture et des peines ou traitements inhumains et dégradant posée par l'article 3 de la Convention. Dans la jurisprudence de la Cour, cette disposition est « imprégné[e] du concept de dignité »[3] et un traitement peut être reconnu comme « dégradant au sens de l'article 3 »[4] de la Convention, lorsqu'il peut conduire une personne à « agir contre sa volonté ou sa conscience »[5]. Dès lors, le parallèle entre dignité humaine et « délit de solidarité » est aisé :

> « [la] répression de l'aide peut être considérée comme étant de nature à favoriser l'émergence de situations assimilables à des traitements inhumains et/ou dégradants. En outre, du point de vue de la personne qui ne peut licitement apporter son aide désintéressée à des êtres humains vulnérables, alors qu'elle souhaiterait le faire, l'impossibilité de bénéficier des dispositions de l'article L. 622-4 3° du CESEDA est de nature à la pousser à « agir contre sa volonté et sa conscience », ce qui peut être considéré comme un traitement dégradant »[6].

Si le raisonnement paraît logique, aucune décision de la CourEDH n'avait, jusque-là, condamné la France pour violation de l'article 3 et non-respect de la dignité humaine du fait du « délit de solidarité ». En ce domaine, on cite d'emblée la jurisprudence de la CourEDH émanant

---

[1]D. ROETS, « À quoi sert le fait justificatif spécial d'humanité de l'article L. 622-4 3° du CESEDA ? », *préc.*

[2]CEDH, req. n° 20166/92, 22 nov. 1995, *S.W. c/ Royaume-Uni*, § 44.

[3]D. ROETS, *préc.*, à propos de la décision CEDH, Gde. ch., n° 30210/96, 26 oct. 2010, *Kudla c/ Pologne*, § 94 où la Cour a déclaré que « l'article 3 de la Convention impose à l'État t de s'assurer que tout prisonnier est détenu dans des conditions qui sont compatibles avec le respect de la dignité humaine ».

[4]CEDH, req. n° 27229/95, 3 avril 2001, *Keenan c/ R-U,* § 110.

[5]*Ibid.*

[6]D. ROETS, « À quoi sert le fait justificatif spécial d'humanité de l'article L. 622-4 3° du CESEDA ? », *préc.*, p. 535.

d'un arrêt plus que commenté : l'arrêt Mallah c/ France du 10 novembre 2011[1]. Cette jurisprudence tendait à montrer que le contrôle du respect de la dignité humaine - face au « délit de solidarité » - opéré par la CourEDH au titre de l'article 8 de la Convention, restait plutôt inopérant. Dans cette affaire, le requérant, M. El Houssine Mallah, avait été condamné par le Tribunal correctionnel d'Ajaccio, en septembre 2006 pour aide au séjour irrégulier d'un étranger qui n'était autre que le mari de la fille de M. El Houssine Mallah[2]. À la suite du rejet du pourvoi introduit par le requérant devant la Cour de cassation, ce dernier saisit la CourEDH arguant que « sa condamnation pénale aurait constitué une ingérence disproportionnée dans sa vie familiale »[3]. La décision de la CourEDH, qualifiée de « peu courageuse et critiquable »[4], considérerait qu'aucune violation de l'article 8 de la Convention n'avait été commise par les autorités françaises : « la mesure prise à l'égard du requérant n'a pas porté une atteinte disproportionnée à son droit au respect de sa vie familiale [et] elle n'a eu que des conséquences limitées sur son casier judiciaire »[5]. Malgré cette décision, il convient de relever l'opinion dissidente de la juge Power-Forde, qui laissa présager une possible évolution en la matière[6].

---

[1]CEDH, req. n° 29681/08, 10 nov. 2011, *Mallah c/ France*.

[2]Le gendre de M. El Houssine Mallah, à l'expiration d'un visa de trois mois, avait présenté une nouvelle demande auprès des autorités. L'irrégularité de sa situation pourrait alors également faire l'objet de discussions.

[3]CEDH, 10 nov. 2011, *préc.*, §3.

[4]C. LAZERGES, « Le délit de solidarité, une atteinte aux valeurs de la République », *préc.*

[5]CEDH, 10 nov. 2011, *préc.*, §41. Notons sur ce point que les déboires judiciaires de M. El Houssine Mallah ont duré plus de cinq années.

[6]*Ibid.* Il s'agit d'une opinion dissidente de la Juge Power-Forde : « [...] Contrairement à la majorité, j'estime que, de par sa gravité, l'ingérence en l'espèce était totalement disproportionnée et qu'il n'a pas été établi qu'elle fut nécessaire dans une société démocratique. On peut en effet

Cette évolution s'est produite quelques années plus tard avec une résolution de l'Assemblée parlementaire du Conseil de l'Europe appelant à « mettre fin à la menace de poursuites pour complicité à la migration irrégulière à l'encontre de ceux qui portent secours aux migrants »[1]. Une position reprise dans une recommandation de la Commission européenne contre le racisme et l'intolérance (ECRI) en 2016[2]. Mais les effets d'une telle évolution sont encore trop limités puisque ni les opinions dissidentes, ni les recommandations n'ont force obligatoire. Dès lors, on comprend d'autant plus la nécessité de l'intervention des rebelles qui, par le biais de la désobéissance civile, ont réussi à faire reculer le « délit de solidarité », comme l'a relevé Anne Ponseille :

> « si on en juge par le foisonnement ces dernières années des poursuites et des condamnations d'aidants intervenant dans un cadre humanitaire, la capacité exonératrice de cette immunité apparaît toute relative. La protection des aidants par la Cour européenne des droits de l'homme étant incertaine, la solution était de s'en remettre à la sagesse du Conseil constitutionnel »[3].

---

se demander en quoi il y avait un « besoin social impérieux » d'arrêter, d'incarcérer, de poursuivre et de condamner le requérant comme un criminel. Quel danger ou risque avait-il fait courir à la société en permettant à son gendre de rester sous son toit alors que l'épouse de celui-ci, sa fille, connaissait une grossesse difficile et qu'une demande de regroupement familial avait été adressée aux autorités et était en cours d'examen ? [...]À mes yeux, ses dispositions trop générales et sans nuances sont incompatibles avec le respect des droits de l'homme dans un État régi par la prééminence du droit ».

[1]Résolution 2059 (2015) de l'Assemblée parlementaire du Conseil de l'Europe sur la criminalisation des migrants en situation irrégulière : un crime sans victime.

[2]Recommandation de politique générale n° 16 de l'ECRI sur la protection des migrants en situation irrégulière contre la discrimination, 16 mars 2016, CRI (2016)16.

[3]A. PONSEILLE, « Le principe constitutionnel de fraternité et la liberté d'aider son prochain », *Constitutions*, 2018, p.399.

2. Un renforcement tendant à la résolution de la crise de la solidarité

Les désobéissants s'appuient sur le droit positif pour souligner un droit injuste ou mal appliqué. D'une part, ils dénoncent et portent plainte contre X pour « délaissement de mineurs isolés étrangers »[1] qui subissent un refoulement illégal vers l'Italie, constitutif d'une infraction de « délaissement d'une personne hors d'état de se protéger »[2]. En effet, les mineurs isolés devraient, dans le respect de la Convention internationale des droits de l'enfant[3] (CIDE), ayant force obligatoire, être pris en charge par les autorités départementales comme l'administration de l'aide sociale à l'enfance (ASE), afin d'être placés en foyer.

D'autre part, ils dénoncent des pratiques systématiques illégales appliquées par la police aux frontières, de refoulement des migrants vers l'Italie en saisissant les tribunaux administratifs de requêtes en référé-liberté[4]. Actuellement, la France refoule quotidiennement 100 à 150 personnes à Menton[5].

---

[1]Plainte de 257 citoyens membres de l'association « Roya citoyenne » en décembre 2016.

[2]Art. 223-3 du Code pénal.

[3]Convention internationale des droits de l'enfant, Convention des Nations-Unies du 20 novembre 1989.

[4]V., par ex. TA Nice, n° 1701211, Ord. 31 mars 2017. Concernant le refus du préfet des Alpes-Maritimes d'enregistrer la demande d'asile présentée par une famille Erythréenne.

[5]Roya citoyenne, appel pour le respect des droits fondamentaux des exilé.e.s à la frontière franco-Italienne, v., (https://www.roya-citoyenne.fr/2020/08/appel-pour-le-respect-des-droits-fondamentaux-des-exile-e-s-a-la-frontiere-franco-italienne-roya-citoyenne-somico-06-et-al-17-8-20/, 8 juil. 2020).

Alors que la procédure européenne en vigueur[1], ne tenant pas compte des intentions du demandeur d'asile et source de tensions, oblige les migrants à déposer leur demande d'asile dans le premier État de l'espace Schengen traversé, les désobéissants transportent les migrants venus d'Italie vers la ville française la plus proche. L'objectif étant qu'ils puissent faire valoir leur droit de dépôt d'une demande d'asile en France en application de la Convention de Genève de 1951. Les désobéissants dénoncent ainsi la non-application des garanties et l'irrespect des droits fondamentaux des personnes contrôlées (renvoi sans formalités, absence d'interprètes lors des auditions)[2]. Tandis que la France est condamnée par la CourEDH le 2 juillet 2020[3] pour « traitement inhumain et dégradant » envers les demandeurs d'asile[4], un arrêt du Conseil d'État du 8 juillet 2020[5] confirme l'illégalité des refoulements de personnes migrantes à la frontière franco-italienne. En refusant d'enregistrer une demande d'asile et de l'examiner conformément aux garanties prévues par la loi, « l'autorité administrative a porté une atteinte grave et manifestement illégale au droit d'asile, qui constitue une liberté fondamentale »[6]. C'est ce refus qui conduit de simples

---

[1]V., en ce sens Règlement (UE), n° 604-2013 du Parlement européen et du Conseil du 26 juin 2013, (dit « Dublin III »), Journal officiel de l'Union européenne n° L 180/31 du 29 juin 2013.

[2]Amnesty International, « frontière franco-italienne: des contrôles aux frontières du droit », 2017, v., (https://www.amnesty.fr/refugies-et-migrants/actualites/frontiere-franco-italienne-des-controles-aux-frontieres, 8 juillet 2020).

[3] CEDH, requêtes n°28820/13, 75547/13 et 13114/15, 2 juillet 2020, *Affaire N.H et autres c. France*.

[4]« Manque de respect à la dignité humaine », art. 3 CEDH.

[5]CE, 7ème ch., n° 440756, 8 juil. 2020. Fait suite au rejet du tribunal administratif de Nice le 19 mai 2020, pour une femme et son enfant d'enregistrement de leur demande d'asile.

[6]*Ibid.*, § 12.

citoyens à devenir militants, contraints de porter une voix, tellement la situation devient absurde. Désobéir devient alors nécessaire dans un État t de droit où les citoyens deviennent garants de la démocratie.

Les habitants de la Roya sont en effet convaincus que leurs actions humanitaires envers les migrants sont légitimes, car elles s'appuient sur des valeurs morales et éthiques qui leur ont été inculquées. Ainsi, les désobéissants justifient leurs actions par la situation dramatique dans laquelle sont placés les migrants, le danger qu'ils encourent, leur détresse physique et psychologique, leur état sanitaire préoccupant, etc. Ils agissent selon ce qu'ils considèrent comme le bien et le juste, palliant les actions insuffisantes de l'État, face à la légalité qu'ils considèrent comme injuste. Le terme de justice désigne d'ailleurs :

> « [avant] tout une valeur, un idéal moral, un concept philosophique dont la caractérisation paraît à la fois instinctive (le sentiment d'injustice ou de justice s'impose à nous) et complexe (il est impossible de définir abstraitement les critères du juste) »[1].

Ces principes moraux font pourtant bien référence à des principes qui figurent dans la Constitution française. Par exemple, « composante du triptyque qui forme la devise de la République, qualifiée d'idéal commun par le Préambule de la Constitution de 1958, la fraternité est " une des valeurs fondatrices de la République" »[2]. Ce terme de « fraternité » désigne un « sentiment de solidarité et d'amitié éprouvé à l'égard d'une ou de plusieurs personnes qui, sans être frères, se traitent néanmoins comme des frères »[3]. Déjà en 1979, dans un entretien au magazine

---

[1]V., « Justice » dans (https://www.vie-publique.fr, 7 juillet 2020).

[2]A. PONSEILLE, « Le principe constitutionnel de fraternité et la liberté d'aider son prochain », *préc.*, 2018, p.399.

[3]Rapport du Conseil constitutionnel français, La Fraternité, *in* Association des Cours constitutionnelles ayant en partage l'usage du Français, 3 e Congrès sur le thème « La fraternité », Ottawa, juin 2003, p. 266.

japonais Shûkan Posuto, Michel Foucault livrait une autre analyse : « Aucune discussion sur l'équilibre général des pays du monde, ou aucun argument sur les difficultés politiques et économiques qui accompagnent l'aide aux réfugiés, ne peut justifier que les États abandonnent ces êtres humains aux portes de la mort »[1]. Le tribunal correctionnel[2], au sujet de l'aide aux migrants, qu'il reconnaissait pour sa part :

> « ne saurait dès lors être reproché à quiconque de les avoir recueillis, logés, nourris, écoutés et entourés, afin de les restaurer dans leur dignité et de leur donner des conditions provisoires de vie décentes auxquelles chacun doit pouvoir prétendre ».

Et rappelons-le, le CESEDA considère l'entraide pour assurer une vie digne et décente aux étrangers comme une condition d'immunité pénale[3].

Toutefois, les désobéissants sont victimes d'une véritable crise de la solidarité empêchant l'aide aux migrants. Le terme « délit de solidarité » est ainsi devenu le synonyme d'une politique anti-migratoire. Ils estiment qu'il est honteux de pouvoir condamner l'aide humanitaire. De nombreux mouvements de désobéissance civile ont brandi le slogan : « si la solidarité est un délit, je demande à être poursuivi(e) pour ce délit »[4]. Ils défient les autorités publiques d'appliquer les conséquences d'un droit injuste et affirment ne pas craindre la prison. Thoreau affirmait d'ailleurs que « sous un gouvernement qui emprisonne quiconque injustement, la véritable place d'un

---

[1]V., (https://www.liberation.fr/debats/2015/09/17/michel-foucault-en-1979-les-hommes-reprimes-par-la-dictature-choisiront-d-echapper-a-l-enfer_1384684/#:~:text=Aucune%20discussion%20sur%20l'%C3%A9quilibre,aux%20portes%20de%20la%20mort., 15 juillet 2020).

[2]T. corr. Nice, n° 16298000008, 10 fév. 2017.

[3]Art. L.622-4 CESEDA.

[4]V. BAUDET et V. CARRÈRE, « Délit de solidarité », *Plein droit* 2004/1, (n° 59-60), p.14-17, (https://www.cairn.info/revue-plein-droit-2004-1-page-14.htm, 20 mai 2020).

homme juste est aussi en prison »[1]. Par conséquent, les militants demandent l'arrêt des pressions et des poursuites judiciaires constantes et accrues qu'ils subissent dans le but principal de les décourager, les intimider et la volonté de harcèlement de ces défenseurs des droits. Cela se concrétise par de nombreuses gardes à vue, perquisitions et auditions. On remarque aussi la tournure politique que prennent les procès pénaux. L'acharnement judiciaire de la part du Ministère public, qui pousse à une distorsion entre plusieurs procès et repousse l'annonce des verdicts finaux, a pour objectif de faire condamner les désobéissants.

Ainsi, les militants souhaitent faire évoluer le droit dans le cadre des institutions existantes. L'objectif est de rendre impossible les poursuites pénales à l'encontre des personnes dont les actions ne sont motivées que par un élan de fraternité pour venir en aide aux migrants. Cette volonté de produire un effet de droit est le propre de la désobéissance civile, « ce qui la distingue de celle de l'auteur d'un délit (…). L'effet recherché n'est donc pas une conséquence fortuite de l'agissement »[2]. Dans ce contexte, la décision du 6 juillet 2018[3], par laquelle le Conseil constitutionnel a élevé le principe de fraternité au rang au rang de principe constitutionnel, apparaît comme une « avancée substantielle dans la protection des droits fondamentaux »[4]. En effet, *a priori*, reconnaître la valeur constitutionnelle du principe de fraternité permettrait d'en faire une « norme de référence du contrôle de constitutionnalité »[5]. Toutefois, les critiques de cette décision révèlent les risques liés au contrôle juridictionnel

---

[1]H.D. THOREAU, *La désobéissance civile*, *préc.*, p. 35.

[2]R. ENCINAS DE MUÑAGORRI, *préc*.

[3]Cons. const., n° 2018-717/718 QPC, 6 juillet 2018.

[4]B. MATHIEU, « Fraternité : une onction constitutionnelle porteuse de mutations », *Constitutions*, 2018, p.389.

[5]G. TUSSEAU, « Le Conseil constitutionnel et le « délit de solidarité », *Rev. crit. DIP*, 2019. p.35.

fondé sur une notion aussi « vaporeuse »[1] que la fraternité, notamment lorsque cette dernière est appliquée au domaine migratoire qui fait l'objet d'un débat permanent dans la société française.

II. La désobéissance civile en faveur des migrants irréguliers, facteur d'évolution du droit en vigueur

Le droit français, en matière migratoire,

> « donne lieu, sur le plan politique, à des confrontations particulièrement conflictuelles, traversant parfois les partis, ainsi qu'à une activité militante particulièrement nourrie. Cette dernière n'hésite pas à emprunter le canal du droit afin de poursuivre ses objectifs »[2].

La décision du Conseil constitutionnel du 6 juillet 2018 en est la preuve. Cette décision, rendue après la saisine du juge constitutionnel par le désobéissant Cédric Herrou a conduit à une évolution *a priori* substantielle du droit français concernant le « délit de solidarité ». C'est en effet par cette décision « question prioritaire de constitutionnalité » (QPC) que le Conseil constitutionnel va consacrer la fraternité comme principe à valeur constitutionnelle (**A**). Toutefois, cette évolution est à relativiser, puisque d'une part la consécration de ce principe n'a pas permis l'élimination du « délit de solidarité » en France et d'autre part le champ d'application dudit principe se révèle très limité (**B**).

[1] *Ibid.*
[2] *Ibid.*

A. La consécration de l'évolution du droit applicable : la fraternité comme principe à valeur constitutionnelle

La décision du Conseil constitutionnel du 6 juillet 2018 précédemment citée a été « reçue par de nombreux commentateurs comme constituant une avancée substantielle dans la protection des droits fondamentaux »[1]. Cette « décision des Sages de la rue Montpensier était d'autant plus attendue, que les débats parlementaires portant sur le projet de loi pour une immigration maîtrisée et un droit d'asile effectifs étaient en cours »[2] et qu'elle intervient « dans un contexte où la question de l'immigration clandestine est au cœur du débat politique et social en France et plus largement en Europe »[3] (**1**). Cette décision a toutefois été qualifiée de « prévisible et attendue »[4]. Selon Jean-Éric Schoettl, elle est :

> « [un] cas chimiquement pur de transmutation d'une référence éthique (que l'on tenait jusqu'ici pour une valeur collective éminente, mais sans effet juridique direct) en un droit individuel opposable à l'État. En l'espèce, le droit d'assister l'autre, y compris en facilitant le flux migratoire clandestin »[5] **(2).**

---

[1]B. MATHIEU, « Fraternité : une onction constitutionnelle porteuse de mutations », *préc.*

[2]C. SAAS, « Le délit de solidarité est mort, vive le délit de solidarité », *Recueil Dalloz*, 2018 p.1894.

[3]B. MATHIEU, « Fraternité : une onction constitutionnelle porteuse de mutations », *préc.*

[4]A. PONSEILLE, « Le principe constitutionnel de fraternité et la liberté d'aider son prochain », *préc.*

[5]J.-E. SCHOETTL, « Fraternité et souveraineté », *RFDA*, 2018 p. 964.

1. Un principe bienvenu au champ d'application *a priori* illimité

La procédure de la QPC, introduite par la réforme constitutionnelle du 23 juillet 2008, permet à toute personne partie à un procès ou à une instance de « soutenir qu'une disposition législative porte atteinte aux droits et libertés que la Constitution garantit »[1]. C'est alors à l'occasion de son pourvoi formé devant la Cour de cassation[2] que Cédric Herrou va soulever une QPC. Cette dernière remettait en cause aussi bien la constitutionnalité du « délit de solidarité », que l'exemption prévue à l'article L.622-4, alinéa 3, du CESEDA :

> « En édictant les dispositions combinées des articles L. 622-1 et L. 622-4 du code de l'entrée et de séjour des étrangers et du droit d'asile, en ce que, d'une part, elles répriment le fait pour toute personne d'avoir, par aide directe ou indirecte, facilité ou tenté de faciliter l'entrée, la circulation ou le séjour irréguliers, d'un étranger en France même pour des actes purement humanitaires qui n'ont donné lieu à aucune contrepartie directe ou indirecte et, d'autre part, elles ne prévoient une possible exemption qu'au titre du seul délit d'aide au séjour irrégulier d'un étranger en France et non pour l'aide à l'entrée et à la circulation, **le législateur a-t-il porté atteinte au principe constitutionnel de fraternité, au principe de nécessité des délits et des peines et au principe de légalité des délits et des peines ainsi qu'au principe d'égalité devant la justice garantis respectivement par les articles 8 et 6 de la Déclaration des droits de l'homme et du citoyen ?** »[3].

À l'origine de cette QPC, la condamnation de Cédric Herrou par la Cour d'appel d'Aix-en-Provence pour aide à l'entrée, à la circulation et au séjour de personnes en situation irrégulière[4], dont les motifs ont été précédemment développés[5]. L'intimé, devenant alors requérant, se pourvoi en cassation devant la Chambre

---

[1]V., (https://www.conseil-constitutionnel.fr/decisions/la-qpc, 5 juin 2020).
[2]Cass. crim., n° 17-85.737 QPC, 9 mai 2018.
[3]*Ibid.*
[4]CA Aix-en-Provence, 13ème ch., 08 août 2017, *préc.*
[5]V. en ce sens I. A. 2. : *L'interprétation restrictive du fait justificatif spécial d'humanité par le juge français.*

criminelle de la Cour de cassation. Il conteste alors la motivation donnée par les juges du fond et par ce biais, la constitutionnalité du « délit de solidarité ». Le but de Cédric Herrou est simple : la suppression des sanctions contre les désobéissants qui décident d'aider des personnes en situation irrégulière, lorsque cette aide est apportée dans un but purement humanitaire. Pour ce faire, le rebelle s'appuie sur une des valeurs de la République française : la fraternité. C'est par son action que cette valeur deviendra un principe à valeur constitutionnelle. En effet, la décision QPC du 6 juillet 2018 va permettre au Conseil constitutionnel de reconnaître la valeur constitutionnelle du principe de fraternité[1] tiré de la Devise de la République française[2]. Ce principe est fondé sur le Préambule de la Constitution française, ainsi que sur son article 72-3[3], ce qui lui confère une force contraignante :

> « [ce] principe doit être respecté par le législateur et [...] peut être invoqué devant les juridictions, comme le sont déjà la liberté et l'égalité, les deux autres termes de la devise républicaine inscrite dans la Constitution »[4].

Dans le cadre du « délit de solidarité », la consécration de la valeur constitutionnelle du principe de fraternité a pu avoir, *a priori*, une conséquence significative : la reconnaissance de « la liberté d'aider autrui dans un but humanitaire, sans considération de la régularité de son séjour sur le territoire national »[5]. Une reconnaissance bienvenue et nécessaire, tant « l'évolution de la législation applicable aux aidants d'étrangers en situation irrégulière

---

[1]Cons. const., n° 2018-717/718 QPC, 6 juil. 2018, §7.
[2]Devise qui est : « Liberté, Égalité, Fraternité ».
[3]Qui évoquent tous deux un « idéal commun de liberté, d'égalité et de fraternité ».
[4]P. LIGNIÈRES, « Fraternité : le Conseil constitutionnel ne peut plus se contenter de coups d'éclat », *Droit adm.*, août-sept.2018, n° 8-9, pp. 1-2.
[5]Cons. const., 6 juillet 2018, préc., §8.

a pu faire douter de cette liberté »[1].Certains ont alors pensé que le Conseil constitutionnel manifestait ainsi sa volonté d'étendre l'exemption pénale prévue à l'article L. 622-4, 3°, du CESEDA à « tout autre acte d'aide apportée dans un but humanitaire » [2] : « les exemptions ne sont plus ainsi réservées au seul champ de l'aide au séjour mais sont aussi susceptibles de s'appliquer à l'aide à la circulation (mais non à l'aide au franchissement irrégulier des frontières, laquelle a "nécessairement pour conséquence, [...] de faire naître une situation illicite"). En outre, le Conseil a interprété la disposition comme permettant d'exempter du délit toute aide apportée dans un but humanitaire »[3].

En effet, le Conseil constitutionnel, statuant « sans qu'il soit besoin d'examiner les autres griefs »[4], « manifeste ainsi sa volonté de donner plein effet au principe, dont le grand public retiendra qu'il met en échec le "délit de solidarité" »[5].

Ainsi, la consécration du principe de fraternité comme principe constitutionnel par le Conseil constitutionnel a pu laisser entrevoir un champ d'application, *a priori*, bien plus large que le simple domaine migratoire. D'autant plus qu'aucune définition précise dudit principe n'avait été posée par le juge constitutionnel. Le principe de fraternité, en tant que principe à valeur constitutionnelle, a alors été présenté comme une « norme de référence du contrôle de constitutionnalité »[6] :

> « [la] fraternité reste une exigence, un objectif ou un devoir moral pour l'État et les citoyens mais aujourd'hui, elle devient également un obstacle que l'on peut opposer à l'État qui, pour des raisons de sécurité par exemple, voudrait la limiter »[7].

---

[1]A. PONSEILLE, « Le principe constitutionnel de fraternité et la liberté d'aider son prochain », *préc.*

[2] Cons. const., 6 juillet 2018, *préc.*, §14.

[3]P. LIGNIÈRES, « Fraternité : le Conseil constitutionnel ne peut plus se contenter de coups d'éclat », *préc.*

[4]Cons. const., 6 juillet 2018, *préc.*, §13.

[5]G. TUSSEAU, « Le Conseil constitutionnel et le « délit de solidarité », *préc.*

[6]*Ibid.*

[7]P. LIGNIÈRES, « Fraternité : le Conseil constitutionnel ne peut plus se contenter de coups d'éclat », *préc.*

Certains auteurs se sont alors penchés sur l'étendue éventuelle du champ d'application matériel du principe de fraternité :

« L'action des partis, des groupes politiques ou des ONG, devra-t-elle être jugée à l'aune du principe de fraternité ? Des actions, par ailleurs illégales, sont ainsi validées au nom du principe de fraternité, faudra-t-il pénaliser des actions, par ailleurs légales, en ce qu'elles ne respectent pas le principe de fraternité ? [...] Le droit de la bioéthique, notamment en matière de reproduction, devra-t-il répondre aux exigences que le Conseil constitutionnel croirait devoir déduire de ce principe, sous la pression des requérants ? Le droit de l'environnement est également susceptible d'être concerné. Passera-t-on de la reconnaissance du droit des animaux, au devoir de fraternité à leur égard ? »[1].

Toutefois, la décision du Conseil constitutionnel n'apporte pas uniquement son lot d'avancées positives. Sans remettre en question son importance, il convient d'interpeller le lecteur quant à la pertinence de reconnaître la liberté d'aider autrui :

« La reconnaissance d'une liberté d'aider son prochain est au surplus étonnante. Elle nous invite à nous interroger sur cette curieuse époque où apporter une aide à autrui est d'abord un acte considéré comme une infraction avant d'être autorisé et encore, sous réserve en tant qu'aidant, de démontrer sa bonne foi, le caractère désintéressé de son intervention ainsi que le but humanitaire de celle-ci. Elle témoigne d'une déliquescence de l'idéal républicain inscrit au frontispice de la Constitution et renseigne sur le degré de perversité de la politique pénale lorsqu'elle fonde une incrimination sur un comportement citoyen »[2].

---

[1]B. MATHIEU, « Fraternité : une onction constitutionnelle porteuse de mutations », *préc*.

[2]A. PONSEILLE, « Le principe constitutionnel de fraternité et la liberté d'aider son prochain », *préc*.

2. Un principe nébuleux et contesté

Tout d'abord, des critiques ont été émises à l'encontre de cette décision du Conseil constitutionnel à propos de la justiciabilité d'un concept aussi flou que celui de fraternité. Certains considèrent que la Constitution dans son intégralité n'est pas « un paramètre, ou pas un paramètre pertinent, du contrôle de constitutionnalité »[1]. Il n'est d'ailleurs pas rare que des dispositions constitutionnelles soient jugées trop imprécises pour « constituer un paramètre approprié de censure de l'action des pouvoirs publics »[2]. Il en va ainsi par exemple de la Constitution irlandaise de 1937[3] qui distingue, d'une part, les droits fondamentaux et, d'autre part, les « principes directeurs de la politique sociale ». Ces derniers, précise l'article 45 de cette Constitution, « sont destinés à l'orientation générale du Parlement » et ne peuvent être connus « d'aucun tribunal ».

De manière plus générale, l'on s'aperçoit que les textes constitutionnels actuels « tendent à s'enrichir de dispositions qui ne se limitent pas à organiser la distribution des pouvoirs »[4]. Ces dispositions « visent à la fois à définir la philosophie d'ensemble du système constitutionnel mis en place, ainsi qu'à tracer la feuille de route de l'action des institutions politiques »[5]. En ce sens, la fraternité pourrait s'apparenter davantage à une valeur qui inspire depuis plusieurs décennies, l'ordre juridique

---

[1]G. TUSSEAU, « Le Conseil constitutionnel et le « délit de solidarité », *préc.*

[2]*Ibid.*

[3]Constitution irlandaise du 1er juil. 1937, v., (https://mjp.univ-perp.fr/constit/ie1937.htm, 12 juin 2020).

[4]G. TUSSEAU, « Le Conseil constitutionnel et le « délit de solidarité », *préc.*

[5]*Ibid.*

français[1] qu'à une réelle « norme de référence du contrôle de constitutionnalité »[2]. Aussi « n'y aurait-il rien d'incongru [...] à ce que la fraternité demeure en France un principe constitutionnel non directement applicable ou insusceptible de fonder un grief d'inconstitutionnalité à l'encontre d'une disposition législative »[3].

La critique est encore plus vive pour certains :

> « [Dans] un système juridique qui tend à se construire exclusivement à partir d'une conception hypertrophiée des droits de l'individu et à oublier que sans valeurs communes, il n'y a pas de peuple, que sans peuple, il n'y a pas de démocratie, certaines de ces valeurs ont une fâcheuse tendance à se dégrader en droits individuels. L'exemple le plus caractéristique de cette mutation est le principe de dignité. Conçue, au regard du texte qui en est la matrice, comme une valeur porteuse d'un interdit (celle de dégrader ou d'asservir autrui), la dignité est revendiquée comme un attribut de l'individu, la capacité de défendre son identité telle que librement définie. Elle conduit à exiger de la société un logement décent, une assistance pour obtenir une mort désirée, voire un enfant… »[4].

Ensuite, la critique du principe de fraternité se renforce lorsqu'il est question du maintien, ou plutôt de la non remise en cause de l'aide à l'entrée irrégulière. En effet, dans la décision du Conseil constitutionnel antérieurement citée, l'aide à l'entrée irrégulière reste un délit et échappe à toute exemption :

> « [toute] aide apportée à un étranger afin de faciliter ou de tenter de faciliter son entrée ou sa circulation irrégulières sur le territoire national est sanctionnée pénalement, quelles que soient la nature de cette aide et la finalité poursuivie. Toutefois, l'aide apportée à l'étranger pour sa circulation n'a pas nécessairement pour conséquence, à la différence de celle apportée à son entrée, de faire naître une situation illicite »[5].

La justification de la différence de régime - dont le caractère déterminant reste à prouver - relèverait du fait que l'aide à l'entrée sur le territoire français crée une

---

[1] *Ibid.*

[2] *Ibid.*

[3] *Ibid.*

[4] B. MATHIEU, « Fraternité : une onction constitutionnelle porteuse de mutations », *préc.*

[5] Cons. const., 6 juillet 2018, *préc.*, §12.

situation irrégulière, alors que dans le cas de l'aide à la circulation ou au séjour « [...] peut tout au plus être vue comme contribuant à maintenir une situation irrégulière[1] ». Le caractère déterminant de cette différenciation reste à prouver et doit, à tout le moins, être relativisé. En effet, la France est partie à la Convention de Genève relative au statut de réfugié qui prévoit que :

> « [les] États contractants n'appliqueront pas de sanctions pénales, du fait de leur entrée ou de leur séjour irréguliers, aux réfugiés qui, arrivant directement du territoire où leur vie ou leur liberté était menacée au sens prévu par l'article 1er, entrent ou se trouvent sur leur territoire sans autorisation, sous la réserve qu'ils se présentent sans délai aux autorités et leur exposent des raisons reconnues valables de leur entrée ou présence irrégulières »[2].

Or, plusieurs personnes qui tentent de franchir de manière illégale la frontière française, sont demandeurs d'asile. Cette disposition de la Convention de Genève remet le « délit de solidarité » en cause en ce que la France a accepté de ratifier une Convention internationale reconnaissant que « l'entrée d'un réfugié ou, plus généralement, de quelqu'un qui demande une protection internationale ne peut jamais être considérée comme administrativement irrégulière et le délit d'aide à l'entrée irrégulière ne peut pas être constitué dans ce cas »[3].

Enfin, pour ceux qui pensaient que la décision du Conseil constitutionnel permettrait la mise en conformité de la législation française avec le droit de l'Union européenne, il n'en n'est rien :

> « [l]'exemption "à titre humanitaire" vise, en droit de l'Union européenne, l'aide au transit et à l'entrée sur le territoire ; en droit interne, l'exclusion de l'aide à l'entrée est confirmée par le Conseil Constitutionnel, alors que l'aide au séjour en bénéficie. En définitive, la réserve d'interprétation du Conseil

---

[1]Commentaire de la décision n° 2018-717/718 QPC du 6 juillet 2018 (https://www.conseil-constitutionnel.fr/decision/2018/2018717_718QPC.htm, 31 mai 2020).

[2]Convention de Genève relative au statut des réfugiés de 1951, article 31, §1.

[3]C. SAAS, « Le délit de solidarité est mort, vive le délit de solidarité », *préc.*

Constitutionnel semble surtout s'aligner sur la *ratio legis* de la loi du 31 décembre 2012 dont le titre entendait déjà soustraire les actes humanitaires à la répression pénale, ce que confirment les débats parlementaires »[1].

Ainsi, certains ont pu penser que l'action du rebelle Cédric Herrou avait permis la consécration d'un principe constitutionnel ayant vocation *a priori* à s'appliquer à un nombre illimité de domaines. En effet, le Conseil constitutionnel avait ouvert « un champ particulièrement large à la portée du principe de fraternité »[2] en affirmant qu'il « appartiendra au législateur de déterminer comment doit être apprécié le but humanitaire et dans quelle mesure celui-ci peut se combiner avec des actions à visées militantes[3] ». Il faut toutefois se rendre à l'évidence, l'évolution n'est pas si radicale : « La décision du Conseil commentée n'impose pas une évolution si radicale de la législation pénale en matière d'immigration qui ne devrait pourtant pas être une entrave aux actions collectives ou individuelle humanitaires en faveur de ceux qui ne sont pas seulement des étrangers, des migrants mais surtout des exilés »[4].

Dans le cas de Cédric Herrou, la consécration du principe de fraternité comme principe constitutionnel a, dans un premier temps, conduit la Cour de cassation à annuler partiellement l'arrêt de la Cour d'appel d'Aix-en-Provence. C'est-à-dire « uniquement en ses dispositions concernant la déclaration de culpabilité du chef d'infractions au CESEDA et la peine, toutes autres dispositions étant expressément maintenues »[5]. L'affaire a donc été renvoyée devant la Cour d'appel de Lyon qui, le 13 mai 2020, a infirmé l'arrêt de la Cour d'appel d'Aix-en-Provence et a relaxé Cédric Herrou de « toutes poursuites pour les faits d'aide directe ou indirecte à

---

[1] *Ibid.*

[2] B. MATHIEU, « Fraternité : une onction constitutionnelle porteuse de mutations », *préc.*

[3] *Ibid.*

[4] A. PONSEILLE, « Fraternité : une onction constitutionnelle porteuse de mutations », *préc.*

[5] Cass. crim., n° 17-85.736, 12 décembre 2018.

l'entrée, à la circulation et au séjour irréguliers d'un étranger en France »[1].

Le soulagement fut toutefois de courte durée puisque quelques jours plus tard, le 28 mai 2020, le parquet général de Lyon décida de se pourvoir en cassation à l'encontre de l'arrêt de la Cour d'appel de Lyon. Un cas de figure d'une rareté certaine, qui, pour certains, fait montre d'un acharnement « ridicule et consternant »[2]. La fin de la « tourmente judiciaire »[3] du rebelle n'est pas encore arrivée.

B. L'efficacité relative de l'action du rebelle : la portée limitée du principe constitutionnel de fraternité

Par l'action du rebelle, une évolution du droit français reste envisageable - puisqu'elle a amené le Conseil constitutionnel à censurer partiellement une disposition pénale et à formuler une réserve d'interprétation[4] en appelant « le législateur à reformuler les exemptions pénales relatives à l'aide à la circulation et au séjour irréguliers avant le 1er décembre 2018 »[5]. Toutefois, les événements les plus récents permettent aujourd'hui de douter « que le principe de fraternité se déploiera dans d'autres domaines et servira de fondement à la reconnaissance ou à la confirmation d'autres droits et

---

[1]CA Lyon, 7e ch., n° 19/02231, 13 mai 2020, p.22.

[2]Pour reprendre les mots de Me Goldman, avocate de Cédric Herrou.

[3]E. AUTIER, « Étrangers - Solidarité, humanité... et fraternité », *Juris associations*, 2020, n° 622, p.12.

[4]P. LIGNIÈRES, « Fraternité : le Conseil constitutionnel ne peut plus se contenter de coups d'éclat », *préc.*

[5]C. SAAS, « Le délit de solidarité est mort, vive le délit de solidarité », *préc.*

libertés »[1], d'une part parce qu'on s'aperçoit que malgré une refonte du droit applicable en la matière, le « délit de solidarité » existe toujours (**1**), et d'autre part car la portée du principe de fraternité, en dehors du domaine migratoire, n'est pas des plus significatives (**2**).

1. Face au rebelle, la survie du « délit de solidarité »

La décision du Conseil constitutionnel concernant le « délit de solidarité » a été réceptionnée[2] par la loi n° 2018-778 du 10 septembre 2018 pour une immigration maîtrisée, le droit d'asile effectif et une intégration réussie[3]. Concernant l'exemption de l'article L.622-4, 3°, du CESEDA dont la constitutionnalité était contestée, le Conseil avait statué en affirmant qu'il n'était pas « loisible au législateur de ne prévoir une immunité qu'en matière d'aide au séjour, sans envisager explicitement l'aide à la circulation[4] ». Prenant en compte ladite décision, le nouvel article prévoit que :

> « Sans préjudice des articles L. 621-2, L. 623-1, L. 623-2 et L. 623-3, ne peut donner lieu à des poursuites pénales sur le fondement des articles L. 622-1 à L. 622-3 l'aide à la circulation ou au séjour irréguliers d'un étranger lorsqu'elle est le fait : [...] 3° De toute personne physique ou morale lorsque l'acte reproché n'a donné lieu à aucune contrepartie directe ou indirecte et a consisté à fournir des conseils ou accompagnements juridiques, linguistiques ou sociaux, ou toute autre aide apportée dans un but exclusivement humanitaire ».

Cette évolution du droit français amène deux observations. D'une part, le « délit de solidarité » existe toujours et l'aide à l'entrée d'une personne étrangère sur le

---

[1]A. PONSEILLE, « Fraternité : une onction constitutionnelle porteuse de mutations », *préc.*

[2]*Ibid.*

[3]*JO* du 11 sept. 2018, texte n° 1.

[4]G. TUSSEAU, « Le Conseil constitutionnel et le « délit de solidarité », *préc.*

territoire français constitue, encore aujourd'hui, un délit qui n'est assorti d'aucune exemption. Des députés et sénateurs ont bien tenté, sur le fondement du principe de fraternité, de contester la constitutionnalité des nouvelles dispositions législatives, sur le fondement de l'article 61 de la Constitution française et du contrôle de constitutionnalité *a priori*[1]. Toutefois, le Conseil constitutionnel a reconnu dans sa décision du 6 septembre 2018, la constitutionnalité de la mesure :

> « Ainsi que le Conseil constitutionnel l'a jugé au paragraphe 12 de sa décision du 6 juillet 2018, l'aide apportée à l'étranger pour son entrée irrégulière en France a nécessairement pour conséquence, à la différence de celle apportée pour sa circulation ou son séjour, de faire naître une situation illicite. Il est donc loisible au législateur de réprimer ce délit, dès lors que, en application de l'article 122-7 du code pénal, n'est pas pénalement responsable la personne qui, face à un danger actuel ou imminent qui menace autrui, accomplit un acte nécessaire à la sauvegarde de la personne, à moins d'une disproportion entre les moyens employés et la gravité de la menace »[2].

L'on pourrait penser qu'il s'agit là d'un revirement de la part du Conseil constitutionnel, mais si l'on examine de plus près la décision du 6 juillet 2018, on s'aperçoit qu'en réalité ce dernier avait déjà établi sa position. En effet, dans sa décision du 6 juillet 2018, le Conseil avait prévu le report de l'inconstitutionnalité des mesures au 1er décembre 2018[3]. Or, concrètement, ce report empêchait les personnes poursuivies pour aide à l'entrée irrégulière de faire appel au principe de fraternité afin de bénéficier de l'immunité pour aide à but humanitaire tant que n'était pas rédigées les nouvelles dispositions législatives. La décision du 6 septembre 2018 apparaît alors comme une confirmation de la décision du 6 juillet 2018, d'une part, et une surestimation du principe par la doctrine d'autre part.

La seconde observation qu'il convient de faire porte sur la reformulation intégrale de l'article L.622-3, 3°, du

---

[1]Cons. const., n° 2018-770 DC, 6 septembre 2018.

[2]*Ibid.*, §107.

[3]Cons. const., n° 2018-717/718 QPC, 6 juillet 2018, §23 et 24.

CESEDA. L'on peut en effet se demander pourquoi au lieu de simplement tenir compte des précisions apportées par le Conseil constitutionnel concernant l'interprétation l'immunité pénale, le législateur a tenu a reformulé intégralement le contenu de cette exemption alors qu'il aurait « pu faire l'économie d'une intervention »[1]. La réponse à cette interrogation, et les dangers qui en découlent pour les désobéissants sont simples :

> « Mais il n'aura pas échappé au lecteur attentif que si la liste des actes couverts par l'immunité pénale est moins limitative, l'adverbe « exclusivement » constitue un ajout par rapport à la formule de la réserve d'interprétation émise par le Conseil. Était-il bien utile sauf à inviter le juge à une application éminemment restrictive ou à tout le moins stricte de cette exemption pénale ? Cette initiative, qui ne respecte pas la lettre de la réserve d'interprétation, n'est pas sans conséquence : elle permettra au juge pénal, comme il a déjà pu le faire auparavant, d'ajouter des conditions au bénéfice de l'exemption dès lors que l'aide apportée sera fondée sur un motif supplémentaire, un "motif militant" par exemple »[2].

Ainsi, en réalité, l'Assemblée nationale a restreint la cause d'exemption aux actes effectués dans un but exclusivement humanitaire sans que le Conseil constitutionnel y ait trouvé à redire[3]. Sans aller jusqu'à nier l'apport de la consécration du principe de fraternité comme principe constitutionnel, les conséquences de la décision du Conseil constitutionnel du 6 juillet 2018 ne sont pas à la hauteur du combat du rebelle qui, dans un souffle d'espoir, avait affirmé : « La solidarité n'est pas un délit et ne le sera jamais !!!! »[4].

---

[1]A. PONSEILLE, « Fraternité : une onction constitutionnelle porteuse de mutations », *préc.*

[2]*Ibid.*

[3]C. SAAS, « Le délit de solidarité est mort, vive le délit de solidarité », *préc.*

[4]V. (https://www.infomigrants.net/fr/post/24730/la-justice-relaxe-cedric-herrou-symbole-de-l-aide-citoyenne-aux-migrants, 2 juillet 2020).

2. La limitation du champ d'application du principe constitutionnel de fraternité par le juge

Sur le plan national, tout d'abord, et seulement quelques semaines après la décision du Conseil constitutionnel, une première application du principe constitutionnel de fraternité par les juridictions ordinaires s'est concrétisée à l'occasion de l'ordonnance *Guardado*[1]. Cette ordonnance a été rendue à propos d'un arrêté « anti-mendicité » mis en place dans la ville de Besançon. Cet arrêté « [exclut] de certains lieux publics ceux qui mendient ou qui sont sans domicile fixe, [...] privent de la douceur d'un geste fraternel ceux qui l'adressent comme ceux qui le reçoivent »[2].

En l'espèce, le requérant, habitant de la commune de Besançon, avait saisi le tribunal administratif d'une demande de suspension de l'arrêté du 23 juillet 2018 par lequel le maire de la ville avait interdit « la consommation d'alcool, la mendicité, accompagnée ou non d'animaux, les regroupements, ainsi que la station assise ou allongée lorsqu'elle constitue une entrave à la circulation publique »[3]. Le requérant soutenait que cet arrêté portait « une atteinte grave et manifestement illégale au principe de fraternité inscrit à l'article 2 de la Constitution »[4].

Le juge administratif a rejeté la requête, au motif que « l'atteinte portée par l'arrêté litigieux à la liberté d'aider autrui dans un but humanitaire n'est, ni suffisamment

---

[1]T.A. Besançon, n° 1801454, ord. du 28 août 2018, *Guardado c/ Ville de Besançon.*

[2]J. BENREDOUANE, « Le principe de fraternité à l'épreuve des arrêtés anti-mendicité », *RDSS*, 2018 p.1096.

[3]Registre des Arrêtés du Maire de la Ville de Besançon, PM.18.00.A228, p.89 (https://datasets.grandbesancon.fr/fichiers/RAA/vb/raa_VilleDeBesancon_2018_07.pdf, 2 juillet 2020).

[4]T.A. Besançon, ord. du 28 août 2018, *préc.*

grave, ni manifestement illégale »[1]. Cette première application « négative » du principe constitutionnel de fraternité par une juridiction ordinaire a néanmoins permis à cette dernière – « faisant preuve d'audace »[2] - de faire de la liberté d'aider autrui, une liberté fondamentale.

On aurait alors légitimement pu penser que le champ d'application du principe de fraternité et, à travers lui, celui de la liberté d'aider autrui, allaient prendre leur envol, cependant il n'en est rien. Tout d'abord parce que le juge administratif, à l'occasion de l'ordonnance *Guardado*, retient une conception restrictive du principe constitutionnel de fraternité, principe qui « n'implique que la liberté fondamentale d'aider autrui dans un but humanitaire »[3]. Le champ d'application matériel potentiel de ce principe s'en trouve alors réduit au seul cadre de la liberté d'aider autrui. Ensuite, parce que « cet épisode glorieux pour nos droits fondamentaux [...] s'est achevé de manière brutale devant le Conseil d'État en raison d'une restriction procédurale »[4]. En effet, le Conseil d'État, saisi en appel de l'ordonnance précitée, a rejeté la requête qui se présentait à lui au motif que le maire de la ville avait abrogé l'arrêté municipal litigieux[5].

Un champ d'application restreint qui n'est pas aujourd'hui sans conséquence lorsqu'on sait qu'au plus fort de l'épidémie de Covid-19, plusieurs associations de protection de migrants ont saisi le Conseil d'État en demandant à ce dernier d'ordonner à l'État de prendre des

---

[1]*Ibid.*, § 9.

[2]J. BENREDOUANE, « Le principe de fraternité à l'épreuve des arrêtés anti-mendicité », *préc.*

[3]T.A. Besançon, ord. du 28 août 2018, *préc.*, §5.

[4]A. PENA, « L'entrée de la fraternité en droit administratif : entre acceptation du principe et restriction procédurale », *Recueil Dalloz*, 2019, p.774.

[5]CE, n° 423725, 6 sept. 2018, *M. Guardado c/ Commune de Besançon.*

mesures « visant à protéger les personnes mises en danger par la situation sanitaire actuelle »[1]. Les requérants soutenaient que les dispositions prises par les autorités françaises au plus fort de l'épidémie, notamment la suspension de l'enregistrement des demandes d'asile ou l'entrave à la libre circulation des personnes, affectaient « la sauvegarde de la dignité de la personne et le principe de fraternité »[2] ». De plus, ils souhaitaient présenter la QPC suivante :

> « [le] législateur, en autorisant le pouvoir exécutif à prendre des mesures restrictives de libertés, dont la possibilité d'interdire aux personnes de sortir de leur domicile, ne prévoyant aucune disposition de nature à protéger les personnes vulnérables et en portant ainsi atteinte à la sauvegarde de la dignité de la personne et au principe de fraternité, méconnaît-il l'article 34 de la Constitution ? ».

Outre le refus du Conseil d'État de renvoyer ladite QPC au Conseil constitutionnel au motif que cette dernière « qui n'est pas nouvelle, ne peut être regardée comme présentant un caractère sérieux »[3], on peut déplorer l'absence pure et simple de référence au principe de fraternité qui, à l'occasion d'une affaire portant sur l'aide apportée aux migrants, aurait pu déployer toute sa potentialité.

En ce qui concerne la Cour de cassation, la réception du nouveau « délit de solidarité » à l'aune du principe constitutionnel de fraternité, a été précisée à l'occasion d'un arrêt du 26 février 2020. En l'espèce, la Cour d'appel d'Aix-en-Provence avait le 16 janvier 2019 condamné le requérant pour aide au séjour irrégulier, arguant que ce dernier ne pouvait prétendre à l'exemption prévue par l'article L.622-4, 3°, du CESEDA. En effet selon la Cour d'appel il « n'avait pas connaissance de l'éventuelle situation de détresse des migrants ; ensuite, que son action

---

[1] J. MUCCHIELLI, « Coronavirus : « L'arbitrage doit se faire au profit des droits fondamentaux », *Dalloz actualité*, 10 avril 2020.

[2] C.E., n°439895, 9 avril 2020.

[3] *Ibid.*, §11.

était dépourvue de toute spontanéité et n'était pas purement individuelle ; et enfin, que cet acte s'est inscrit dans le cadre d'une démarche d'action militante ».

Cassant l'arrêt, la Cour de cassation « donne une interprétation large de [...] l'immunité [accordée] aux personnes qui fournissent une aide à des étrangers en situation irrégulière pour des raisons humanitaires »[1]. Elle vient préciser les bornes du « délit de solidarité » en tenant compte de manière implicite de la décision du Conseil constitutionnel du 6 juillet 2018 et donc du principe de fraternité. Toutefois, le fait pour la Cour de cassation de ne pas se référer explicitement au principe de fraternité a, une fois de plus, réduit la portée de ce dernier.

***

Ainsi, en France, si le « délit de solidarité » existe toujours[2], il s'agit désormais d'un débat qui dépasse la simple nécessité d'évolution du droit national et, de ce point de vue, les actions des désobéissants restent essentielles :

> « Les autorités nationales comme les institutions intergouvernementales devraient se souvenir qu'un progrès "civilisationnel" n'est possible que par la participation de la société civile et l'engagement de la population en faveur des droits humains, de la démocratie et de l'État t de droit. C'est le moment de le démontrer en s'accordant sur une réponse commune et efficace pour une gestion de l'accueil des migrants qui prend comme boussole la dignité de la personne humaine »[3].

---

[1]M.-C. DE MONTECLER, « Les bornes du délit de solidarité précisées par la Cour de cassation », Cass. crim., 26 fév. 2020, n° 19-81.561, *AJDA*, 2020, p. 493.

[2]Toutes les procédures en cours concernant le délit de solidarité sont répertoriées par l'association GISTI, il est possible de les consulter sur leur site en ligne, V. (http://www.gisti.org/spip.php?article6012, 15 avril 2021).

[3]Conseil de l'Europe, communiqué de la cellule de veille- migrations de la Conférence des OING, « La libération de Carole Racket- une

Le 31 mars 2021, la Cour de cassation a rejeté le pourvoi en cassation formé par le parquet général de Lyon qui contestait la relaxe de Cédric Herrou par la Cour d'appel de Lyon le 13 mai 2020[1] :

« Il est désormais définitivement acquis dans notre droit qu'aucune poursuite pénale ne peut être engagée à l'encontre d'une personne qui aura aidé un migrant en situation irrégulière lorsqu'il agit de façon désintéressée, qu'il appartienne ou non à une association ou bien qu'il veuille revendiquer son acte »[2].

Pour l'avocat du rebelle, Patrice Spinosi, cela constitue la confirmation qu'aujourd'hui, en France, le « délit de solidarité à but humanitaire » n'existe plus.

---

victoire pour l'humanité », 8 juillet 2019. V. (https://www.coe.int/fr/web/ingo/-/the-release-of-carole-racket-a-victory-for-humanity, 5 février 2021).

[1]CA Lyon, 7e ch.,13 mai 2020, *préc*.

[2]V. (https://www.lemonde.fr/police-justice/article/2021/03/31/symbole-de-l-aide-aux-migrants-en-france-cedric-herrou-relaxe-definitivement_6075129_1653578.html, 1 avril 2021).

La rébellion à l'ordre nucléaire international : entre contestation et dépassement du Traité de Non-Prolifération

Benoît GRÉMARE

Docteur en droit public
Université de Lorraine
IRENEE – UR 7303

Le monde nucléaire[1] dans lequel l'humanité est entrée en 1945 se traduit par l'impact de l'arme nucléaire dans les relations internationales, suscitant l'intervention du droit[2] pour tenter d'assurer une stabilité en instituant un ordre juridique. Par celui-ci s'entend un « ensemble structuré en système, de tous les éléments entrant dans la constitution d'un droit régissant l'existence et le fondement d'une communauté humaine[3] », dans lequel l'arme nucléaire est un déterminant incontournable, les États se répartissant entre ceux qui la possèdent et ceux qui s'en abstiennent. Toutefois, du fait que rien ne garantisse l'égalité des rapports nucléaires ainsi que la rationalité des différents acteurs en géopolitique[4], et devant l'accès de nouveaux pays à la puissance nucléaire, la légitimité politique de la possession d'armes nucléaires

---

[1]P. BONIFACE et B. COURMONT, *Le monde nucléaire. Arme nucléaire et relations internationales depuis 1945*, Paris, Armand Colin, 2006.

[2]Y. MARTIQUET, *L'autonomie du droit nucléaire : Contribution à l'étude de la nature et des caractères d'un droit nouveau*, thèse de droit public, Université de Nîmes, 2015.

[3]Ch. LEBEN, « Ordre juridique » *in*, D. ALLAND et S. RIALS (dir.), *Dictionnaire de la culture juridique*, PUF, 2003, p. 1113.

[4]A. BIAD, « Le droit international au défi de "l'exceptionnalisme nucléaire" », *The International Legal Order: Current Needs and Possible Responses: Essays in Honour of Djamchid Momtaz*, 2017, Brill NV, Leiden, pp. 751-764.

fut actée par le Traité de Non-Prolifération (TNP) afin de limiter la quantité d'armes nucléaires sur la scène internationale. Fondement de l'ordre nucléaire, le TNP, entré en vigueur en 1970, opéra une distinction entre les États dotés ayant conduit un essai nucléaire avant le 1er janvier 1967 (dit EDAN, États dotés de l'arme nucléaire), et les États non dotés de l'arme nucléaire lesquels s'engagent à ne pas l'acquérir en échange de contreparties technologiques (dits ENDAN).

Or, penser l'arme nucléaire dans cet ordre de contrainte, la percevoir comme concurrente des mécanismes de sécurité collective, c'est ainsi penser à l'une des limites fondamentales du droit international public avec ses traités, ses coutumes et ses normes appelant à réguler la violence des États[1]. Si l'absence de position commune pour saper les bases de l'ordre nucléaire édifié au cours des dernières décennies[2] se constate au nom de l'interdiction de la prolifération de l'arme nucléaire, cet encadrement juridique suscite à l'inverse un sentiment d'indignation et de réprobation face à une situation discriminante et inique, avec le refus actif d'obéir à une autorité régulatrice[3]. En ce sens peut-on se demander si cette rébellion s'oppose à un *statu quo* éphémère dans l'attente d'un régime de régulation plus efficient, juridiquement plus contraignant ? Afin d'analyser les dynamiques de cette rébellion, le non-

---

[1]N. HAUPAIS, « L'ordre nucléaire, la dissuasion et les limites du droit international » *in*, C. REGAD, *Aux limites du droit*, Mare & Martin, 2016, pp. 105-126.

[2]C. BRUSTLEIN, « Émergents et ordre nucléaire : un risque de déstabilisation limité, mais croissant », *in*, Th. De MONTBRIAL et Ph. MORCEAU DEFARGES (dir.), « *Ramsès* 2015. Le défi des émergents », *Ramsès*, 2014, p. 164.

[3]CH.-PH. DAVID et O. SCHMITT, « Les armes de destruction massive et le système international », *La guerre et la paix*, Presses de Sciences Po, 2020, III, pp. 323-344.

respect des normes juridiques instituées par les puissances nucléaires va prendre les formes d'une contestation de l'ordre stratégique établi par le TNP **(I)** pour désavouer ce déséquilibre juridique et institutionnel consacré en tentant d'instaurer un nouvel ordre dépassant le cadre effectif de la non-prolifération **(II)**.

I. La rébellion comme contestation de l'ordre stratégique du TNP

Avant d'être traduite juridiquement, la mise en place d'un ordre nucléaire stratégique résulte d'une aventure scientifique au service d'une nécessité militaire et d'une volonté étatique d'indépendance[1]. Tenant compte de ces considérations et afin d'avoir une portée effective, le TNP entend limiter l'armement nucléaire plutôt que l'interdire au risque d'un droit universel, positif et impératif empêchant de s'appuyer sur la souveraineté étatique, seule à même de constituer l'ordre juridique international. Toutefois, certaines puissances nucléaires refusent l'ordre établi par le TNP en se positionnant comme des objecteurs persistants **(A)** tandis que d'autres États proliférants bravent l'interdiction en constituant leurs arsenaux nucléaires **(B)**.

---

[1]S. W. WEART, P. AUGER, B. GOLDSCHMIDT, *La Grande aventure des atomistes français*, Fayard, 1980.

A. Des « États nucléaires » comme objecteurs persistants

Le TNP est entré en vigueur le 5 mars 1970 et s'applique aux activités nucléaires militaires[1]. En cela, « considérant les dévastations qu'une guerre nucléaire ferait subir à l'humanité entière et la nécessité qui en résulte de ne ménager aucun effort pour écarter le risque d'une telle guerre et de prendre des mesures en vue de sauvegarder la sécurité des peuples [et] Persuadés que la prolifération des armes nucléaires augmenterait considérablement le risque de guerre nucléaire[2] », le Traité établissant une différence entre les État ts dotés de l'arme nucléaire et ceux qui ne l'ont pas, vise à empêcher ces derniers de développer un programme d'armement. Fondé sur trois piliers à savoir la non-prolifération, les usages pacifiques de l'énergie nucléaire et le désarmement, le TNP est dynamique[3] avec des conférences d'examen quinquennales entre les États signataires dans le but d'améliorer les mesures tendant à faire respecter les objectifs[4]. Compte tenu d'autres dispositions opérationnelles du traité, le TNP entend établir une norme

[1]G. FISCHER, « La non-prolifération des armes nucléaires », *Annuaire français de droit international*, n° 13, 1967, pp. 47 à 98.

[2]Préambule du Traité sur la non-prolifération des armes nucléaires. Ouvert à la signature à Londres, Moscou et Washington le 1er juillet 1968.

[3]Examiné tous les cinq ans par l'ensemble des États parties au TNP dans le cadre de conférences qui visent à en améliorer la mise en œuvre, le TNP fixe un objectif de désarmement qui n'a pas d'horizon de temps fixé. Il encadre le développement des outils juridiques de non-prolifération et de désarmement dont les États décident de convenir dans les arènes de discussion et de négociation dédiées, principalement les commissions de l'Assemblée générale des Nations unies et conférence du désarmement.

[4]O. THRÄNERT, « Le Traité de non-prolifération nucléaire entre les camps », CSS ETH Zurich, n° 169, Mars 2015.

(1) mais reflète l'absence d'une coutume en droit international par les objecteurs persistants **(2)**.

1. Le TNP : l'universalisation d'un ordre inique et discriminant

Le TNP est quasiment universel du fait que seuls l'Inde, le Pakistan, Israël et le Soudan du Sud ne l'ont pas adopté en 2020. Obtenue avec des contreparties juridiques qui prévoient un processus d'examen renforcé du Traité et une réelle application des articles IV sur la coopération[1] et VI sur le désarmement[2], l'universalisation de cet ordre nucléaire s'appuie sur l'objet de son article III établissant un système de vérification des engagements contractés et concerne les installations soumises à la vérification de l'AIEA[3]. Pour les États non parties au TNP, un autre type d'accord est prévu et ne vise que des installations précises,

---

[1]L'article IV du TNP concerne la recherche, la production et l'utilisation de l'énergie nucléaire à des fins pacifiques. Au terme de cet article, les parties avancées d'un point de vue technologique doivent coopérer en contribuant au développement des applications de l'énergie nucléaire à des fins pacifiques, en particulier au sein des États non dotés d'armes nucléaires.

[2]Aux termes de l'article VI du TNP, les parties s'engagent à poursuivre des négociations afin de favoriser la cessation de la course aux armements nucléaires, ainsi que le désarmement nucléaire avec pour objectif de parvenir à la conclusion d'un traité de désarmement général et complet sous un contrôle international strict et efficace.

[3]Créée le 27 juillet 1957 en réponse aux vives inquiétudes et aux espoirs soulevés par les découvertes et les diverses utilisations de la technologie nucléaire, l'Agence Internationale de l'Energie Atomique (AIEA) est l'organisme mondial de « L'atome pour la paix et le développement » au sein de la famille des Nations Unies. Également dénommée l'Agence de Vienne, ce centre international de la coopération dans le domaine du nucléaire œuvre à la promotion de l'utilisation sûre, sécurisée et pacifique des technologies nucléaires en collaboration avec ses États Membres.

des matières et matériels nucléaires et non nucléaires déterminés[1]. L'universalisation du TNP demeure un objectif fondamental, rappelé par la résolution 1887 du Conseil de Sécurité des Nations Unies[2] (CSNU), fermant juridiquement la porte à tout nouveau candidat à l'arme nucléaire après 1967, le TNP tenant à acter la fin de l'histoire nucléaire en droit international[3].

Cependant, les essais nucléaires indiens (11-13 mai 1998) et pakistanais (28-30 mai 1998) ont ébranlé le bel unanimisme du TNP recherché par l'ordre nucléaire en contestant l'équilibre stratégique en Asie et la survie du régime de non-prolifération. Franchissant le seuil nucléaire sans qu'aucune sanction ne fût efficace pour les en dissuader[4], l'Inde et le Pakistan sont devenus des objecteurs persistants[5] au TNP, lequel ne permet pas de s'adapter au risque de fourvoyer ses principes de

---

[1]Afin de compléter le dispositif de vérification, le Conseil de Sécurité des Nations Unies approuva en 1997 un modèle de protocole additionnel aux accords de garanties dans lequel un État est tenu de communiquer des informations à l'agence s'agissant de tous les aspects de son cycle du combustible, chaque bâtiment de chaque site nucléaire, la fabrication et l'exportation d'équipements et technologies sensibles, les plans à long terme relatifs au développement du cycle. Bien qu'en vigueur dans 134 États en 2019, l'adoption du protocole additionnel n'est pas obligatoire et ne constitue pas une norme universelle de garantie.

[2]Résolution 1887 (24 septembre 2009) adoptée par le Conseil de Sécurité des Nations Unies, S/RES/1887 (2009).

[3]Certains États sont restés en dehors du TNP en estimant que le Traité n'était pas adéquat pour parvenir à l'élimination des armes nucléaires du fait de son statut discriminatoire. Ce discours a longtemps été tenu par la Chine avant sa ratification en 1995.

[4]Sénat, *Rapport d'information* n° 332 (2009-2010) de M. Jean-Pierre Chevènement, fait au nom de la commission des affaires étrangères, déposé le 24 février 2010.

[5]O. BARSALOU, « La doctrine de l'objecteur persistant en droit international », *Revue Québécoise de droit international*, n° 19.1, 2006.

limitation[1]. D'une part, déplacer le curseur et considérer comme État nucléaire tout pays ayant procédé à une explosion au-delà de 1967 transformerait le TNP en un traité de prolifération[2] ; d'autre part, la révision du traité devant être soumise à ratification dans tous les États parties, il ne saurait être question pour l'Inde et le Pakistan de rejoindre le TNP en tant qu'États non nucléaires. Des solutions ont alors été recherchées pour associer ces États à se comporter en puissances non proliférantes afin d'éviter que des interrogations sur les bénéfices de l'adhésion au TNP ne conduisent un certain nombre d'États à le quitter. A vrai dire, l'appel des puissances nucléaires en faveur de la non-prolifération préserve un « apartheid nucléaire[3] » qui assure le *statu quo* aux États dotés et à leurs alliés sous parapluie nucléaire, bien qu'en un demi-siècle, cette volonté d'universalité n'ait pas suscité de norme spécifique en droit international coutumier.

2. L'absence d'une coutume juridique internationale sur la question

Lors de la prorogation indéfinie du TNP en 1995, l'Inde, en se posant comme objecteur persistant manifesta le refus de son universalisation. Outre la tenue d'essais nucléaires, l'acte politique de refuser d'adhérer au TNP revient à avouer son ambition de développer des armes

[1]Dans le même ordre d'idée, le Conseil de Sécurité de l'ONU n'a pas accueilli au siège de membre permanent ces nouvelles puissances nucléaires pour ne pas décrédibiliser le TNP et donner une prime aux fourvoyeurs.

[2]M.-H. LABBÉ, « Les essais nucléaires indiens et pakistanais et la non-prolifération », *Politique étrangère*, n° 63-3, 1998, p. 542.

[3]Pour reprendre la formule du ministre indien des Affaires étrangères Atal Bihari Vajpayee, Jaswant Singh, « Against Nuclear Apartheid », *Foreign Affairs*, n° 77-5, 1998, pp. 41-51.

nucléaires, ce que confirma à son tour le Pakistan en procédant à des essais souterrains en 1998.

En ce sens, l'Inde et le Pakistan refusent d'adhérer à des normes internationales qui pourraient les contraindre leurs ambitions nucléaires, et tentent préventivement de s'aménager des échappatoires juridiques afin de se préserver une « liberté nucléaire[1] ». La forme la plus évidente consiste à refuser de rentrer dans des mécanismes conventionnels qui heurtent la politique nucléaire d'un État et d'éviter d'être classés en tant qu'État ts non dotés d'armes nucléaires pour, à ce titre, être privés du droit de se doter d'un arsenal nucléaire en application de l'article 3 § 1 du TNP susceptible de les condamner juridiquement. Désirant se réserver le droit de l'acquérir et de la développer, l'Inde, le Pakistan et Israël refusent d'être liés par un accord en contradiction manifeste avec leurs intentions nationales, rappelant qu'en droit international, la liberté est le principe et « les limitations de souveraineté » l'exception. La logique nucléaire prévaut quand l'État t en a décidé ainsi.

Or, l'intégration progressive de l'Inde dans le régime de non-prolifération, via l'accord d'exemption signé en 2008 avec le Groupe des fournisseurs nucléaires, a ouvert la voie à une intégration du sous-continent indien dans l'ordre nucléaire mondial d'une manière originale[2]. Parce que bénéficiaires du *statu quo ante*, les puissances externes au TNP telles que l'Inde[3] et le Pakistan ne

---

[1]B. HAUTECOUVERTURE, « Ordre nucléaire mondial : vers une recomposition ? », *Vie publique – Au cœur du débat public*, 1er juillet 2019, v., (https://www.vie-publique.fr/parole-dexpert/38541-ordre-nucleaire-mondial-vers-une-recomposition).

[2]*Ibid.*

[3]L'Inde défend toujours la thèse d'une dénucléarisation totale en même temps qu'elle refuse de signer le Traité d'Interdiction Complète des Essais de 1996. Cf. Michel Pousse, « L'Inde et l'arme nucléaire », *RJOI*, n°8, 2008, p. 81.

perturbent pas tant l'ordre stratégique mondial si ce n'est en soulignant l'incohérence du TNP. Ainsi adhérant *de facto* aux principes souhaités par la communauté internationale[1], ces objecteurs persistants cherchant à intégrer l'ordre plutôt qu'à le mettre en cause[2]. Si le TNP n'est pas violé dans ses principes par ces États objecteurs persistants, d'autres acteurs comme la Corée du Nord se retirant du TNP en 2003 et l'Iran sous le président Ahmadinejad dès 2005, ont adopté une posture contestataire[3] à cet ordre international nucléaire unique et inique[4], en agissant comme des rebelles proliférants.

B. Le précédent juridique « d'États proliférants »

La Corée du Nord, en se retirant du TNP en 2003 afin de poursuivre ses activités en dépit de la réprobation internationale, remit en question la crédibilité du régime

---

[1]La doctrine indienne indique un moratoire sur les essais nucléaires et recherche une dissuasion fondée sur une crédibilité minimale, avec un non-emploi en premier et un non-emploi contre des pays non-nucléarisés. Ce respect des règles de non-prolifération d'armes ou de matériaux sensibles en direction de pays tiers est relatif : Waheguru Pal Singh Sidhu souligne cette doctrine est révisable *in*, « La stratégie de l'Inde : un changement de paradigme ? », *Politique étrangère*, 2/2002, pp. 318-333.

[2]J.-L. RACINE, « L'Inde et l'ordre du monde », *Hérodote*, n° 108, 2003, pp. 91-112.

[3]B. BADIE, *Le temps des humiliés. Pathologie des relations internationales*, Odile Jacob, 2014.

[4]E. BERG, « Le nucléaire en question », *Revue Défense Nationale*, n° 747, février 2012, p. 109. Selon l'auteur, le discours de Prague du président Obama de mai 2009 prônant l'abolition des armes nucléaires à l'horizon d'une génération, s'il eut peu d'impact dans les milieux décisionnels, « libéra la parole de ceux qui, en Europe (Europe du Nord, Allemagne, ex-neutres et non alignés comme l'Irlande, la Suède et la Suisse), sont sceptiques à l'égard des armes nucléaires ».

de non-prolifération[1] **(1)**. Or si la Charte des Nations Unies centralise la réaction et confine la légitime défense à des mesures provisoires en attente de l'intervention du Conseil de Sécurité (CSNU), le maintien de l'ordre nucléaire implique néanmoins des sanctions encadrées par le droit international **(2)**.

1. Le tabou nucléaire et la clause de retrait du TNP

L'enjeu de la possession de l'arme nucléaire est un facteur de conflictualité du fait que cet armement procure un effet compensateur par la sanctuarisation du territoire et le rééquilibrage de la puissance. Mais la dissuasion ne produit des effets pacificateurs qu'entre égaux, c'est-à-dire entre possesseurs. Pour cela, des États isolés tels que la Corée du Nord et l'Iran, avec l'érosion du tabou nucléaire[2] et du principe de dissuasion nucléaire, entendent devenir de nouvelles puissances nucléaires, engendrant l'effondrement progressif des instruments juridiques censés limiter les acteurs. En 2003, tandis que Cuba y adhérait, la Corée du Nord se retirait du TNP, devenant un État nucléaire *de facto* par ses essais nucléaires entre 2006 et 2017. À cela, les accords de maîtrise des armements comportent, comme nombre de traités et conventions, une clause de retrait permettant à une partie de mettre fin aux effets du traité à son égard. Les méthodes d'interprétation des traités internationaux sont relatives à l'article 31 de la

[1]M. FARGHEN, « Crise nucléaire nord-coréenne : la prolifération à l'épreuve à la dissuasion », *Revue Défense Nationale*, n° 969, janvier 2018.

[2]Le tabou nucléaire est « une norme *de facto* de non-utilisation de l'arme ayant une composante morale très forte » selon N. TANNENWALD, *The Nuclear Taboo : The United States and the Non-Use of Nuclear Weapons since 1945*, New-York, Cambridge University Press, 2007, p. 59.

Convention de Vienne sur le droit des traités à savoir qu'« un traité doit être interprété de bonne foi suivant le sens ordinaire à attribuer aux termes du traité dans leur contexte et à la lumière de son objet et de son but » dans lequel il est prévu que l'« extinction d'un traité ou le retrait peuvent avoir lieu a) conformément aux dispositions du traité ; ou, b) à tout moment, par consentement de toutes les Parties, après consultation des autres États contractants[1] ». Cette perception relève, en l'espèce, d'une remise en cause de l'ordre établi en cela qu'elle conduit à la mise en œuvre d'une initiative visant à négocier un traité interdisant les armes nucléaires hors de l'enceinte du TNP.

Expression en quelque sorte de la clause *rebus sic stantibus*[2], chaque État partie au TNP peut, « dans l'exercice de sa souveraineté nationale », invoquer des événements extraordinaires pour se retirer du Traité, encore faut-il que ces derniers aient déjà « compromis les intérêts suprêmes de son pays ». Or, le précédent nord-coréen montre l'importance de cet aspect : en notifiant son retrait en 2003, Pyongyang s'est prévalue d'un effet automatique et immédiat au motif qu'il ne s'agissait que de la continuité de sa mesure de 1993, suspendue la veille de sa prise d'effet. Le retrait a donc été relancé dix ans après la notification initiale et les circonstances n'étant plus les mêmes, le retrait ne constituait pas un nouvel acte politique[3]. En cela, il n'est pas possible de dénoncer le TNP de manière préventive en se basant sur des

[1]Article 54 de la Convention de Vienne.

[2]G. BOUTHERIN, « Le Traité sur la non-prolifération à l'épreuve du droit de retrait », *Politique étrangère*, 2008/4, p. 793 : « Pour dénoncer le Traité ABM, les États-Unis avaient d'ailleurs invoqué, sur la base de l'article 15 de l'accord, un changement fondamental de circonstances renvoyant aussi bien à la fin de la guerre froide et à l'établissement de nouvelles relations avec la Russie ».

[3]*Ibid.*, p. 791-801.

événements susceptibles de compromettre les intérêts nationaux. Le TNP donne toutefois à chaque partie compétence pour qualifier elle-même ces événements alors même qu'il « n'y a pas de véritable limitation là où un accord, tout en subordonnant le pouvoir de dénonciation ou de retrait au fait que certaines circonstances se vérifient, laisse l'appréciation entièrement à l'État intéressé[1] ». De fait, un État peut faire le choix de sortir du TNP pour se délier de toute contrainte juridique avant de se lancer dans un programme nucléaire militaire, comme l'a montré la Corée du Nord en instrumentalisant le TNP pour détourner les technologies de leur finalité civile afin de poursuivre un programme clandestin et se retirer du Traité au moment jugé opportun[2].

État proliférant dont la stratégie repose sur l'amplification de la menace afin de négocier des arrangements pour la perpétuation de son régime, la Corée du Nord contribue, par ce précédent juridique[3], à délégitimer le TNP en actant la procédure de retrait laquelle constitue un exemple de prolifération. Qui plus est, le fait que le CSNU ait, depuis l'adoption de la résolution 1540 en 2004, pleinement conscience d'être l'organe en mesure de se prononcer sur toute autorisation de retrait du TNP[4], la résolution 1695 de 2006 engageant

---

[1]F. CAPOTORTI, « L'extinction et la suspension des traités », *Recueil des cours de l'Académie de droit International de La Haye*, 1971, vol. 134, n° 3, p. 480.

[2]G. BOUTHERIN, « Le Traité sur la non-prolifération à l'épreuve du droit de retrait », *op.cit.,* p. 797.

[3]C. GRAND, « Le traité sur la Non-Prolifération des armes nucléaires à l'âge des crises de prolifération », Table ronde IHEDN-FRS – La non-prolifération nucléaire face aux défis contemporains, 10 novembre 2009.

[4]NPT/CONF.2010/PC.I/WP.34, Document de travail présenté par l'Australie, 7 mai 2007, p. 2. Cf. Grégory Boutherin, *La Lutte contre la prolifération des armes de destruction massive*, Paris, La Documentation française, 2007, et PH. WECKEL, « Le Conseil de

la Corée du Nord à « redevenir partie prochainement[1] » au TNP constitue en définitive une reconnaissance *a posteriori* de ce retrait. Un parallèle se constate avec la crise iranienne, Téhéran entre 2003 et 2015 puis depuis le retrait américain au mois de mai 2018 du Plan global d'action conjoint, s'inspire également de son cas national pour indiquer qu'il est profondément injuste que des États ne respectant pas l'article VI du TNP puissent imposer des contraintes aux autres États[2]. Acteur ambigu de l'ordre nucléaire mondial dont il conteste les normes tout en continuant d'appeler à un désarmement complet[3], l'Iran subit une pression internationale constante du fait que certains acteurs majeurs des relations internationales, en particulier les États-Unis[4], s'appuient sur l'ordre nucléaire et le droit international pour pousser à l'arrêt de son programme nucléaire en menaçant de recourir à des sanctions au nom de la sécurité collective[5].

---

sécurité des Nations unies et l'arme nucléaire », *Annuaire français de droit international*, 2006, p. 178-19 7.

[1]Résolution 1695 (15 juillet 2006) adoptée par le Conseil de Sécurité des Nations Unies, S/RES/1695 (2006).

[2]E. MAITRE, « Cartographie du désarmement. Motivations et objectifs des principaux acteurs du désarmement nucléaire », n° 2/2019, *FRS*, mars 2019, p. 31.

[3]*Ibid.*, p. 15.

[4]Les États-Unis soulignaient que « le retrait d'une partie ne s'acquittant pas de ses engagements au titre du Traité pose un sérieux problème, dans la mesure où d'autres parties peuvent avoir fondé leurs calculs et leurs décisions en matière de sécurité et de coopération nucléaire sur le respect desdits engagements par la partie se retirant » : Preparatory Committee for the 2010 Review Conference of the Parties to the Treaty on the Non-Proliferation of Nuclear Weapons, NPT/CONF.2010/PC.I/WP.22, Document de travail soumis par les États-Unis, 3 mai 2007, p. 4.

[5]Depuis l'adoption de la Résolution 1737 (S/RES/1737(2006)) du 23 décembre 2006, le Conseil de sécurité est rentré dans une logique de sanctions, dont la dureté a été accrue avec l'adoption de mesures de renforcement (v. Résolution 1747 du 24 mars 2007 (S/RES/1747

2. Le maintien de l'ordre par les sanctions du CSNU

La question de la prolifération a été posée par l'émergence de nouvelles menaces dues à des candidats non autorisés à la possession de l'arme nucléaire, l'Irak, la Corée du Nord, l'Iran par exemple. Notamment, la recherche de l'arme nucléaire par la Corée du Nord amena le CSNU à légiférer sur le terrorisme nucléaire afin d'éviter que des États soutiennent des groupes terroristes souhaitant se nucléariser, au travers de la résolution 1540 adoptée le 28 avril 2004 et relative à la lutte contre la prolifération des armes de destruction massive[1]. Cette résolution révèle que le CSNU s'arroge une autorité de caractère législatif, général et permanent, alors qu'il est conçu pour réagir à des situations concrètes, par définition transitoires. Il ne saurait donc, en dehors d'une menace ou d'une atteinte née et actuelle à la paix et à la sécurité internationale, prendre des mesures autoritaires qui introduiraient une transformation du droit international positif[2].

(2007), Résolution 1803 du 3 mars 2008 (S/RES/1803 (2008), Résolution 1929 du 9 juin 2010 (S/RES/1929 (2010). Les sanctions consistent dans des mesures ciblées visant les principaux acteurs du programme nucléaire iranien (gels des avoirs des personnes physiques et morales impliquées, interdiction de voyager) et dans un embargo visant initialement les produits et technologie à double usage (nucléaire/autre) puis les armements classiques.

[1]Résolution 1540 (28 avril 2004) adoptée par le Conseil de Sécurité des Nations Unies, S/RES/1540 (2004).

[2]L'intégrité des instruments conventionnels comporte en effet une double signification. D'un côté, les obligations conventionnelles ne sont pas affectées dans leur portée ou dans leur contenu, et la résolution ne leur apporte aucune modification, pas davantage qu'elle n'en suspend ou n'en élargit aucune disposition à l'égard des États parties. Certains auraient par exemple pu souhaiter que le retrait de ces conventions, et spécialement du TNP, soit interdit. D'un autre côté, il

Pourtant, dans sa résolution adoptée le 24 septembre 2009, le CSNU « souligne que toute situation de non-respect des obligations en matière de non-prolifération sera portée à l'attention du Conseil, qui appréciera si cette situation constitue une menace pour la paix et la sécurité internationales ». Il est intéressant de noter que le Conseil se fait ici le garant de l'ordre existant, en tant que facteur-condition de la garantie de la paix et de la sécurité internationales. À ce titre, après avoir sévi plusieurs fois[1], le CSNU approuva, par la résolution 2231 de juillet 2015[2], le plan d'action global conjoint sur le programme nucléaire de l'Iran, néanmoins dénoncé en 2018.

Constatant que la préservation de la logique nucléaire est contrebalancée par des clauses de retrait dans des traités tels que le TNP[3], la formulation retenue dans ce

---

n'est pas question d'étendre l'effet de ces traités en dehors du cercle des États parties pour calmer les inquiétudes de l'Inde et du Pakistan. Ces États redoutaient, ou feignaient de redouter, qu'on ne tente de leur imposer le respect de traités auxquels ils se refusent à participer. Leur crainte pouvait être nourrie par une résolution précédente, la résolution 1172 du 6 juin 1998, adoptée par le Conseil à la suite des essais nucléaires de l'Inde et du Pakistan, officialisant la détention par ces États d'armes nucléaires en constituant une atteinte directe au TNP, qui demandait entre autres aux deux États d'y adhérer (§ 13). Le texte de la résolution 1540 écarte quant à lui de semblables demandes. Il évoque de façon plus vague la promotion de l'universalité des conventions pertinentes (§ 8 a).

[1]Résolution 1737 de décembre 2006 ; résolution 1747 de mars 2007, résolution 1803 de mars 2008 ; résolution 1929 de juin 2010 ; résolution 1984 de juin 2011 ; résolution 2049 de juin 2012.

[2]Résolution 2231 (20 juillet 2015) adoptée par le Conseil de Sécurité des Nations Unies, S/RES/2231 (2015).

[3]Article 10.1 du TNP : « Chaque Partie, dans l'exercice de sa souveraineté nationale, aura le droit de se retirer du Traité si elle décide que des événements extraordinaires, en rapport avec l'objet du présent Traité, ont compromis les intérêts suprêmes de son pays. Elle devra notifier ce retrait à toutes les autres Parties au Traité ainsi qu'au Conseil de sécurité de l'Organisation des Nations Unies avec un préavis de trois mois. Ladite notification devra contenir un exposé des

dernier apparaît très significative, affirmant que lorsqu'un État voit sa situation sécuritaire compromise pour des causes « relié[es] à l'objet du traité », il pourra en sortir, c'est-à-dire se doter d'un armement nucléaire s'il le souhaite[1]. Cette clause consacre le droit d'appliquer la logique de dissuasion face à un État qui, de son côté, ne respecterait pas ses obligations en matière de prolifération ou face à un État légalement doté qui deviendrait menaçant. Ces États proliférants se ménagent donc la possibilité de changer de paradigme au nom de leurs intérêts. Fatalement, si le respect des engagements au titre du Traité ne peut être assuré ou que les motivations paraissent abusives, le CSNU devra décider d'éventuelles mesures coercitives suscitant l'opprobre international[2].

événements extraordinaires que l'État en question considère comme ayant compromis ses intérêts suprême ». Toutefois, la portée réelle de cette disposition est contrainte par la possible intervention du Conseil de sécurité, qui a pu empêcher des parties au traité de se dégager des obligations qu'il contient, tel qu'à propos de la Corée du Nord. avec la Résolution 1718 du 13 décembre 2006 (S/RES/1718(2006)) qui dans son point 6 contraint cet État t à respecter ses obligations découlant du TNP malgré le retrait annoncé : « [Le Conseil] décide que la République populaire démocratique de Corée doit abandonner totalement toutes armes nucléaires et tous programmes nucléaires existants de façon vérifiable et irréversible, respecter strictement les obligations mises à la charge des Parties au Traité sur la non-prolifération des armes nucléaires ».

[1]Article X du TNP : « [chaque] Partie, dans l'exercice de sa souveraineté nationale, aura le droit de se retirer du Traité si elle décide que des événements extraordinaires, en rapport avec l'objet du présent Traité, ont compromis les intérêts suprêmes de son pays. Elle devra notifier ce retrait à toutes les autres Parties au Traité ainsi qu'au Conseil de sécurité de l'Organisation des Nations unies avec un préavis de trois mois. Ladite notification devra contenir un exposé des événements extraordinaires que l'État en question considère comme ayant compromis ses intérêts suprêmes ».

[2]J. GOLDBLAT, « Succès et échecs de la maîtrise des armements », *Politique étrangère*, vol. 71, n° 4, 2006, p. 832 : « [il est] peu probable que les Nations unies usent de la force contre un État respectueux du

Bien qu'il soit concevable d'établir des sanctions contre des ambitions nucléaires sous l'égide du TNP parce que ce régime assure une norme juridique contre la prolifération[1], les crises nucléaires nord-coréenne et iranienne montrent les limites du respect du TNP et éclairent les conditions de sortie du traité. Ce défaut d'autorité du droit international relatif au principe de la suprématie politique de l'État t souverain[2] illustre un ordre nucléaire mondial que le TNP contribue à maintenir, figeant la situation stratégique de 1967 et lui conférant une forme d'inertie au regard de l'évolution idéologique et géopolitique du monde[3]. Or, si l'arme nucléaire définit un ordre juridique contraignant, la sanction matérielle est, selon Hans Kelsen, l'essence même du droit permettant de qualifier de juridique des systèmes de contrainte avec une institutionnalisation peu explicitement formalisée[4], engendrant une rébellion pour instaurer un nouvel ordre international.

Traité, qui déciderait de se désengager non pour acquérir des armes interdites, mais pour montrer son mécontentement face à une non-application du Traité, ou pour d'autres raisons politiques ».

[1]O. THRANERT, « Regretterions-nous vraiment le Traité sur la non-prolifération des armes nucléaires ? », Études internationales, vol. 40, n°3, 2009, p. 359–372.

[2]H. PAC, *Le système stratégique international*, PUF, 1997.

[3]B. HAUTECOUVERTURE, « Quarante-quatre États sont réputés avoir des compétences nucléaires et seraient capables d'accéder au statut nucléaire en quelques années », *préc.*

[4]H. KELSEN, *Théorie pure du droit*, Paris, Dalloz, 1934, rééd. 1962, p. 46

II. La rébellion comme émergence d'un nouvel ordre légal au-delà du TNP

Le processus d'examen du TNP s'est progressivement crispé avec les conférences quinquennales du fait de tensions sur le lien politico-juridique entre non-prolifération et désarmement. Le Traité ayant pour objectif la non-prolifération des armes nucléaires, la logique de dissuasion nucléaire reste un pilier central de l'équilibre stratégique mondial. Or avec la conclusion en 2016 de l'Affaire de l'Obligation au désarmement nucléaire, cette condition n'est plus assurée publiquement **(A)**, ce qui a provoqué une vague de contestations et amené la création d'un nouvel outil juridiquement contraignant afin d'abolir l'ordre nucléaire **(B)**.

A. L'affaire de l'obligation au désarmement nucléaire

Une majorité des États non dotés de l'arme nucléaire estima que les efforts de désarmement réalisés par les États dotés n'allaient pas dans le sens d'une élimination à terme de l'arme nucléaire. Cette perception, liée au ralentissement du rythme du désarmement nucléaire, amena la Cour Internationale de Justice (CIJ) à être saisie, vingt ans après l'affaire de la licéité de la menace et de l'emploi de l'arme nucléaire, sur un contentieux relatif à l'obligation au désarmement nucléaire[1] **(1)** dont l'avis confirma l'absence d'effectivité du TNP **(2)**.

---

[1]B. GRÉMARE, « L'affaire de l'obligation au désarmement nucléaire. À propos de l'arrêt de la Cour Internationale de Justice de 2016 », *Civitas Europa*, 2020/1, n° 44, pp. 151-168. Voir aussi CIJ, « exceptions préliminaires », *Obligations relatives à des négociations concernant la cessation de la course aux armes nucléaires et le désarmement nucléaire (Iles Marshall c. Royaume-Uni)*, arrêt, *Recueil* 2016, p. 833.

1. Le contentieux de l'application de l'article VI du TNP

En avril 2014, la République des Îles Marshall déposa auprès de la CIJ une requête introductive d'instance contre toutes les puissances nucléaires de la planète dans laquelle elle soutint que ceux-ci avaient manqué à leurs obligations en droit international conventionnel et coutumier, au titre du TNP prorogé en 1995 et relatif à des négociations concernant la cessation de la course aux armements et au désarmement nucléaire. Affirmant que les État possédant un arsenal nucléaire ne respectaient pas cette obligation au regard de l'article VI du TNP, la réparation demandée par le requérant restait symbolique, à savoir une décision obligeant les défendeurs à prendre « toutes les mesures nécessaires pour se conformer à [leurs] obligations[1] ».

Afin de statuer sur cette absence de négociations relatives au désarmement nucléaire, les Îles Marshall entendaient fonder la compétence de la CIJ sur les déclarations faites par les Parties en vertu du paragraphe 2 de l'article 36 de son statut[2]. Toutefois, les puissances nucléaires ne reconnaissent pas toutes l'exercice de sa compétence en matière contentieuse, seuls le Royaume-Uni, l'Inde et le Pakistan furent concernés par l'action des Îles Marshall, laquelle entendit obliger ces États à

---

[1]Communiqué de presse de la CIJ, supra note 3, p. 3 ; Îles Marshall, 79 F. Supp. à 1070.

[2]Article 36, § 2 du statut de la Cour Internationale de Justice : « Les États parties au présent Statut pourront, à n'importe quel moment, déclarer reconnaître comme obligatoire de plein droit et sans convention spéciale, à l'égard de tout autre État acceptant la même obligation, la juridiction de la Cour sur tous les différends d'ordre juridique ayant pour objet : a) l'interprétation d'un traité ; b) tout point de droit international ; c) la réalité de tout fait qui, s'il était établi, constituerait la violation d'un engagement international ; d) la nature ou l'étendue de la réparation due pour la rupture d'un engagement international ».

poursuivre de bonne foi des négociations sur le désarmement nucléaire, s'appuyant sur la résolution 68/32[1] dans laquelle l'AGNU appelait au respect du cadre juridique et aux engagements pris en matière de désarmement nucléaire. Alors même qu'ils ne sont pas engagés par le TNP, l'Inde et le Pakistan[2] firent valoir qu'un jugement sur le fond ne servirait à rien et que la demande des Îles Marshall était essentiellement hypothétique[3], ayant interprété au travers de l'affaire de la licéité de la menace et de l'emploi de l'arme nucléaire de 1996 le TNP comme contenant une obligation *erga omnes*[4].

De son côté lié au TNP, le Royaume-Uni souleva certaines exceptions préliminaires au fait que si l'existence d'un différend suppose entre les parties des droits égaux, pouvant conduire à des difficultés particulières lors de l'introduction de demandes concernant des obligations *erga omnes* ou des différends multilatéraux, il n'existait pas de preuves suffisantes de l'existence d'un différend.

---

[1]Suite donnée à la réunion de haut niveau de l'Assemblée générale de 2013 sur le désarmement nucléaire, GA Res 68/32, A / Res / 68/32 (2013) à [2].

[2]CIJ, « Compétence de la Cour et recevabilité de la requête », *Obligations relatives à des négociations concernant la cessation de la course aux armes nucléaires et le désarmement nucléaire (Îles Marshall c. Pakistan)*, Rôle général n° 15955 octobre 2016.

[3]CIJ, « Contre-mémoire de la République de l'Inde », *Obligations concernant les négociations concernant à la cessation de la course aux armements nucléaires et au désarmement nucléaire (Îles Marshall c Inde)*, n° 158, 16 septembre 2015, 38–40; CIJ, «Contre-mémoire du Pakistan (compétence et recevabilité) », *Obligations concernant les négociations relative à la cessation de la course aux armements nucléaires et au désarmement nucléaire (Îles Marshall c. Pakistan)*, n° 159, 1er décembre 2015, 48–9, 65–6.

[4]K. M. DAVIS, « Hurting More than Helping: How the Marshall Islands' Seeming Bravery Against Major Powers Only Stands to Maim the Legitimacy of the World Court », *Minnesota Journal of International Law*, n° 25, 2016, p. 79.

Pour être valide, la procédure des Îles Marshall devait à la fois se fonder sur un différend consciemment exprimé et sur sa compréhension admise au moment du dépôt de la demande auprès de la CIJ.

2. L'avis de la CIJ sur le désarmement nucléaire

À travers l'arrêt du 5 octobre 2016 impliquant le Royaume-Uni, l'Inde et le Pakistan[1], la Cour, bien qu'unanime à reconnaître l'importance de poursuivre des négociations en vue d'un désarmement nucléaire, a finalement jugé qu'elle n'était pas compétente pour instruire l'affaire, illustrant une absence d'obligation coutumière concernant le désarmement nucléaire[2]. Au motif de l'article 36-2 du statut de la Cour selon lequel celle-ci n'avait aucun fondement pour conclure à l'existence d'un différend, la Cour a refusé d'exercer sa compétence pour juger le fond de l'affaire, ne considérant pas la divergence de points de vue comme une condition pour la détermination de l'existence d'un différend[3], et

[1]Cinq affaires n'ont pas été inscrites sur la liste générale de la Cour parce que la Chine, la France, Israël, la Corée du Nord et la Russie n'ont pas consenti à la Compétence de la Cour aux fins de l'affaire Seules les puissances nucléaires du Royaume-Uni (1952), de l'Inde (1974) et du Pakistan (1998) ont comparu devant la Cour, étant les seuls États possesseurs d'armes nucléaires à accepter la compétence de la CIJ. Toutefois, les Îles Marshall ont intenté une poursuite supplémentaire contre les États-Unis au Tribunal du district nord de la Californie (v. Katherine Maddox Davis, « Promise Despite Overreach in Marshall Islands v. United States », *Emory International Law Review*, vol. 30, avril 2016).

[2]B. GRÉMARE, « L'Affaire de l'Obligation au désarmement nucléaire. À propos de l'arrêt de la Cour Internationale de Justice de 2016 », *Civitas Europa*, n° 44, 2020/1, pp. 151-168.

[3]CIJ, *Obligations relatives à des négociations concernant la cessation de la course aux armes nucléaires et le désarmement nucléaire (Iles Marshall c. Royaume-Uni)*, arrêt, Recueil 2016, § 50-52.

retenant l'objection du Royaume-Uni selon laquelle il n'existait pas de preuves suffisantes de l'existence d'un différend[1].

De plus, l'article 38.1 du statut de la Cour précise qu'en principe, la date à laquelle doit être appréciée l'existence d'un différend est celle du dépôt de la requête. Or, si le comportement des parties, postérieur à la requête, peut être pertinent à divers égards, les déclarations lors de l'instruction n'équivalent pas à confirmer un différend, celui-ci doit être antérieur au dépôt et ne saurait naître durant la procédure. Cette interprétation par la Cour est singulière car son statut ne mentionne pas de date limite à laquelle l'existence du différend doit être déterminée et n'exclut pas que les contours du différend puissent être précisés au cours de la procédure intentée. Toutefois l'introduction de cette nouvelle exigence vise à éviter de « créer un différend *de novo*, c'est-à-dire un différend qui n'existe pas déjà[2] ». En d'autres termes, le fait que la date butoir corresponde à la date de soumission du dossier empêche la Cour de prendre en compte les conduites des parties durant la procédure[3]. Cette décision de 2016 fit

---

[1]À la suite, par 9 voix contre 7, la Cour a confirmé les objections de l'Inde et du Pakistan au fait qu'il n'y avait pas suffisamment de preuves de l'existence d'un contentieux et que, par conséquent, la CIJ n'avait pas compétence pour entendre l'affaire sur le fond de l'obligation au désarmement nucléaire instruite par les Îles Marshall.

[2]CIJ, « Requête introductive d'instance », *Obligations relatives à des négociations concernant la cessation de la course aux armes nucléaires et le désarmement nucléaire (Iles Marshall c. Royaume-Uni)*, § 54.

[3]Toutefois et bien moins clivant, la Cour aurait pu refuser d'exercer sa compétence non sur l'absence de différend mais sur l'absence des autres puissances nucléaires concernée par la procédure, en se basant sur sa jurisprudence relative à *l'Or monétaire* (v. P. M. EISEMANN, « Les effets de la non-comparution devant la Cour internationale de Justice », *Annuaire Français de Droit International*, 1973, vol. 19, pp. 351-375).

l'objet de critiques et d'opinions dissidentes s'outrageant de l'inefficience de la CIJ et de l'irrespect de l'article VI du TNP, suscitant un mouvement de rébellion par une tentative d'abolition de l'ordre nucléaire en 2017.

B. La tentative d'abolition de l'ordre nucléaire par la proclamation du TIAN

Adhérents au TNP, de nombreux États font également partie de zones exemptes d'armes nucléaires (ZEAN), librement négociées dans le cadre d'un traité entre États d'une même région qui interdit la fabrication, l'acquisition, le déploiement et le transfert d'armes nucléaires. Juridiquement plus contraignantes à l'encontre des armes nucléaires, les ZEAN[1] englobant une large faction des États de l'hémisphère Sud et certains pays neutres ou non alignés, qui ne font partie d'aucune ZEAN, revendiquent également de se tenir à l'écart de la scène stratégique nucléaire. De fait, en s'inspirant du droit international humanitaire, une ébauche d'interdiction explicite des armes nucléaires s'est concrétisée au travers du Traité d'Interdiction de l'Arme Nucléaire (TIAN) dont la proclamation concurrence le TNP **(1)**, avec la tentation de se prévaloir comme une norme impérative **(2)**.

---

[1]F. BAUDE, *La zone exempte d'armes nucléaires en droit international public : essai de théorisation*, thèse de droit public sous la direction d'Olivier PIROTTE, Université de Lille 2, 2000.

1. L'inefficience du TNP et sa confrontation avec le TIAN

L'exacerbation des lignes de fracture traditionnelles entre les États parties au TNP quant aux principales dispositions du Traité entretint le sentiment général d'un essoufflement au cours des conférences d'examen[1], constatant l'arrêt du processus d'universalisation du TNP. Ironiquement, les crises de prolifération nucléaire et balistique impliquèrent deux États à l'origine parties au TNP, la Corée du Nord et l'Iran, lesquels ont provoqué le blocage des grandes instances multilatérales de négociation des instruments de désarmement et de non-prolifération en illustrant les difficultés rencontrées pour moderniser et renforcer le TNP. Son processus d'examen, au fil des années, a confirmé l'insatisfaction croissante d'un grand nombre d'États non dotés par rapport au maintien de deux catégories d'États, avec des droits et des obligations différentes, aux possibles conséquences humanitaires[2].

---

[1]T. De CHAMPCHESNEL, « Les États du Moyen-Orient et le Traité sur l'interdiction des armes nucléaires », *Moyen-Orient*, n° 45, janvier-mars 2020, p. 39 : « Dans l'ensemble, les États du Moyen-Orient n'ont pas semblé très actifs durant les négociations, mais l'Egypte et l'Iran, à l'inverse, se sont exprimés à maintes reprises. Ils n'auront eu finalement de cesse de promouvoir, à l'opposé du concept d'un traité d'interdiction simple, l'élaboration d'une convention d'élimination des armes nucléaires, au périmètre extensif, ce qui aurait nécessité de plus longues négociations avec une forte probabilité d'échec ».

[2]La Conférence d'examen du TNP de 2010 « se dit vivement préoccupée par les conséquences catastrophiques sur le plan humanitaire qu'aurait l'emploi d'armes nucléaires et réaffirme la nécessité pour tous les États de respecter en tout temps le droit international applicable, y compris le droit international humanitaire » (I, A, v).

Fréquemment, le TNP est l'objet de vives critiques car l'inégalité structurelle *de jure* qu'il sous-tend consacre *de facto* la frontière rigide entre les puissances nucléaires et les États non dotés. Pour briser ce *statu quo*, 440 organisations de la société civile, originaires de 98 pays[1] et en synergie avec un ensemble d'États, ont réfléchi à une stratégie visant à lutter contre la prolifération nucléaire par l'interdiction formelle de l'existence des armes nucléaires. Cette stratégie a consisté principalement à militer pour stigmatiser les armes nucléaires sur la base des risques humanitaires que leur utilisation volontaire ou accidentelle fait peser sur l'humanité[2] afin que, dans l'optique d'une sanction « passive » des États nucléarisés due à leur seule possession d'arsenaux nucléaires, ceux-ci adhèrent au futur traité pour en venir à l'établissement d'une norme contraignante dès 2017.

L'ordre et le rythme d'avancement des initiatives en faveur de la non-prolifération ont toujours été tributaires des décisions du CSNU. À cet effet, le TNP, instrument juridique de référence en la matière, ne peut être amendé ou révisé sans le consentement de ce dernier, et la Conférence d'Examen que le Traité prévoit tous les cinq ans a pour but d'évaluer les efforts d'implémentation, ainsi de proposer des initiatives censées y contribuer. Partie du cadre de négociations multilatérales, son échec en 2015 a déterminé l'Assemblée Générale des Nations

---

[1]J. Y. NDZANA NDZANA, « Négociations internationales d'un traité d'interdiction des armes nucléaires. Jusqu'où peut souffler le vent du Sud ? », p. 2, accessible en ligne.

[2]S'inspirant de sa résolution A/RES/68/46 du 3 décembre 2012, l'AGNU a adopté la résolution A/RES/71/258 du 23 décembre 2016 portant ouverture des négociations multilatérales sur l'interdiction des armes nucléaires.

Unies à l'initiative juridique en la matière[1] au travers du Traité d'Interdiction des Armes Nucléaires (TIAN). En tant qu'instance de négociations multilatérales unique pour l'ensemble des questions internationales couvertes par la Charte, l'Assemblée Générale remplit là une fonction essentielle dans l'établissement de normes et la codification du droit international[2]. Conclu le 7 juillet 2017, le TIAN est composé d'un préambule de vingt-quatre paragraphes et de vingt articles dont sept posent les principes du traité, les treize restants concernant son fonctionnement. Le TIAN comporte aussi des dispositions inédites avec une interdiction d'emploi et de menace d'emploi de l'arme nucléaire (art. 1d) ainsi qu'une interdiction d'autoriser l'implantation, l'installation ou le déploiement d'armes nucléaires ou d'autres dispositifs explosifs nucléaires sur son territoire ou en tout lieu placé sous sa juridiction ou son contrôle (art. 1 g), reflétant la volonté d'opérer une révolution dans l'ordre nucléaire fondé par le TNP[3]. Or l'observation de règles s'imposant *ex nihilo* produit des usages et des principes qui,

---

[1]Le chapitre IV, article 11 de la Charte des Nations Unies dispose que « l'Assemblée Générale peut étudier les principes généraux de coopération pour le maintien de la paix et de la sécurité internationales, y compris les principes régissant le désarmement et la réglementation des armements ».

[2]D'ailleurs, la requête contentieuse introduite devant la CIJ par les îles Marshall le 24 avril 2014 s'inscrit pleinement dans la campagne humanitaire contre les armes nucléaires (v. *Requête contentieuse déposée simultanément contre les cinq États dotés, ainsi que la Corée du Nord, l'Inde, Israël et le Pakistan*, les Îles Marshall accusant ces pays de ne pas s'acquitter de leurs obligations relatives à la cessation de la course aux armes nucléaires à une date rapprochée et au désarmement nucléaire).

[3]T. de CHAMPCHESNEL, « Vers l'interdiction des armes nucléaires ? Autour de l'attribution du Prix Nobel de la Paix à l'ONG antinucléaire ICAN », *Note de recherche*, n° 49, IRSEM, décembre 2017, p. 3.

quoiqu'informels, posent des enjeux moraux dans le but de créer en droit positif une norme impérative.

2. La « tentation » de la norme impérative

Le raisonnement qui sous-tend l'initiative du TIAN est l'idée qu'un traité crée une norme qui affecte le comportement des États même lorsqu'ils ne rejoignent pas ledit traité. En principe, les obligations d'un traité ne peuvent être opposées à ceux qui n'y ont pas souscrit[1], et sans même évoquer la formation d'une norme coutumière en droit international, le TIAN dessine la perspective de création d'une norme et celle d'une influence de la norme sur le comportement des États. Bien que nuisant à la dissuasion nucléaire au regard des alliés[2], le TIAN entend pourtant combler un « vide juridique » international qui aurait jusque-là servi de paravent[3] à l'apathie des États nucléarisés en matière de non-prolifération. Toutefois dans cette optique, la proclamation du TIAN revient à déclarer logiquement la forclusion du TNP lequel rassemble pourtant cinq puissances nucléaires, les délivrant de leurs obligations contractées, sans garantie d'adhésion au TIAN du fait « qu'ils se [soient] tous ouvertement opposées aux négociations sur un traité d'interdiction des armes

---

[1]Article 26 de la Convention de Vienne sur le droit des traités, 1969, partie III, section 4, corollaire du principe *Pacta sunt servanda* qui veut que les traités doivent être respectés par leurs parties en réciprocité.

[2]Conformément aux obligations qui incombent en vertu du droit international public relatif à la dissuasion nucléaire et à l'adhésion à une alliance nucléaire telle que l'OTAN, le TIAN fait évoluer les obligations juridiques existantes en interdisant pour la première fois la coopération militaire avec d'autres États à des fins de dissuasion nucléaire.

[3]J. Y. NDZANA NDZANA, « Négociations internationales d'un traité d'interdiction des armes nucléaires. Jusqu'où peut souffler le vent du Sud ? », *op cit*, p. 11.

nucléaires »[1]. N'étant pas État t-partie au TIAN, ceux-ci ne sont pas moralement contraints d'en appliquer les dispositions lesquelles sont considérées par une partie de la communauté internationale comme une norme du *jus cogens*.

Norme à laquelle aucune dérogation n'est permise et limitant la liberté contractuelle des États[2], la formation d'une norme impérative[3] supposerait une adhésion universelle, ou tout au moins quasi-universelle comme pour le TNP, de l'ensemble de la communauté internationale, y compris celle des États concernés par cette interdiction. La primauté absolue de certaines normes se trouve en effet affirmée : dans cette catégorie de normes supérieures, le *jus cogens* rejoint la Charte des Nations Unies, dont l'article 103 précise la supériorité sur tous les accords internationaux. La norme impérative s'inscrit dans la perspective d'un *jus cogens* évolutif tel que le traduit la Convention de Vienne[4] dans laquelle l'article 64 indique

---

[1]*Ibid.*

[2]B. STERN, « Quelques observations sur les règles internationales relatives à l'application extraterritoriale du droit », *Annuaire Français de Droit International*, 1986, n° 32, pp. 7-52. Voir aussi Réserves à la convention pour la prévention et la répression du crime de génocide, Avis consultatif du 28 mai 1951, CIJ, recueil 1951, p. 21 ; Autonomie des qualifications entre le droit interne et le droit international (Elettronica Sicula S.P.A. (ELSI) (États-Unis d'Amérique c. Italie), Arrêt du 20 juillet 1989, CIJ, recueil 1989, p. 51, §§73-74) ; Création d'un tribunal par une loi (Le Procureur c. TADIC (Jugement), Chambre d'appel du T.P.I.Y., Arrêt du 2 octobre 1995, Aff. n° IT-94-1-AR72).

[3] M. VIRALLY, « Réflexions sur le "jus cogens" », *Annuaire Français de Droit International*, 1966, n° 12, pp. 5-29.

[4]V. article 53 de la Convention de Vienne pour lequel : « Est nul tout traité qui, au moment de sa conclusion, est en conflit avec une norme impérative du droit international général. Aux fins de la présente convention, une norme impérative de droit international général est une norme acceptée et reconnue par la communauté internationale des États dans son ensemble, en tant que norme à laquelle aucune

que de nouvelles normes impératives peuvent naître dans l'avenir. Sans procédure spécifique d'élaboration et d'énumération des normes de caractère impératif, la Convention a consacré une notion sans préciser son contenu, ni même un cadre d'extension de son champ d'application, laissant en pratique aux États et aux tribunaux internationaux le soin de dégager progressivement les caractéristiques du *jus cogens*[1].

Enfin selon l'article 71 de la Convention de Vienne, les traités conclus en violation du *jus cogens* sont entachés d'une nullité *ab initio*, s'affichant dans un régime de nullité relative : l'action en nullité est réservée aux seules parties au traité[2]. De la même manière, le TIAN doit être juridiquement considéré comme étant de nature déclaratoire et stigmatisant dont l'évaluation de l'impact aura un effet juridique, direct ou indirect. Ayant pour objectif de donner un nouvel élan au désarmement nucléaire mais du fait qu'aucune puissance nucléaire ne l'ait contracté, le traité ne devrait pas avoir d'effets directs sur le désarmement et, à lui seul, remettre en cause l'ordre nucléaire international[3].

---

dérogation n'est permise et qui ne peut être modifiée que par une nouvelle norme du droit international général ayant le même caractère » bien que l'article 53 ne prévoit pas le nombre ou la qualité des États qui doivent accepter la norme ; et article 64 : « Si une nouvelle norme impérative de droit international survient, tout traité existant qui est en conflit avec cette norme devient nul et prend fin ».

[1]Les États ont la possibilité de refuser *le jus cogens*. C'est le cas de la France qui n'a pas ratifié la Convention de Vienne de 1969 car elle refuse d'être liée par une notion aussi confuse que celle de *jus cogens*.

[2] V. articles 65 et 66 de la Convention de Vienne qui prévoit la compétence obligatoire de la CIJ laquelle peut être saisie par requête unilatérale en cas de différend, à moins que les parties ne s'accordent pour recourir à l'arbitrage.

[3]À titre d'exemple, le précédent du Traité d'Interdiction Complète des Essais de 1996 n'a pas créé une norme juridique interdisant les essais nucléaires. V. T. De CHAMPCHESNEL, *préc.*, p. 9 : « L'exemple du

***

L'arme nucléaire contient une dimension eschatologique permettant de donner à l'humanité une conscience nouvelle en se sentant solidaire et responsable, d'autant que « la menace de grande prolifération forcera vraisemblablement à constituer un concert des puissances nucléaires[1] ». Mais cet ordre constituant une oligarchie nucléaire suscite une rébellion de la part des États non dotés de l'arme nucléaire et d'abolitionnistes qui s'appuient sur « le respect des formes légales du droit intérieur et international [tout en manipulant] les valeurs morales et humanitaires »[2]. Le but est ainsi de diviser l'opinion publique de l'adversaire et surtout de rallier contre lui une part considérable de l'opinion internationale[3] contre l'arme nucléaire bien qu'il n'existe

TICE donné par B. FINH demanderait à être explicité pour avoir une chance de convaincre car ce traité, pourtant signé par 183 États, n'a pas empêché la conduite d'essais nucléaires par la Corée du Nord. L'absence de la conduite d'essais par d'autres États possesseurs d'armes nucléaires depuis la conclusion du TICE ne s'explique sans doute pas entièrement par l'existence d'une norme. D'autres facteurs sont à prendre en compte, ainsi que la mise en place d'un puissant système de surveillance (en fonctionnement bien que le TICE ne soit pas encore entré en vigueur) ».

[1]Général A. BEAUFRE, *Dissuasion et stratégie*, Armand Colin, 1964, p. 110.

[2]Général A. BEAUFRE, *Introduction à la stratégie*, Armand Colin 1963, rééd. Fayard/Pluriel, 2012.

[3]Avec la création en 2007 à Melbourne du réseau ICAN regroupant les principales ONG antinucléaires, le discours militant a été orienté vers le droit humanitaire en montrant les points communs entre la lutte contre les armes nucléaires et les campagnes ayant permis l'interdiction des armes chimiques, antipersonnel ou à sous-munition. En mettant l'accent sur les conséquences des retombées radioactives d'un affrontement nucléaire, les associations militantes ont raccroché le désarmement nucléaire à la question de la protection des

pas d'alternative à la mise en place d'un système de régulation suffisamment intimidant pour garantir l'effectivité du droit en matière de sécurité collective, au-delà de « l'empyrée des normes pures[1] » du TIAN.

L'ordre nucléaire international est un ordre juridique primitif aux sens d'une part, kelsénien, c'est-à-dire un ordre juridique décentralisé, et d'autre part hobbsien puisqu'il est limité à la préservation de la vie par l'acceptation d'une violence résiduelle, avec le droit d'assurer soi-même sa sécurité[2]. Toutefois, entre un traité discriminant et un traité stigmatisant, l'ordre nucléaire ne peut être assimilé à une pure injustice si l'on tient compte de l'objectif principal qu'il se fixe : sanctuariser un territoire et se prémunir d'une invasion. Il le serait si l'arme nucléaire était utilisée dans le cadre d'une politique terroriste qui se traduirait par une menace nucléaire contre un État t pour obtenir des gains, territoriaux ou financiers. C'est par ses effets potentiels que l'immoralité de l'arme est avérée et ce sont ses effets qui sont qualifiés de violation du droit des conflits armés[3].

Par-delà le TNP et le TIAN, l'ordre nucléaire international sera à terme dépassé par la combinaison de ruptures technologiques et de leur mise en œuvre industrielle, opérée par les principaux bénéficiaires de

---

populations et du droit des conflits armés, en s'éloignant des enjeux pacifistes.

[1]S. SUR, « À quoi sert le droit international ? », *Vie publique – Au cœur du débat public*, 4 juillet 2019.

[2]N. HAUPAIS, « L'ordre nucléaire, la dissuasion et les limites du droit international », *op.cit.*, p.130

[3]J. BAUDRILLARD, *Les Stratégies fatales*, Paris, Grasset et Fasquelle, 1983, pp. 39-40. J. Baudrillard considère que l'arme nucléaire illustre à son paroxysme la figure de l'otage : « […] Dans la stratégie nucléaire, les populations civiles et les grandes métropoles urbaines servent d'otages aux états-majors : leur mort et leur destruction servent d'argument de dissuasion ».

l'ordre nucléaire lui-même. *Bis repetita* ne *placent* pas toujours.

Le droit de manifester, rempart à la rébellion ?

Téphy-Lewis EDZODZOMO NKOUMOU
Docteur en droit public
Université de Lorraine
IRENEE– UR 7303

Irrationnel. Tel est le qualificatif qui traduirait au mieux la tentative d'assimilation d'un acte de rébellion à un droit de manifester, tant le second semble constituer un rempart, c'est-à-dire une limite, à la réalisation du premier. Il suffit, pour s'en convaincre, d'analyser les acceptions revêtues par ces deux expressions en droit positif. Alors que la rébellion est définie par le Code pénal comme « le fait d'opposer une résistance violente à une personne dépositaire de l'autorité publique ou chargée d'une mission de service public agissant dans l'exercice de ses fonctions, pour l'exécution des lois, des ordres de l'autorité publique, des décisions ou des mandats de justice »[1], le droit de manifester s'entend comme « tout rassemblement, statique ou mobile, sur la voie publique d'un groupe organisé de personnes aux fins d'exprimer collectivement et publiquement une opinion ou une volonté commune »[2]. Pour le dire autrement, constitue un acte de rébellion : toute opposition, indiscipline ou révolte à l'autorité étatique, tandis qu'est qualifié de manifestation toute action revendicatrice exercée par les citoyens contre l'État, et ce, dans le strict respect de la législation en vigueur. Il s'agit donc de deux modes d'expression de

[1]V., article 433-6 du Code pénal français.
[2]Cette définition a été donnée par la Cour de cassation en s'inspirant des articles L.211-1 du Code de la sécurité intérieure et 413-9 du Code pénal. Voir, Cass. crim., 9 févr. 2016, n°14-82234.

mécontentement dont l'un est autorisé : la manifestation[1], et l'autre prohibé : la rébellion.

Si le droit de manifester et la rébellion semblent poursuivre un but commun, à savoir la remise en cause d'une politique menée par l'État, ils s'opposent cependant quant aux moyens mobilisés pour l'atteindre. Il y a une remise en cause pacifique ou par voie de droit, en ce qui concerne la manifestation, et une remise en cause violente ou par voie de fait, s'agissant de la rébellion.

Mais, cette opposition à la fois formelle et matérielle est-elle absolue ? Cette question en apparence simpliste est au fond très complexe et digne d'intérêt. Sur un plan purement théorique, cette interrogation est intéressante parce qu'elle permet d'identifier la frontière qui prévaut entre le droit de manifester et la rébellion. À cet effet, si l'on s'en tient aux considérations positivistes précédemment mentionnées, l'opposition entre le droit de manifester et la rébellion ne souffre d'aucune contestation. Aucun État de droit ne peut, en effet, légaliser le recours aux actes de rébellion, tant ils sont consubstantiels à l'anarchie. Un État de droit octroie cependant aux citoyens la possibilité d'exprimer leur mécontentement ou leurs aspirations à travers le droit de manifester[2].

Bien qu'elles soient pertinentes, l'antinomie positiviste entre le droit de manifester et la rébellion tend cependant à s'estomper avec les considérations de droit naturel.

---

[1]La manifestation constitue en effet un moyen légal de participation au débat public. V., B. STIRN, *Les libertés publiques*, 11ème éd., Issy-les-Moulineaux Cedex, LGDJ, 2019, p. 55.

[2]En dehors du droit de manifester, d'autres canaux légaux permettent aux citoyens d'extérioriser leurs mécontentements. Il en est ainsi de la libre expression du suffrage et du droit syndical. V. B. STIRN, *Les libertés en question*, 11ème éd., Paris, LGDJ, 2019, p. 58 ; B. XAVIER, *Droits fondamentaux et libertés publiques*, 5ème éd, Issy-les-Moulineaux Cedex, LGDJ, 2018, p. 747 et s.

Sous l'angle naturaliste, le droit de manifester est en réalité un « droit à la rébellion » et non un droit « de rébellion ». Les exhortations philosophiques à l'exercice d'une rébellion non-violente, à côté de la rébellion violente prévue par le Code pénal, et les occurrences sociologiques parfois actées par le droit légitiment cette idée. En effet, encore appelée « désobéissance civile », une rébellion non-violente est en principe synonyme d'une liberté de manifestation dans la mesure où elle ne menace nullement la stabilité de l'État. Elle constitue simplement une forme d'invitation au dialogue ou à la négociation lancée par les citoyens à l'endroit des pouvoirs publics. Elle ne diffère donc pas foncièrement des libertés d'expression et syndicale.

Sur les plans historique et pratique, la problématique au cœur de cette étude est encore enrichissante en ce qu'elle nous invite à examiner les aspects contemporains de la sempiternelle question du « rebelle-manifestant ». Si jadis cette question se posait en termes de racisme, d'indépendance et de décolonisation lors des révolutions française de 1789, indienne de 1857 et afro-américaine dans les décennies 1950 et 1960, aujourd'hui elle s'élargit à des thématiques nouvelles telles que le désir du bien-être social, celui d'une égalité juridique, politique et économique entre les hommes, etc.

C'est donc parce qu'elle constitue une problématique classique mais toujours d'actualité que la réflexion sur le « rebelle-manifestant » mérite d'être menée. Dans les lignes qui vont suivre, celle-ci s'articulera en deux mouvements. Dans un premier mouvement, il sera question de voir que le droit de manifester peut contribuer à l'endiguement des actes de rébellion ; il est pour ce faire un rempart effectif auxdits actes **(I)**. Dans un second mouvement, il importera de souligner les limites à l'effectivité du droit de manifester comme moyen de neutralisation de la rébellion ; ce sera l'occasion d'insister sur le caractère vulnérable du droit de manifester comme rempart à la rébellion **(II)**.

I. Un rempart effectif

Les pouvoirs publics érigent le droit de manifester en rempart à la rébellion au moyen d'un renforcement de son régime juridique. Contrairement aux autres libertés dont l'exercice est la règle, et la restriction de police l'exception[1], la liberté de manifestation semble avoir pour principe l'interdiction, et pour exception l'autorisation. Deux arguments permettent d'étayer cette déduction. Le premier concerne le caractère conditionnel de ce droit : il ne peut être exercé qu'après l'accord d'une autorité administrative **(A)**. Le second a trait à la garantie judiciaire dont il bénéficie. Il s'agit d'un droit dont l'exercice illégal entraîne des sanctions judiciaires **(B)**.

A. L'effectivité du rempart assurée par l'administration

Dans un État de droit, c'est-à-dire un État dans lequel les pouvoirs publics et les citoyens sont soumis au droit, la liberté de manifestation est incontestablement un moyen légal et légitime d'expression d'une contestation populaire. Cependant, elle peut aussi être interprétée comme une technique d'endiguement de la rébellion, et ce, en raison des conditions liées à son exercice. Certes, l'exercice de toute liberté est conditionné par le respect d'un certain nombre d'exigences, mais la particularité du droit de manifester réside dans le caractère renforcé de celles-ci. Alors que l'exercice des autres libertés n'est

[1]Formule dont la paternité est attribuée au Conclusion du commissaire du gouvernement Corneille sur l'arrêt Baldy du 10 août 1917.

conditionné que par une exigence intervenant en aval, l'absence de trouble à l'ordre public et le respect des droits d'autrui, la liberté de manifestation connaît des restrictions tant en amont qu'en aval de son exercice.

En amont, le droit de manifester est conditionné par l'exigence d'une déclaration préalable. Cette exigence fut instituée par la loi du 23 octobre 1935[1], modifiant celle du 30 juin 1881[2]. Cette déclaration s'exerce en mairie ou en préfecture entre trois jours francs (48 h à Paris) et quinze jours francs avant la date prévue, ce qui laisse aux pouvoirs publics la possibilité d'organiser son encadrement. Elle doit être signée par le président ou un membre de l'association organisatrice ou encore par trois responsables de l'événement, domiciliés dans le même département. Ce faisant, l'État identifierait aisément les citoyens à poursuivre en cas de mutation de la manifestation en acte de rébellion. Elle doit enfin préciser l'objet, le lieu, les date et heure de début et fin, l'itinéraire, les particularités de la manifestation, une estimation du nombre de participants, les coordonnées de l'association organisatrice et des responsables de l'événement[3].

Toutes ces formalités érigent la déclaration préalable en rempart à la rébellion. En effet, cette déclaration permet à l'État d'identifier les manifestations susceptibles de déboucher en acte de rébellion et de les neutraliser par un refus[4]. Autrement dit, la déclaration préalable « tue dans l'œuf » tout essai de rébellion. Ce faisant, elle ne diffère pas foncièrement du régime d'autorisation que l'on

[1]Décret-loi du 23 octobre 1935 portant réglementation des mesures relatives au renforcement du maintien de l'ordre public.
[2]Loi du 30 juin 1881 sur la liberté de réunion.
[3]Article 2 du décret-loi du 23 octobre 1935.
[4]Article 2 bis de la même loi.

rencontre par exemple en Suisse[1]. De prime abord, dans un régime d'autorisation, tel celui de la Suisse, la liberté de manifester a pour principe l'interdiction et pour exception l'autorisation. Or dans un régime de déclaration, comme celui de la France, la liberté de manifester semble avoir pour principe l'autorisation, car le seul fait de ne pas la déclarer ne la rend pas illégale, et pour exception la restriction.

Mais au fond, cette distinction n'est pas satisfaisante dans la mesure où l'absence de déclaration préalable n'est certes pas illégale mais elle demeure une obligation, ce qui rend la frontière entre « l'autorisation » et « la déclaration préalable » très équivoque. Comme le relève *Amnesty International*, la loi française ne conclut nullement à une illégalité d'une manifestation non déclarée, mais une telle manifestation est illégale de fait, « ce qui revient à faire de la déclaration préalable une sorte de mécanisme d'autorisation »[2]. Dès lors, la distinction entre le régime d'autorisation et le régime de la déclaration est surtout d'ordre étymologique que téléologique. En réalité, les deux formes de régime poursuivent un but commun : annihiler les manifestations susceptibles de se transformer en rébellion. C'est pour éviter la concrétisation d'une telle mutation que les pouvoirs publics encadrent par ailleurs l'exercice du droit de manifester en le soumettant à un régime identique à celui des autres droits et libertés fondamentaux : le respect de l'ordre public.

En aval, le principe constitutionnel d'ordre public est donc le second moyen par lequel l'État neutralise les actes de rébellion. Par ordre public, il faut entendre l'ensemble

---

[1]Voir à ce sujet : C. DOUBOVETZKY, « Une liberté qui dérange ? Réflexions sur la liberté de manifestation à partir de l'exemple suisse », *RFDA*, n°2, 2020, pp. 325-332.

[2]*Amnesty International*, cité par A. COIGNAC, « Droit de manifester : toujours une liberté ? », Dalloz, 2020, *[en ligne]*.

des règles obligatoires qui touchent à l'organisation de la Nation, à l'économie, à la morale, à la sécurité, à la paix publique, aux droits et libertés essentiels de chaque individu[1]. Autrefois, cet ordre était éminemment matériel. Aujourd'hui, il est à la fois matériel et immatériel[2]. Ce qui renforce davantage le caractère restrictif de la liberté de manifestation. En effet, s'il était jadis interdit aux manifestants de porter atteinte à la salubrité publique, à la sécurité publique, à la tranquillité publique, en somme, à l'ordre public matériel, actuellement il leur est aussi prohibé de porter atteinte à l'ordre public immatériel. L'interdiction du port du voile durant le mouvement de contestation des « gilets jaunes en est une preuve saillante »[3]. Suite aux violences commises par des individus cagoulés lors de ces manifestations, la loi dite « anticasseurs » a créé le délit de dissimulation volontaire du visage. Désormais, ceux qui masquent leur visage encourent un an de prison et 15.000 euros d'amende. Selon l'État, une telle interdiction est légitime car elle permet d'identifier et de neutraliser les manifestants susceptibles de porter atteinte à l'ordre public, et donc, de poser des actes de rébellion.

---

[1]Voir, *Dictionnaire juridique en ligne*, « Ordre public », https://www.dictionnaire-juridique.com, (consulté le 05/09/2020). En droit administratif français, cet ordre public est caractérisé par : le bon ordre, la sécurité, la salubrité et la tranquillité publiques, ainsi que par la moralité publique (depuis l'arrêt CE, 1959, Les Films Lutetia) et la dignité de la personne humaine (depuis l'arrêt CE, 1995, Commune de Morsang-sur-Orge).

[2]M-O PEYROUX-SISSOKO, *L'ordre public immatériel en droit public français*, Paris, LGDJ, 2018.

[3]Si cacher son visage lors d'une manifestation est désormais puni par la loi (S. ALEXANDRE, « Cacher son visage lors d'une manifestation est désormais puni d'un an de prison », *Le Figaro*, Disponible sur : https://www.leparticulier.lefigaro.fr, consulté le 10/09/2020), on peut conclure qu'il en est de même de l'interdiction du port du voile.

Ainsi, le droit de manifester constitue un rempart à la rébellion non seulement par le truchement de la déclaration préalable à laquelle son exercice est subordonné, mais aussi par le respect du principe d'ordre public auquel il est tenu. Si ces deux moyens permettent aux pouvoirs publics de se prémunir des rébellions, ils justifient aussi les sanctions qu'ils infligent aux rebelles.

B. L'effectivité du rempart vérifiée par les autorités judiciaires

Le durcissement du régime du droit de manifester par les pouvoirs publics n'a pas pour unique objectif de prévenir les risques d'actions subversives, il a aussi pour finalité de légitimer les sanctions susceptibles d'être infligées aux manifestants, notamment lorsqu'ils font actes de rébellion. Pour assurer ce second objectif, les pouvoirs publics judiciarisent la rébellion en la qualifiant d'infraction, en l'occurrence de délit[1]. Cette insertion de la rébellion dans la catégorie juridique[2] du délit est consacrée par l'article 433-6 du Code pénal, précédemment mentionné. Elle a pour conséquence de soumettre les actes de rébellion au régime du délit, par opposition aux régimes de la contravention et du crime. En droit pénal, en effet, la contravention désigne une infraction de moindre importance[3] tandis que le crime constitue l'infraction la plus grave[4], et le délit une infraction moyennement grave. Le délit est alors une infraction intermédiaire entre la

---

[1]Il existe trois types d'infractions en droit pénal : la contravention, infraction de moindre importance, le délit, infraction moyennement grave, et le crime, infraction la plus grave.

[2]Voir la définition proposée par C. VAUTROT-SCHWARZ, *La qualification juridique en droit administratif*, LGDJ, 2010.

[3]Voir à ce sujet TH. GARÉ et C. GINESTET, *Droit pénal. Procédure pénale*, Paris, Dalloz, 2020.

[4]*Ibid.*

contravention et le crime. Il obéit à des règles de procédure et à des sanctions particulières : les amendes et les emprisonnements[1].

Le Code pénal prévoit une gradation des sanctions applicables selon les différents cas de rébellion. On distingue principalement quatre cas de rébellion obéissant chacun à un type particulier de sanction. Le premier cas a trait à la rébellion simple. Elle est punie d'un an d'emprisonnement et de 15.000 euros d'amende. Le deuxième cas est relatif à la rébellion commise en réunion. Celle-ci est punie de deux ans d'emprisonnement et de 30.000 euros d'amende. Le troisième cas porte sur la rébellion armée ; ici, c'est une amende de 75. 000 euros et un emprisonnement de cinq ans qui sont infligés aux responsables. Le dernier cas de rébellion est celui commis avec une arme et en réunion. En guise de sanction, le juge peut prononcer une peine d'emprisonnement de 10 ans et infliger une amende 150.000 euros au rebelle[2].

Toutefois, il y a lieu de relever que ces sanctions interviennent généralement après l'échec d'une négociation entre manifestants et forces de l'ordre. Autrement dit, c'est dans l'hypothèse où certains manifestants ne respectent pas le régime du droit de manifester que les pouvoirs publics usent souvent de la violence légitime, d'abord pour rétablir l'ordre public, ensuite pour sanctionner les fauteurs de troubles.

S'agissant particulièrement de la préservation de l'ordre public, trois hypothèses méritent d'être rappelées. La première hypothèse concerne le maintien de l'ordre lors d'une manifestation pacifique. Ici, après une négociation avec les interlocuteurs identifiés, la

---

[1] *Ibid.*

[2] A. BEM, « Droit pénal de rébellion : définition, conditions et sanctions », disponible sur : https//www.legavox.fr, (consulté le 07/09/2020).

manifestation cesse sans que les forces de l'ordre ne recourent à la force.

La deuxième hypothèse est relative au maintien de l'ordre en situation d'émeute[1], laquelle implique une confrontation entre les émeutiers et les forces de l'ordre. Pareille situation se présenta en 2005 dans certains quartiers populaires (Clichy-sous-Bois, Montfermeil)[2]. Considérées comme des actes de rébellion, l'État mit un terme à ces émeutes en rétablissant l'ordre public grâce à l'intervention des agents de la Compagnie Républicaine de Sécurité (CRS), des gendarmes et des unités de police locale.

La troisième hypothèse enfin renvoie à la situation d'une émeute généralisée, improvisée et non organisée. L'exemple le plus saillant est le mouvement des gilets jaunes qui se tint de novembre 2018 à mars 2020. Au cours de cette période de contestations, tandis que certaines manifestations étaient « déclarées » et se déroulaient pacifiquement, d'autres étaient organisées sur des réseaux sociaux, et donc non déclarées, et se matérialisaient par des violences. Pour mettre un terme à celles-ci et rétablir l'ordre public, les forces de l'ordre utilisèrent alors des armes intermédiaires comme le lanceur de balles de défense (LDB), les canons à eau, les bombes lacrymogènes.

---

[1]L'émeute désigne un soulèvement populaire, généralement spontané et non organisé.

[2]Ces émeutes commencèrent à Clichy-sous-Bois à la suite de la mort de deux adolescents, Zyed BENNA et Bouna TRAORÉ, le 27 octobre 2005, électrocutés dans l'enceinte d'un poste électrique alors qu'ils cherchent à échapper à un contrôle de police et de l'envoi, trois jours plus tard, d'une grenade lacrymogène à l'entrée de la mosquée Bilal par des forces de l'ordre victimes de tirs de projectiles. Le 30 octobre, ce second événement étend les émeutes de Clichy-sous-Bois et Montfermeil à l'ensemble de la Seine-Saint-Denis, puis deux jours plus tard à des communes partout en France.

Ces opérations de restauration de l'ordre s'accompagnent généralement d'interpellation et de mise en garde à vue des fauteurs de troubles qui, au demeurant, peuvent donner lieu aux sanctions que nous avons précédemment mentionnées. Mais pour contester ces mises en garde à vue, les manifestants s'appuient souvent sur leur droit de manifester. Ce fut le cas en octobre 2010 lors d'une manifestation contre les retraites. Au cours de celle-ci, en effet, 700 personnes furent gardées à vue pendant plus de sept heures. Selon le collectif du 21 octobre 2010 et des organisations qui portèrent plainte, cette garde à vue fut illégale en raison de sa contrariété au droit de manifester et de son caractère arbitraire[1].

À l'analyse des deux moyens avancés par ces plaignants, tout porte à croire que le droit de manifester pourrait être interprété comme un droit à la rébellion. Or pour les pouvoirs publics, le droit de manifester est normalement un rempart à la rébellion car tout rebelle manifestant est passible de poursuites judiciaires. En réalité, cette controverse est révélatrice d'un fait difficilement contestable : si le droit de manifester est effectivement un rempart à la rébellion, force est de reconnaître que ce rempart est très vulnérable.

---

[1]A. COIGNAC, « Droit de manifester : toujours une liberté ? », Dalloz, 2020, *[en ligne]*, *op.cit.*

II. Un rempart vulnérable

En octroyant aux citoyens la possibilité d'exprimer leur revendication au moyen d'une manifestation pacifique, l'État limite simplement la prolifération des actes de rébellion ; il ne les éradique pas. La récurrence des actes de rébellion durant les manifestations en est la preuve[1].

Mais qu'est-ce qui justifierait cette vulnérabilité ? Selon certains juristes, philosophes, politistes et en tenant compte des faits sociaux, il semble que l'efficacité relative du droit de manifester comme rempart à la rébellion résulte de la nature équivoque de l'acte de rébellion. De prime abord, la rébellion est prohibée en raison de sa nature anticonformiste mais, au fond, elle semble légitimée par le droit naturel, voire la morale. Dans cette seconde optique, la rébellion est perçue comme une prérogative inhérente à tout individu. Elle peut être exercée avec ou sans l'accord de l'État. C'est la raison pour laquelle son exercice est souvent justifié **(A)** ou encore toléré **(B)**, bien qu'elle soit interdite.

A. Une vulnérabilité justifiée par la nature équivoque de la rébellion

En interdisant la tenue des manifestations illégales, d'une part, et en condamnant pénalement les manifestants ayant porté atteinte à l'ordre public, d'autre part, l'État tente « naïvement » d'éradiquer la rébellion. Les boucliers juridiques qu'il lève se révèlent inefficaces car ils achoppent généralement sur le devoir naturel de se

---

[1]Actuellement par exemple, il y a des manifestations en France et en Grande-Bretagne contre le port obligatoire du masque.

rebeller[1]. Selon une approche *jus* naturaliste, en effet, la rébellion connaît deux versants : au for interne et au for externe[2].

Au for interne, celui des actes intérieurs de l'homme, la rébellion est un devoir moral. Elle est légitimée par la conscience humaine qui conduit (ou devrait conduire) tout individu à remettre en cause ce qui lui paraît injuste. Si on se rebelle, c'est parce que notre conscience, notre tribunal interne, nous convainc du caractère injuste de l'ordre institué[3].

Au for externe, le devoir intérieur de se rebeller s'affirme au contraire comme un droit[4]. À ce niveau, c'est au nom de sa raison que le rebelle combat les règles qu'il réprouve. Sa contestation, sa dissidence, sa résistance à lutter contre « l'oppresseur étatique »[5] trouve sa légitimé dans une formule chère au philosophe Saint Augustin : « à une loi injuste, nul n'est tenu d'obéir ». L'ampleur de ces propos est considérable.

Ils peuvent tout d'abord être interprétés comme un appel à une rébellion pacifique au moyen d'une désobéissance civile, entendue comme le refus assumé et public de se soumettre à une loi, un règlement, une organisation ou un pouvoir jugé inique par ceux qui le

---

[1]C'est le droit de désobéir conçue comme un mode d'expression à l'heure des réseaux sociaux. Voir J. Jeanneney, « Désobéir », *RDL,* n°3, 2019/1, p. 97.

[2]A. SÉRIAUX, « Du devoir et du droit de se rebeller. Considérations de droit naturel », *RDL*, n° 3, 2019/1, pp. 39-44.

[3]*Ibid.*, p. 41.

[4]*Ibidem.*, p. 42.

[5]M. GAUCHET montre qu'une rébellion peut débuter par une simple contestation, se poursuivre par une dissidence et muter en résistance. Voir, entretien avec M. GAUCHET, Propos recueillis par N. DISSAUX, YVES-EDOUARD LE BOS, « La révolution des droits de l'Homme est terminée pour autant qu'elle n'a pas d'adversaires et que ses principes l'ont emporté sur toute la ligne », *RDL*, n° 3, 2019, pp. 25-32.

contestent, tout en faisant de ce refus une arme de combat pacifique. Cette forme de rébellion fut théorisée par Henry David Thoreau[1], puis mise en œuvre par les hommes politiques comme Martin Luther King, aux États-Unis, et Mohandas Karamchand Ghandi à la fois en Afrique du Sud, lors de l'apartheid, et en Inde, contre le colonisateur britannique. Le dénominateur commun entre les rébellions exercées par ces figurent de proue au moyen d'une désobéissance civile est la suppression d'une situation injuste : la violation des droits civiques. Inhérents à tout individu, aucun homme ne devrait donc logiquement faire montre de laxisme, encore moins de neutralité lorsque ses droits sont entamés par un pouvoir public inique.

Si ce pouvoir refuse de céder face à une rébellion non-violente, le peuple peut toujours l'y contraindre au moyen d'une rébellion violente. Les propos de Saint Augustin précédemment mentionnés légitiment dès lors une autre forme de rébellion : la rébellion violente ou armée. Dans l'histoire, cette forme de rébellion trouve son illustration la plus saillante à travers les manifestations violentes qu'organisèrent Malcom X, aux États-Unis, et Nelson Mandela, en Afrique du Sud durant la période de l'apartheid.

De toutes ces considérations philosophiques et sociologiques, il ressort que le droit de manifester ne peut être considéré comme un rempart efficace à la rébellion. Il est certes érigé en rempart par les pouvoirs publics, mais il reste vulnérable en raison de la nature équivoque de la rébellion. D'ailleurs, si l'on s'en tient à la théorie rousseauiste selon laquelle la loi est « l'expression de la volonté générale »[2], même si aujourd'hui cette volonté

---

[1]H. D. THOREAU, *La désobéissance civile*, 1849.
[2]J-J ROUSSEAU, *Du contrat social*, Amsterdam, Marc-Michel Rey, 1762.

générale est tributaire du respect de la Constitution[1], la loi se doit donc de refléter les aspirations, les mœurs et la pensée populaire. Dans la négative, hypothèse où la loi ne refléterait pas les aspirations du peuple, la conscience populaire est légitimement fondée à la juger illégale et à la transgresser. Jean-Jacques Rousseau affirme à ce sujet qu'un peuple est toujours libre de défaire ce qu'il a fait[2]. En droit, cette assertion est judiciarisée par la règle du parallélisme des formes qui exige que l'autorité compétente pour prendre une décision soit aussi la seule compétente pour l'annuler[3].

C'est fort de toutes ces considérations philosophiques, sociologiques et d'ordre naturel qu'il y a une récurrence des actes de rébellion, en dépit de leur interdiction. Pour ce faire, l'État ne saurait être indifférent aux actes de rébellion, en témoigne la tolérance dont il fait parfois montre à leur égard.

B. Une vulnérabilité justifiée par la tolérance implicite de la rébellion

L'attitude de l'État vis-à-vis des manifestations illégales, voire de la rébellion violente est paradoxale : il interdit la rébellion tout en la tolérant. Cette tolérance est perceptible à deux niveaux. D'abord, sur le plan juridique, la rébellion semble tolérée tant par des instruments

---

[1]Selon un *obiter dicta* du Conseil constitutionnel : « la loi votée n'exprime la volonté générale […] que dans le respect de la Constitution ». Décision du Conseil constitutionnel, n°85-197 DC du 23 août 1985, Nouvelle Calédonie.

[2]J-J. ROUSSEAU, *Du contrat social, op.cit.*

[3]Cette technique est bien connue par les administrativistes. Elle suppose par exemple qu'un décret pris par le Premier Ministre soit insusceptible d'être remis en cause par un autre ministre. S'il doit disparaître, ce n'est que par l'édiction d'un autre décret par le Premier Ministre.

internationaux que par divers instruments nationaux. Sur le plan international, la rébellion est légitimée par le principe du droit des peuples à disposer d'eux-mêmes, consacré par l'article premier du pacte international relatif aux droits civils et politiques[1]. Encore appelé droit à l'auto-détermination, ce principe est généralement invoqué par les insurgés pour justifier une révolte ou une révolution. Ce fut le cas lors de l'affaire du Pakistan-Oriental[2], et au Mali[3]. Dans ce dernier pays par exemple, la junte renversa le régime au pouvoir à la suite d'une série de manifestations à la fois violentes, au début du mouvement, et pacifiques, lors des derniers jours. Condamnée par la communauté internationale aux motifs qu'il s'agissait d'un acte de rébellion, « un coup d'État », prohibé par la loi, la junte invoqua le droit des peuples à disposer d'eux-mêmes pour légitimer son action. Cet argument emportait la conviction, tant la révolte juridique engagée par la junte se mua peu à peu en révolution, et ce, en dépit des sanctions prononcées par la communauté internationale, notamment les chefs d'État de la Communauté économique des États de l'Afrique de l'Ouest (CEDEAO). En n'intervenant pas par une action militaire pour neutraliser la junte, la CEDEAO tendait à tolérer l'acte de rébellion posé par la junte au pouvoir. Dès lors, la rébellion est incontestablement un agissement

[1]Article 1er du pacte international relatif aux droits civils et politiques du 16 décembre 1966 : « Tous les peuples ont le droit de disposer d'eux-mêmes. En vertu de ce droit, ils déterminent librement leur statut politique et assurent librement leur développement économique, social et culturel ».

[2]Voir à ce sujet, A. BELKHERROUBI, « Les limites de l'aide à la rébellion », *Le Monde*, 1972.

[3]J-P. RÉMY et P. LORGERIE, « Coup d'État au Mali : le président, Ibrahim Boubacar Keïta démissionne », *Le Monde*, 19 août 2020, disponible sur : https://www.lemonde.fr, (consulté le 10/09/2020).

prohibé mais toléré par le droit international. Il n'en est pas autrement en droit interne.

Sur le plan interne, cette tolérance est en effet bien illustrée dans l'histoire constitutionnelle française. Au sortir de la révolution de 1789, la rébellion fut légalisée sous le label de la résistance à l'oppression. L'article 35 de la Déclaration des Droits de l'Homme de 1793 était clair : « Quand le gouvernement viole les droits du peuple, l'insurrection est, pour le peuple et pour chaque portion du peuple, le plus sacré des droits et le plus indispensable des devoirs ». Certes, cet article n'a véritablement jamais fait partie du droit positif français, mais il a toujours reflété l'état d'esprit du peuple après la révolution de 1789. C'est la raison pour laquelle sa suppression par les constitutions postérieures[1] n'a jamais empêché la résurgence des manifestations violentes[2]. D'ailleurs, cet appel à la révolte est implicitement consacré par l'article 2 de la Déclaration de 1789 actuellement en vigueur, notamment lorsqu'il évoque le droit à la résistance à l'oppression[3].

Soulignons enfin que l'État semble développer une politique de tolérance à la fois juridique et politique à l'égard de la rébellion. La tolérance politique en effet a lieu lorsqu'un État interdit une manifestation mais la tolère en raison d'une circonstance exceptionnelle. L'exemple le plus parlant est celui de l'affaire « George Floyd » aux États-Unis. Alors que l'urgence sanitaire avait conduit l'exécutif américain à confiner la population, cette dernière passa outre ces mesures gouvernementales pour manifester contre une « injustice sociale ». Elle qualifia le meurtre de George Floyd d'acte de racisme. Pareille

---

[1]Absente dans l'Empire, la Monarchie de juillet, dans la Constitution des IVème et Vème République.

[2]Voir, les manifestations contre Napoléon Bonaparte, etc.

[3]Article 2 DDHC 1789 : « Le but de toute association politique est la conservation des droits naturels et imprescriptibles de l'Homme. Ces droits sont la liberté, la propriété, et la résistance à l'oppression ».

situation ne pouvant être acceptée en ces temps modernes, la population américaine prit alors la décision de braver les mesures gouvernementales afin de répondre à une situation d'injustice[1].

En France, on assista aussi à des manifestations non autorisées durant la période du confinement à propos du décès d'Adama Traoré[2]. Ces deux exemples légitiment l'idée selon laquelle la rébellion est un droit naturel qui, parfois, supplée le droit positif. Elle est un acte ambigu en ce sens qu'« elle s'en prend au droit pour le défendre au mieux »[3].

***

Tout compte fait, à la question de savoir si le droit de manifester est un rempart à la rébellion, une réponse nuancée s'impose. Dans un premier temps, il est possible de répondre par l'affirmative. En tant que voie de droit par laquelle les citoyens devraient exprimer leur revendication, la manifestation constitue effectivement un rempart à la rébellion car son exercice est strictement encadré par les pouvoirs publics. Cet exercice est non seulement conditionné par le respect de l'ordre public, mais aussi par une déclaration préalable. La méconnaissance de ces conditions entraîne des sanctions judiciaires.

Toutefois, cette déduction mérite d'être relativisée. Deux raisons permettent de soutenir cette atténuation.

---

[1]C. FOUQUET, « George Floyd : manifestations et hommages se sont multipliés dans le monde », *Les Échos*, 6 juin 2020, disponible sur : https://www.lesechos.fr, (consulté le 10/09/2020).

[2]Voir *Le Monde* avec *AFP*, « Des centaines de personnes à la marche pour Adama Traoré à Beaumont-sur-Oise », disponible sur : https://www.lemonde.fr, (consulté le 10/09/2020).

[3]A. SÉRIEUX, « Du devoir et du droit de se rebeller. Considérations de droit naturel », *op.cit.*, p. 39.

D'abord, la rébellion peut être interdite mais justifiée par une action citoyenne, et ce, au nom de la morale. Ensuite, elle peut être interdite mais tolérée par les pouvoirs publics eux-mêmes en cas de circonstance exceptionnelle. Dès lors, l'incompatibilité entre le droit de manifester et la rébellion invoquée dans notre propos liminaire est purement factice. En réalité, le droit de manifester est un droit à la rébellion « anesthésié ».

Le rebelle : objet et sujet du droit fiscal

Antoine HARQUET

Doctorant en droit public
Université de Lorraine
IRENEE – UR 7303

« Le premier visage de l'impôt reste, pour l'individu, celui de la contrainte ».[1] La contrainte est, en effet, inhérente à l'impôt qui se définit traditionnellement comme : « une prestation pécuniaire requise des personnes, par voie d'autorité, à titre définitif, et sans contrepartie, en vue de la couverture des charges publiques »[2]. Ainsi, « [payer] l'impôt c'est se soumettre à un pouvoir »[3]. À l'opposé, refuser de payer l'impôt « représente une résistance à l'ordre fiscal, et finalement une contestation, consciente ou non, du pouvoir en matière fiscale »[4]. La rébellion, c'est-à-dire au sens large le refus de se soumettre à une autorité[5], trouve de nombreuses expressions en fiscalité. L'antifiscalisme se décline ainsi à l'envie, qu'il soit fracassant et épisodique au travers des révoltes fiscales, ou, au contraire, discret et constant par le biais de la fraude, il peut également prendre des atours

[1]A. BARILARI, « Le consentement à l'impôt, fragile mais indispensable aporie », *Regards croisés sur l'économie*, 2007/1, p.27.
[2]O. NEGRIN, « Une légende fiscale : la définition de l'impôt de Gaston Jèze », *RDP*, 1, 2008, p. 139-151.
[3]A. BARILARI, « Le consentement à l'impôt, fragile mais indispensable aporie », *op.cit.*, p.27.
[4]M. BOUVIER, *Introduction au droit fiscal général et à la théorie de l'impôt*, LGDJ, 2016, 13ème édition, p.144.
[5]Définition du dictionnaire Larousse.

plus originaux comme l'anachorésis[1], la grève de l'impôt, ou encore l'objection de conscience fiscale[2].

Si l'on a pu penser que dans les sociétés démocratiques les révoltes fiscales collectives étaient amenées à s'estomper grâce à l'instauration « de mécanisme de consentement à l'impôt par l'intermédiaire de représentants élus des citoyens »[3], leur retour, notamment en France avec les « bonnets rouges » (2013) et les « gilets jaunes » (2018), interrogent sur ces mêmes mécanismes de consentement collectif[4]. Cependant, « faisant l'économie du fracas des révoltes fiscales »[5], il est un phénomène sûrement plus inquiétant, celui de « la perte de sens du devoir fiscal s'exprimant à travers la banalisation de l'évitement de l'impôt »[6]. Loin d'une démarche de désobéissance civile[7], l'évitement de l'impôt auquel nous assistons aujourd'hui semble plus proche d'une rébellion silencieuse, peu conscientisée et relevant davantage d'une indifférence, plus largement d'un détachement du groupe.

---

[1]L'anachorèse est l'individu qui, face à la pression fiscale, décide de cesser de travailler ou de se réfugier dans un lieu retiré afin d'éviter le paiement de l'impôt.

[2]S. SCHMITT, « L'objection de conscience fiscale », *Revue Droit et Vie politique italienne*, Centre de droit et de politique comparés Jean-Claude ESCARRAS, Université de Toulon, 2016, pp. 22-24.

[3]A. BARILARI, « Le consentement à l'impôt, fragile mais indispensable aporie », *op.cit.*, p.29.

[4]Voir infra.

[5]M. BOUVIER, « Sens et légitimité de l'impôt », *Pouvoirs,* 2014/4, n° 151, p.31.

[6]*Idem*.

[7]Henri David THOREAU dans La désobéissance civile, fait part de son acte volontaire de refus de payer l'impôt comme mode de protestation face à un État esclavagiste et belliqueux : « Ce n'est pas un article spécial de la feuille d'impôt que je refuse de payer, je désire simplement refuser obéissance à l'État, me retirer et m'en désolidariser d'une manière effective. [...] En fait, je déclare tranquillement la guerre à l'État, à ma manière à moi [...]. » *in*, H. D. THOREAU, *La désobéissance civile*, 1849.

Ainsi, selon un sondage réalisé en 2018, seuls 54 % des français ont le sentiment d'accomplir un acte citoyen en payant leurs impôts[1], traduisant ainsi une perte de sens de l'impôt[2].

Le refus de l'impôt, à titre d'action individuelle, se manifeste principalement à travers deux comportements : la fraude et l'évasion fiscale. La fraude fiscale visée à l'article 1741 du Code général des impôts (CGI), consiste à se soustraire frauduleusement, en totalité ou en partie, au sacrifice fiscal. L'évasion fiscale est moins aisée à définir. Si elle n'est pas illégale, elle est néanmoins anormale[3]. Il s'agit pour le contribuable d'utiliser au mieux la loi, notamment par le biais de la concurrence fiscale internationale, afin de minorer ses obligations fiscales. On rentre ici « dans la zone extra-légale, là où la loi n'a tracé aucun interdit, ni davantage indiqué les voies que les contribuables sont autorisés à emprunter »[4].

L'une des fonctions premières de l'impôt, à savoir la fonction financière que l'on retrouve à l'article 13 de la Déclaration des droits de l'Homme et du citoyen, selon lequel : « pour l'entretien de la force publique, et pour les dépenses d'administration, une contribution commune est indispensable », se retrouve mis à mal par ces comportements. En effet, si le montant de l'évasion et de

---

[1] Sondage Le Monde/IPSOS, Le rapport des français aux impôts et au système fiscal, (enquête IPSOS réalisée entre le 9 et le 13 novembre 2018 sur un échantillon de 1070 personnes). Consultable en ligne : [https://www.ipsos.com/sites/default/files/ct/news/documents/2018-11/les_francais_et_limpot_2018.pdf]

[2] Voir l'analyse de Michel BOUVIER, commentant les résultats similaires de l'enquête de 2013 sur la même thématique : M. BOUVIER, « Les français et les impôts : quelle fiscalité pour quelle société ? », *RFPP*, n°124, pp. 5-8.

[3] A. LAUMONIER, *La coopération entre États dans la lutte contre la fraude et l'évasion fiscale internationales*, LGDJ, 2019, p.14.

[4] M. COZIAN, Préface de la thèse de Ch. ROBBEZ-MASSON, La notion d'évasion fiscale en droit interne français, LGDJ, 1990.

la fraude fiscales sont difficiles à chiffrer, et ne font de plus l'objet que d'une communication restreinte, les estimations avancent pour la seule fraude fiscale la somme de 70 milliards par an pour la France, soit 25 % de ses recettes fiscales[1].

Si l'évitement de l'impôt a pu être perçu uniquement comme une attaque contre l'État t, il s'agit aujourd'hui de faire prendre conscience aux citoyens, comme le rappelait le Secrétaire général de l'OCDE en 2014 que :

> « [la] fraude et l'évasion fiscale sont des délits qui font des victimes : elles privent les pouvoirs publics des recettes nécessaires pour rétablir la croissance et sapent la confiance des citoyens dans l'équité et l'intégrité du système fiscal »[2].

De plus, comme le souligne Michel Bouvier au sujet de la fraude au sens large :

> « elle est aussi une source d'injustice fiscale et d'illégitimité du système d'imposition car le poids de l'impôt finit par reposer sur ceux qui n'ont pas les moyens de développer une stratégie d'évitement »[3].

Ainsi, la rébellion face à l'impôt, qu'elle soit collective ou individuelle, affirmée ou inconsciente, illégale ou anormale, remet en cause à la fois le sens et les fonctions de l'impôt. Le droit fiscal ne l'ignore pas et s'est construit de sorte que le contribuable consente à s'acquitter de ses obligations. Dès lors, de quelle manière le droit fiscal appréhende-t-il les formes de contestation du pouvoir fiscal ?

La réponse traditionnelle et immédiate apportée par le droit fiscal est celle de la répression. En effet, il est

---

[1] A. LAUMONIER, La coopération entre États dans la lutte contre la fraude et l'évasion fiscale internationales, *op.cit.,* p.52.

[2] Communiqué de l'OCDE « Les pays s'engagent en faveur de l'échange automatique de renseignements en matière fiscale », 6 mai 2014, consultable en ligne : [https://www.oecd.org/fr/fiscalite/les-pays-s-engagent-en-faveur-de-l-echange-automatique-de-renseignements-en-matiere-fiscale.htm]

[3] M. BOUVIER, « La lutte contre l'évasion fiscale internationale : répression ou prévention ? », *Revue française de finances publiques,* avril 2010, n° 110, p.5.

commun d'affirmer, expérience historique à l'appui[1], que « la répression en matière fiscale est indispensable »[2] au bon fonctionnement du pouvoir fiscal. Ainsi, une approche frontale et combative est privilégiée pour lutter contre le refus de l'impôt, couplée, en contrepoint, avec des mécanismes de clémence **(I)**. Néanmoins, au-delà de cette approche, le consentement à l'impôt s'obtient avant tout au travers sa légitimité. Celle-ci se doit d'être sans cesse renforcée voire réinventée, face un environnement économique et social en mutation **(II)**.

I. Réprimer et prévenir l'évitement de l'impôt, une lutte en constante évolution

Le système fiscal français a mis en place tout un ensemble de mécanismes destinés à s'assurer que le contribuable remplit correctement ses obligations. Il s'articule schématiquement autour de deux modes opératoires *a priori* opposés : la répression **(A)** et la clémence **(B)**.

A. Le renforcement de la répression fiscale à titre exemplaire

Le refus de se soumettre à l'impôt provoque à la fois une atteinte au contrat social et au budget de l'État t. Charles-Henri Hardy observe à ce sujet que les mécanismes de répression en droit fiscal se sont renforcés en France au cours de l'histoire autour ces deux enjeux[3]. Le premier objectif a ainsi été de répondre aux crises

---

[1]On cite volontiers l'exemple révolutionnaire de la contribution patriotique pour laquelle aucun contrôle n'était institué et qui se révéla un échec.

[2]C-H HARDY, *La répression en matière fiscale en France*, 1789-2019, thèse de doctorat, p.1.

[3]*Ibid.*

budgétaires (cause objective), qu'elles soient provoquées par les besoins militaires, ou par l'interventionnisme étatique. Quant au second, il porte sur la recherche du civisme fiscal (cause subjective), que l'on peut définir comme « l'accomplissement volontaire des obligations fiscales par le contribuable »[1].

La répression en matière fiscale a récemment connu un important renforcement à la suite de différents mouvements de contestation de l'impôt[2] et d'un scandale qui a fortement entamé le civisme fiscal, qui plus est dans un contexte de déficit budgétaire. En effet, l'affaire Cahuzac, du nom du ministre délégué au budget, condamné pour fraude fiscale en 2013, a pu faire craindre au législateur « une rupture généralisée du consentement de l'impôt »[3] et appelait par conséquent une réponse forte. Cette réponse, ce sera la loi du 6 décembre 2013 dite « loi relative à la lutte contre la fraude fiscale et la grande délinquance économique et financière » qui renforcera à la fois les sanctions fiscales, mais également pénales en cas de fraude fiscale. Cette loi, vue par certains comme « une radicalisation de la répression »[4], ou encore « une criminalisation de l'évitement de l'impôt »[5], vient renforcer l'arsenal répressif du fisc. Elle crée ainsi le délit de fraude fiscale aggravée lorsque les faits sont commis en bande organisée ou facilités, entre autres, par l'ouverture

---

[1]M. TURIN, « La légitime répression de la fraude fiscale », Thèse dactylographiée, Université Paul Cézanne – Aix-Marseille III, (2011), p.48.

[2]Le « mouvement des pigeons » et les « bonnets rouges ».

[3]C-H HARDY, *La répression en matière fiscale en France*, 1789-2019, *op.cit.* p.485.

[4]H. RABAULT, « La fraude fiscale aggravée : vers une criminalisation de l'évitement de l'impôt ? », *Les Petites affiches*, n° 161, p.5.

[5]*Ibid.*

de compte à l'étranger[1]. Les peines encourues en cas de simple fraude fiscale qui sont de 500 000 euros d'amende et 5 ans de prison sont portées, en présence de fraude fiscale aggravée, à 2 000 000 d'euros et 7 ans d'emprisonnement. Les sanctions se sont de nouveau accrues avec la loi du 30 décembre 2017 de finances pour 2018, l'amende pour fraude fiscale aggravée s'élevant à présent à 3 000 000 d'euros. Ces sanctions pénales peuvent de plus se cumuler avec les sanctions fiscales de l'article 1729 du CGI qui prévoient une majoration de l'impôt de 80 % en cas de manœuvres frauduleuses[2].

Cette répression se veut avant tout exemplaire tout en traduisant une réprobation morale[3]. Le Conseil constitutionnel, qui a par ailleurs élevé la lutte contre la fraude fiscale au rang d'objectif à valeur constitutionnel[4], estime ainsi que « [les] poursuites engagées sur le fondement de l'article 1741 ont un caractère public qui leur confère une exemplarité[5] et une portée dissuasive supplémentaire pour l'ensemble des personnes susceptibles de manquer frauduleusement à leurs obligations fiscales »[6], ajoutant que ces dispositions permettent d'assurer « la protection des intérêts financiers de l'État ainsi que l'égalité devant l'impôt, en poursuivant des finalités communes, à la fois dissuasive et répressive »[7].

---

[1]Article 1741 CGI.

[2]M. COLLET, « Le cumul des sanctions pénale et fiscale », *RDP*, n° 1 du 01/01/2018, pp. 49-53.

[3]C-H HARDY, *La répression en matière fiscale en France*, 1789-2019, *op.cit*. p.485.

[4]V. notamment., Cons. const., 29 décembre 1999, n° 99-424 DC, *Loi de finances pour 2000*, consid. 52.

[5]Nous soulignons.

[6]Cons. const., 24 juin 2016, n° 2016-545 QPC, consid. 19.

[7]*Ibid,* consid. 20.

L'utilisation des sanctions pénales à des fins exemplaires est parfaitement assumée et fait déjà partie de la politique de l'administration fiscale. Le Conseil constitutionnel valide cette pratique en soulignant que :

> « [le principe de nécessité] impose néanmoins que les dispositions de l'article 1741 ne s'appliquent qu'aux cas les plus graves de dissimulation frauduleuse de sommes soumises à l'impôt. Cette gravité peut résulter du montant des droits fraudés, de la nature des agissements, de la personne poursuivie ou des circonstances de leur intervention »[1].

Cette interprétation permet de plus au Conseil de s'affranchir des critiques concernant le cumul des sanctions fiscales et pénales. En effet :

> « présenter l'engagement de poursuites pénales comme une sorte de nouvel étage de la fusée répressive administrative écarte la question de sa conformité au principe non bis in idem. Comme le suggère le Conseil, il n'y a pas de bis puisque la répression pénale ne fait que prolonger, dans les cas les plus graves, la répression administrative »[2].

Ainsi, si la répression s'est sans conteste accentuée, notamment à travers l'exemple de la lutte contre la fraude fiscale, il apparait que sa fonction est en partie symbolique. La contestation du pouvoir fiscal est certes sévèrement réprimée à l'encontre des individus qui s'y adonnent le plus gravement. Néanmoins, c'est à l'ensemble des contribuables que s'adresse cette posture d'intransigeance, à la fois à titre dissuasif, mais également pour garantir le principe d'égalité et de nécessité de l'impôt qui fonde le consentement de l'impôt.

---

[1] *Ibid,* consid.21.

[2] M. COLLET, « Le cumul des sanctions pénale et fiscale », *op.cit.,* p.50.

B. Une indulgence calculée

Comme un contre coup à l'accroissement de la répression, le droit fiscal offre parfois des portes de sortie aux contribuables en infraction. L'idée est la suivante : faire preuve de clémence envers le rebelle pour l'inciter à revenir dans le droit chemin. Cette voie, parfois périlleuse, peut prendre plusieurs formes, de l'incitation à la régularisation volontaire individuelle, à l'amnistie fiscale collective.

L'amnistie fiscale est une pratique dont l'efficacité, autant que la légitimité sont sujettes à caution[1]. André Barilari la définit de la manière suivante :

> « [une] mesure générale, explicite, et temporaire, reposant sur un acte législatif ayant pour objet de permettre aux contribuables en infraction et remplissant les conditions d'éligibilité de bénéficier d'avantages particuliers par rapport à la stricte application des règles en vigueur, afin de les inciter à déclarer spontanément les opérations omises et à s'acquitter des sommes prévues pour cette régularisation »[2].

L'amnistie doit idéalement permettre de rendre plus aisé le retour au respect des règles et ainsi accroître les recettes fiscales « avec un coût administratif plus faible que l'intensification du contrôle et des contentieux subséquents »[3]. Pratiquée par de nombreux pays[4], cette « forme édulcorée de trafic d'indulgences »[5] peut consister pour l'État t à s'abstenir de poursuivre les détenteurs de comptes à l'étranger « moyennant une taxation forfaitaire perçue lors du rapatriement des capitaux »[6].

C'était justement l'objectif poursuivi par la loi de finances rectificative de 1986, dernière amnistie fiscale en

---

[1]A. BARILARI, « Les amnisties fiscales », *RFFP*, avril 2010, n° 110, p.135.
[2]*Ibid.*
[3]*Ibid.*
[4]L'on recense 30 lois d'amnistie en Europe entre 1980 et 2004.
[5]M-C. BERGERES, E. PICHET, « Amnistie fiscale : les voies du salut », *Droit fiscal*, 22 juillet 2004, n° 30, p.31.
[6]*Ibid.*

France à ce jour, permettant aux contribuables de faire revenir leurs avoirs détenus à l'étranger contre l'acquittement d'une taxe spéciale de 10 % et ce de manière anonyme et libératoire de tout impôt[1]. Le Conseil constitutionnel saisi alors, n'a pas censuré ce dispositif. Bien qu'estimant qu'il est « dans la nature du texte de porter atteinte au principe d'égalité devant l'impôt »[2], il juge suffisants les motifs d'intérêt général suivants : « éviter qu'un contribuable qui n'a pas acquitté l'impôt persévère dans un comportement irrégulier »[3] et « susciter le rapatriement des avoirs détenus à l'étranger afin de faire bénéficier l'économie nationale d'un apport de ressources financières nouvelles »[4]. Néanmoins, face à une atteinte aussi grave au principe d'égalité devant l'impôt, « on peut considérer que l'intérêt général est lui-même méconnu »[5]. Enfin, cette amnistie fiscale ne remplira que très partiellement l'objectif de rapatriement des avoirs détenus à l'étranger car l'on estime que seuls un peu plus de 1 % d'entre eux sont retournés dans le giron français[6].

Plus récemment, la France a élaboré une nouvelle approche à la suite de la diffusion en 2008 de la « liste HSBC ». Il s'agissait d'une liste comprenant les noms de 3 000 personnes résidants fiscalement en France et clients de la banque suisse HSBC dont les comptes, d'un montant total estimé à 50 milliards de dollars n'étaient pas

---

[1]Loi n° 86-1318 du 30 décembre 1986 de finances rectificative pour 1986, article 16.

[2]Cons. Const, 3 juillet 1986, n° 86-209 DC, consid. 17

[3]*Ibid.*

[4]*Ibid.*

[5]J. LEMARQUE, O. NEGRIN, L. AYRAULT, *Droit fiscal général*, 4ème édition, LexisNexis, 2016, p.458.

[6]M-C. BERGERES, E. PICHET, « Amnistie fiscale : les voies du salut », *op.cit.*

déclarés[1]. Si le fait d'avoir un compte en Suisse pour un résident français n'est pas en soit illégal, le fait de ne pas en informer le fisc est en revanche constitutif d'une fraude. Il a alors été décidé de créer une « cellule de régularisation », présentée par le Ministre du budget Éric Woerth comme « une offre de *bienveillance*[2] »[3]. Il s'agissait d'un guichet unique où les contribuables étaient appelés à régulariser leur situation. Si le ministre insista sur le fait qu'il n'était aucunement question d'amnistie fiscale[4], ce système restait toutefois avantageux. Ainsi, les contribuables devaient certes s'acquitter de la totalité de l'impôt auquel s'ajoutent les pénalités de retard ainsi que des sanctions fiscales, en revanche, le ministère de l'économie garantissait qu'aucune poursuite pénale ne serait engagée[5]. Ouvert du 20 avril 2009 au 31 décembre de la même année, cette initiative aura permis de récupérer 1,2 milliards d'euros de recettes fiscales.

Un dispositif similaire verra le jour en 2013 sous le nom de Service de traitement des déclarations rectificatives (STDR). Institué par la circulaire Cazeneuve du 21 juin 2013, il se présente comme une dernière chance pour les contribuables ayant des avoirs non déclarés à l'étranger de régulariser leur situation avant la mise en place d'échanges de données bancaires. On peut là encore y voir une dernière manifestation d'indulgence envers le rebelle fiscal avant que ne s'abatte sur lui la répression

---

[1]Assemblée nationale, « Rapport d'information relatif au traitement par l'administration fiscale des informations contenues dans la liste reçue d'un ancien salarié d'une banque étrangère », 10 juillet 2013.

[2]Nous soulignons.

[3]« Paradis fiscaux : Bercy tend la main aux fraudeurs », *Les Échos*, 21 avril 2009, p. 3.

[4] *Ibid.*

[5]M. FOURRIQUES, « Comment rapatrier les capitaux des paradis fiscaux : la cellule de régularisation fiscale », *Les Petites affiches*, n° 234, 24 novembre 2009, p.4.

dans toute son ampleur. Ce système de régularisation « maintient inchangée l'obligation pour les contribuables révélant des avoirs non antérieurement déclarés de s'acquitter du paiement intégral des impositions éludées »[1]. De plus, ces impositions seront assorties de pénalités et de sanctions fiscales conformément au droit commun. Toutefois, « [a]fin de tenir compte de la démarche spontanée des contribuables, la majoration pour défaut de déclaration des avoirs à l'étranger seront réduites »[2], elles se trouvent en réalité plafonnées, comme le sont également les amendes pour manquement déclaratif. Au même titre que le dispositif de 2009, ce qu'il convient surtout de souligner, c'est l'absence d'engagement de poursuites pénales à l'encontre des contribuables « régularisateurs ». En effet, comme l'observe la Cour des comptes dans son rapport,

> « [la circulaire] ne comporte aucune mention d'éventuelles poursuites pénales, ce silence étant à interpréter comme signifiant l'absence a priori de poursuites pénales du seul chef de la détention de ces avoirs *non déclarés* »[3]. Et d'ajouter : « [cette] dispense de fait de poursuites pénales a vraisemblablement constitué une incitation forte à recourir à la procédure de régularisation »[4].

Incitation qui sera, semble-t-il, entendue par les détenteurs d'avoirs à l'étranger, le STDR encaissant 7 milliards d'euros sur la période 2014-2016.

---

[1]Cour des comptes, « Les régularisations d'avoir à l'étranger gérées par le service de traitement des déclarations rectificatives » Communication à la commission des finances, de l'économie générale et du contrôle budgétaire de l'Assemblée nationale, octobre 2017, p.8. Consultable en ligne : [https://www.vie-publique.fr/sites/default/files/rapport/pdf/194000223.pdf].

[2]Circulaire du Ministre délégué chargé du budget du 21 juin 2013 : « Traitement des déclarations rectificatives des contribuables détenant des avoirs à l'étranger ».

[3]Cour des comptes, « Les régularisations d'avoir à l'étranger gérées par le service de traitement des déclarations rectificatives », *op. cit.* p.8

[4]*Ibid.*

En définitive, les mécanismes d'indulgence à destination du rebelle fiscal reposent sur un fragile équilibre. Ils peuvent permettre, à la condition toutefois d'être correctement dosés, à la fois de rapporter des recettes fiscales tout en faisant cesser les comportements d'évitement de l'impôt. Néanmoins, ils comportent le risque de transiger fortement avec le principe d'égalité[1], ce qui peut avoir pour conséquence de renvoyer une image d'injustice face à l'impôt pouvant fragiliser le consentement à ce dernier, susceptible dès lors d'entrainer une contestation du pouvoir fiscal.

II. Renforcer la légitimité de l'impôt

La contestation du pouvoir fiscal en d'autres termes, le refus de consentir au paiement de l'impôt peut se comprendre comme un manque de légitimité de ce dernier ressenti par le contribuable. Ainsi, c'est parce que l'impôt apparait comme injuste qu'il est contesté, consciemment ou non, et à travers lui l'autorité qui en est à l'origine. Ce sentiment d'injustice, qu'il soit fondé ou injustifié, nous amène à la question suivante : qu'est-ce que la justice fiscale ? Pour Michel Bouvier il s'agit :

> « d'une notion volatile et quelque peu insaisissable car variant dans le temps et dans l'espace. Elle dépend en effet des formes, des fonctions et des sens qui sont attribués à l'impôt à un moment donné et dans un lieu donné »[2].

On pourrait ajouter, idéalement, à cette liste « dans une société donnée ». Cependant, et là est le nœud du problème, s'il y a eu :

> « [des] moments dans lesquels un sens commun de la justice fiscale imprègne le tissu social et politique en correspondant à

---

[1]Sur le principe d'égalité en droit fiscal voir : O. FOUQUET, « Le Conseil constitutionnel et le principe d'égalité devant l'impôt », *Les Nouveaux Cahiers du Conseil constitutionnel*, n° 33, octobre 2011.

[2]M. BOUVIER, « Justice fiscale : un enjeu éthique et philosophique », *RFFP*, novembre 2010, n° 112, p.5.

l'environnement général et aux aspirations de chacun, [ce] n'est pas le cas aujourd'hui car le sens de la justice fiscale, lié à la fonction que l'on attribue à l'impôt, varie considérablement selon les individus »[1].

L'existence d'un consensus dans une société autour de la notion de justice fiscale, quoi qu'il faille y inclure par ailleurs, ou au contraire sa compréhension multiple et individuelle, autrement dit atomisée, influencera nécessairement les modes de contestation face à ce qui sera considérée comme une injustice. De ce fait, le renforcement de la légitimité de l'impôt, compris dans le sens de le rendre plus juste, et de fait plus aisément accepté, va emprunter plusieurs logiques. Ainsi, afin de renforcer cette légitimité, le pouvoir a, en certains endroits, traditionnellement emprunté la voie de la consolidation du principe du consentement *de* l'impôt, c'est-à-dire du consentement politique collectif **(A)**. En revanche, on semble assister aujourd'hui, et c'est plus inédit, à une recherche du consentement *à* l'impôt, dans le sens de son acceptation à titre individuel **(B)**.

A. Le consentement de l'impôt par la représentation

On prête, traditionnellement à l'impôt « l'image flatteuse d'un compagnon de route de la démocratie »[2]. Ce n'est pas vrai partout, ce n'est pas vrai tout le temps. Emmanuel de Crouy-Chanel affirme ainsi qu'« un système fiscal peut parfaitement exister, voire prospérer, dans un État t qui ne connaitrait aucune forme de participation des citoyens au pouvoir »[3]. Néanmoins, en cas d'absence de toute forme de consentement formalisé, ce prélèvement

[1]M. BOUVIER, « Quelle justice fiscale pour un monde en transition ? », *RFFP*, septembre 2019, n° 147, p.149.
[2]E. DE CROUY-CHANEL, « Le consentement à l'impôt », *Pouvoirs*, 2014/4, p.5.
[3]*Ibid.*

fiscal semble plus proche de la notion de « tribut » que de celle d'impôt. Si l'on peut dès lors débattre de la nature intrinsèquement politique ou non de l'impôt, il convient de constater que dans les pays occidentaux, la fiscalité a joué un rôle majeur dans la création du lien de citoyenneté. Cela nous amène à la notion de consentement *de* l'impôt qui « suppose que soit explicitement acceptée la levée du prélèvement par ceux sur qui en retombe la charge ou par leurs représentants »[1]. Cette formalisation de l'acceptation façonnera nos institutions politiques, généralement l'intervention d'un Parlement représentant les contribuables.

La contestation du pouvoir fiscal n'est pas étrangère au renforcement, voire à la création, de mécanismes de consentement. Ce fut notamment le cas à travers la révolution américaine au cours de laquelle les colons américains s'écrièrent à l'égard de la couronne britannique : « *No taxation without representation* » (pas d'imposition sans représentation). Nombreux sont ainsi les mouvements de rébellion fiscale collective ayant pour principale revendication l'absence de représentation. S'appuyant sur ce principe, une partie des suffragettes, mouvement anglais du début du XXème siècle réclamant le droit de vote des femmes, « prônèrent le refus de l'impôt pour déstabiliser la société patriarcale victorienne et montrer aux yeux de tous, les contradictions de l'injustice qu'elles subissaient »[2]. La grève et le refus de l'impôt furent également des moyens d'action utilisés par les populations des colonies européennes dans la première moitié du XXème siècle[3], afin de dénoncer là encore un

[1]M. BOUVIER, *Introduction au droit fiscal général et à la théorie de l'impôt*, LGDJ, 2016, 13ème édition, p.135.
[2]N. DELALANDE, « Le retour des révoltes fiscales ? » *Pouvoirs*, 2014/4, n° 151, p.19.
[3]*Ibid*, p.21.

défaut de représentation et traduisant plus largement une lutte pour l'indépendance.

En France, le principe de consentement de l'impôt a été formalisé par les révolutionnaires à l'article 14 de la DDHC selon lequel :

> « [tous] les citoyens ont le droit de constater, par eux-mêmes ou par leurs représentants, la nécessité de la contribution publique, de la consentir librement, d'en suivre l'emploi, et d'en déterminer la quotité, l'assiette, le recouvrement et la durée ».

Du consentement de l'impôt découlent deux autres grands principes du droit fiscal, celui de la légalité de l'impôt en vertu duquel seuls les représentants du peuple, donc le législateur, peuvent déterminer l'impôt[1], et le principe d'annualité de l'impôt selon lequel l'impôt doit être consenti chaque année. En conséquence, « [seul] le consentement de la Nation à l'impôt est constitutionnellement requis ; le consentement individuel de chaque contribuable pris isolément ne saurait l'être »[2].

Partant, si le consentement de l'impôt traduit l'existence d'un lien entre l'État et le citoyen, celui-ci prend la forme d'une obligation juridique à laquelle le contribuable ne peut se soustraire. Il ne s'agit donc en aucun cas d'un rapport contractuel. La difficulté réside alors pour l'individu « d'admettre qu'à travers les mécanismes de la décision collective, le souverain (dont il fait partie en tant que citoyen) a décidé le prélèvement »[3]. Pour résumer, le consentement de l'impôt qui donne compétence au Parlement en matière fiscale assure avant tout une garantie de représentation. De ce fait, « l'étendue

---

[1]Principe que l'on retrouve à l'article 34 de Constitution : « La loi fixe les règles concernant : l'assiette, le taux et les modalités de recouvrement des impositions de toutes natures ».

[2]J. LEMARQUE, O. NEGRIN, L. AYRAULT, *Droit fiscal général*, 4ème édition, LexisNexis, 2016, p.545.

[3]A. BARILARI, « Le consentement à l'impôt, fragile mais indispensable aporie », *op.cit.*

de cette garantie est symétrique au pouvoir citoyen dans le cadre du régime représentatif : en effet, le pouvoir citoyen se résume et s'épuise dans l'élection de leurs représentants »[1]. L'amélioration du consentement de l'impôt a donc partie liée à celle de la démocratie. Cela doit conduire à s'interroger sur les modes de participation des citoyens à l'élaboration de la norme fiscale[2].

Au-delà de cette démarche politique, il est une autre voie qui s'appuie, semble-t-il, non pas sur le ressort de la volonté générale mais davantage sur une recherche de l'adhésion individuelle. Il ne s'agit plus alors de consentement *de* l'impôt, mais bien de consentement *à* l'impôt.

B. Le consentement à l'impôt dans la veine du contractualisme

Le consentement *de* l'impôt se comprend donc comme l'instauration de garanties formelles. Le consentement *à* l'impôt quant à lui doit s'entendre plus largement. Il repose avant tout sur une approche sociologique voire philosophique de la légitimité de l'impôt. Il s'agit de s'interroger sur le rapport qu'entretient le contribuable avec le pouvoir fiscal. À cette fin, « [savoir] pourquoi l'individu cherche (ou non) à éviter l'obligation fiscale suppose de spécifier le rôle des déterminants sociaux,

---

[1]A. KALLEGRIS, *La compétence fiscale*, Dalloz, 2018, p.59.
[2]Martin COLLET pointe une autre limite au principe du consentement de l'impôt par la voix des représentants. Il voit en effet dans les interventions du Conseil constitutionnel au travers ses décisions un encadrement restrictif des prérogatives du Parlement en matière fiscale qu'il convient de questionner. M. COLLET, *L'impôt confisqué*, Odile Jacob, 2014.

économiques et politiques qui structurent la rationalité du contribuable »[1].

Cette approche sociologique est déterminante, et pour cause, considérer uniquement le contribuable sous l'angle d'un agent économique rationnel trouve rapidement ses limites et n'est pas à même de décrire la diversité des comportements[2]. Une étude sociologique de la décision du contribuable menée par Marc Leroy « montre que la relation de l'individu à l'impôt dépend des effets concrètement ressentis du rôle de l'État t fiscal et de la situation économique »[3]. Or, nous assistons justement à la fois à une transformation de l'environnement économique parallèlement à « une nouvelle fonction de l'État »[4], simple fournisseur de services. Ces bouleversements impriment dès lors leurs effets sur le consentement à l'impôt, et plus largement sur le sens même de l'impôt, non plus tellement pourvoyeur de lien social mais avant tout « contrepartie d'un service rendu dont le montant est défini en proportion des besoins »[5]. Il n'est dès lors pas étonnant de voir s'accentuer une forme de malaise fiscal[6].

Cette nouvelle conception de la fiscalité dans laquelle le contribuable se rapproche d'un client est visible à travers l'évolution des fonctions même dévolues à l'administration fiscale. Celle-ci tend à se « structurer comme une administration de services plutôt que l'administration de contrôle qu'elle était depuis sa

---

[1]M. LEROY, « Sociologie du contribuable et évitement de l'impôt », *European Journal of Sociology*, 44 (2), p.213.

[2]*Ibid*, pp.213-244.

[3]*Ibid*, p.213.

[4]K. BLAIRON, « Grandeur et décadence d'un principe : l'imposition à raison des facultés contributives », *in,* (collectif) *Principios constitucionais tributàrios*, Belo Horizonte, Edidora Fòrum, 2020.

[5]*Ibid.*

[6]M. BOUVIER, « Editorial », *RFFP*, février 2019, n° 145, p.5.

création »[1]. La recherche du consentement à l'impôt reste évidemment déterminante, ce qu'il convient surtout de souligner c'est la manière dont l'administration se retrouve à l'avant-poste de cette recherche[2].

Cette démarche est particulièrement visible à travers la volonté de l'exécutif d'améliorer les relations entre l'administration fiscale et les contribuables via l'instauration de « rapports apaisés et récurrents »[3]. L'objectif est ainsi de créer un climat de confiance permettant au contribuable de sécuriser sa situation fiscale et d'éviter ainsi de contrevenir aux règles en vigueur. A ce titre, il convient de mentionner la procédure du rescrit fiscal[4] qui donne la possibilité au contribuable de solliciter l'avis de l'Administration concernant sa situation, l'intérêt étant que « [c]et avis lie l'Administration et empêche tout redressement *a posteriori* sur les opérations effectuées dans le cadre dudit rescrit »[5]. Selon Michel Bouvier :

> « [si ces] accords fiscaux préventifs s'inscrivent bien dans un processus global de légitimation de l'impôt, ils trouvent aussi leur propre légitimité d'une part, dans la sécurité juridique apportée au contribuable comme à l'administration, d'autre part, dans une meilleure rentabilité de l'impôt pour l'administration et une réduction des coûts de gestion tant pour l'administration que pour le contribuable »[6].

Il faut également souligner qu'au regard de la lutte contre l'évitement de l'impôt, la multiplication des

---

[1]M. BOUVIER, *Introduction au droit fiscal général et à la théorie de l'impôt*, *op. cit.*, p.137.
[2]*Ibid.*
[3]F. BIN, « La bonne gouvernance fiscale en matière de lutte contre la fraude », *Droit fiscal*, n° 15, 9 avril 2015, p.252.
[4] Procédure introduite par la loi n° 87-502 du 8 juillet 1987.
[5]F. BIN, « La bonne gouvernance fiscale en matière de lutte contre la fraude », *op.cit.*
[6]M. BOUVIER, « Les accords fiscaux préventifs », *RFFP*, août 2014, n° 127, p.19.

échanges donne à l'administration un accès à l'information extrêmement utile[1].

La loi du 10 août 2018 pour un État au service d'une société de confiance[2] (dite loi ESSoC) renforce cette approche « collaborative »[3] et poursuit cette évolution dans les rapports fisc/contribuable dans le sens d'un nouveau civisme fiscal. Il est notamment prévu à son article 2 un « droit à régularisation en cas d'erreur » selon lequel :

> « une personne ayant méconnu pour la première fois une règle applicable à sa situation ou ayant commis une erreur matérielle lors du renseignement de sa situation ne peut faire l'objet, de la part de l'administration, d'une sanction, (…) si elle a régularisé sa situation de sa propre initiative ou après avoir été invitée à le faire par l'administration (…) »[4].

Cette loi, qui ouvre le champ d'application matériel du droit à l'erreur en matière fiscale, ne concerne évidemment que les erreurs commises de bonne foi. Il s'agit ainsi de prévenir les négligences mais ce mécanisme n'a bien sûr que peu d'incidences face à une véritable volonté d'éviter l'impôt. Néanmoins, ces pratiques permettent de rendre plus sereines les interactions entre le contribuable et l'administration fiscale, ce qui participe sans doute à une meilleure acceptation de l'impôt.

Toutefois, si faire reculer la défiance du contribuable à l'égard de l'administration est sans conteste bénéfique à la légitimation de l'impôt et permet ainsi de réduire la rébellion, cela n'est pas suffisant. Le constat est similaire pour le consentement fiscal via la représentation

---

[1]F. BIN, « La bonne gouvernance fiscale en matière de lutte contre la fraude », *op.cit*.

[2]Loi n° 2018-727 du 10 août 2018 pour un État t au service d'une société de confiance.

[3]J-R. PELLAS, « La société de confiance, creuset d'une gouvernance fiscale revisitée ? », *RFFP*, mai 2019, p.239.

[4]Article L. 123-1 du Code des relations entre le public et l'administration.

parlementaire. Marc Leroy préconise quant à lui à l'issue de son étude sur la sociologie du contribuable :

« [plutôt] que de parier sur les électeurs à satisfaire, les groupes de pression à ménager, l'opinion publique à flatter, un gouvernement pourrait offrir aux citoyens des choix politiques en présentant la liaison entre l'impôt et les dépenses, le sens de la justice sociale par l'impôt, la stratégie d'intervention économique »[1].

***

En définitive, le meilleur moyen d'étouffer la rébellion fiscale serait de faire respirer le débat démocratique sur l'impôt et de réfléchir collectivement sur ses fonctions, sur ses raisons d'être. Les juristes ont sans nul doute un rôle à jouer dans ce combat contre la perte de sens de l'impôt. Il leur revient pour partie de faire vivre ces questions fiscales, de les mettre à nu par-delà leurs complexités pour mieux faire paraître les enjeux profonds qu'elles revêtent.

---

[1]M. LEROY, « Sociologie du contribuable et évitement de l'impôt », *op.cit.* p. 240.

La rébellion. Propos conclusifs

Léandre MVÉ ELLA
Docteur en droit public,
Membre associé de l'IRENEE
[UR 7303]
et du
CURAPP-ESS [UMR 7319]

Les organisateurs de cette journée se sont assigné l'objectif très courageux de décloisonner la rébellion de la seule dimension pénaliste dans laquelle elle est souvent engoncée et de montrer qu'un tel phénomène est aussi un objet d'étude sérieux en droit public et en science politique. Pourtant, réfléchir sur la rébellion, ses rapports avec le droit public ne va pas forcément de soi car elle est avant tout un comportement déviant de celui qui se met à l'écart du droit. Se rebeller c'est se soustraire à la loi. C'est une insoumission aux autorités qui exercent le pouvoir. Thomas Hobbes y a même vu le « recommencement de l'état de guerre »[1]. En ce sens, comme le fait, à juste titre, remarquer Jean-Jacques Rousseau, le rebelle est celui qui attaque le droit social[2] et la rébellion n'est alors qu'une manifestation de la vie en société puisque le monarque n'avait pas à craindre que Robinson Crusoé se rebellât ou conspirât contre lui sur son île déserte.

C'est donc un truisme de dire que la rébellion n'a jamais eu bonne presse car elle tend à saper les consensus sur lesquels s'organise la société. L'histoire abonde pourtant d'événements que l'on a pu considérer comme

[1]Th. HOBBES, *Leviathan [1651]*, Gallimard, 2014, chap. 28.
[2]J.-J. ROUSSEAU, *Du Contrat social [1762]*, GF Flammarion, 2012, chap. V.

tels. Aussi loin que les hommes se sont organisés en sociétés structurées autour de certaines règles communes, de tels comportements ont toujours existé. L'un des exemples les plus connus est sans doute celui de la rébellion d'Adam et Eve racontée dans la Genèse, par la suite chassés du paradis pour avoir goûté au fruit défendu et à l'origine de la malédiction par laquelle Dieu aurait frappé chaque être humain de sa main. En parcourant quelque peu cette même Bible, l'on retrouve dans l'Épitre de Romains, une véritable ode à l'obéissance puisqu'il y est écrit :

> « que chacun soit soumis aux autorités supérieures ; car toute autorité vient de Dieu et celles qui existent ont été établies par Dieu ; si bien que celui qui s'insurge contre l'autorité se révolte contre l'ordre divin, et ceux qui se seront révoltés se verront eux-mêmes condamnés »[1].

Autres illustrations historiques de ce phénomène : la rébellion zapatiste dès le début des années 80 dans l'État mexicain de Chiapas, pour les droits des peuples autochtones et contre la politique néolibérale du président Carlos Salinas de Gortari ; la rébellion au Darfour menée par l'Armée de libération du Soudan et le Mouvement pour la justice et l'égalité au début des années 2000 ; ou encore la « rébellion verte » (pour reprendre l'heureuse expression de **Placide LASMOTHEY**) menée par les zadistes de Notre-Dame-des-Landes, en France, afin de s'opposer à la construction d'un aéroport. En droit international, la rébellion peut même avoir pour avatar contemporain, le droit des peuples à disposer d'eux-mêmes[2] comme le montrent les exemples Touaregs depuis le début de ce siècle ou même les Printemps arabes.

Face à ce thème aussi général, à une notion aussi fuyante et nimbée d'incertitudes, il est malaisé, voire

---

[1]Épître aux Romains, chap. 13, versets 1-2.

[2]En ce sens : O. CORTEN, « La rébellion en droit international : le principe de neutralité en tension », *RCADI*, vol. 374, 2015.

prétentieux de s'aventurer à une conclusion à proprement dire : c'est-à-dire de synthétiser les idées phares des communications et des débats pour en dégager un consensus ou un dissensus (latent). Le risque de trahir et de dénaturer la richesse des débats et même de ne pas suffisamment refléter les nuances des propos (propres aux juristes), fait en sorte qu'une conclusion sous forme de synthèse est superfétatoire. Cette approche présente également un désavantage, celui de faire croire au lecteur que l'on entend clore définitivement la discussion en emportant l'adhésion de tous, et donc de prêter à ces conclusions, une autorité scientifique trop importante. Cela n'est guère acceptable.

Une autre possibilité est envisageable ; s'hasarder à une esquisse de remarques finales fondées sur des impressions subjectives des communications des intervenants. Là également, les conclusions sous forme de « remarques générales » ne satisfont pas totalement à l'esprit de ces lignes car trop décorrélées des autres contributions.

La « vérité » se trouverait en réalité à mi-chemin : présenter sa propre vision de la thématique déduite des remarques que nous aurons inspirées les différentes contributions. Cette voie s'impose à la fois par la généralité de la notion étudiée « rebelle à toute formalisation juridique » comme l'indique le Professeur **Stéphane PIERRÉ-CAPS** et par l'ambivalence de la rébellion à la fois perçue comme un risque pour le droit, et paradoxalement aussi comme une ressource. L'on touche donc ici aux trois points majors qui, nous semble-t-il, permettent de réduire à l'essentiel les contributions de cet ouvrage : premièrement, la rébellion ne s'appréhende qu'au moyen d'une définition stipulative ; deuxièmement, la rébellion est un risque pour le droit ; troisièmement, la rébellion subjugue le droit.

I. Pour une définition stipulative de la rébellion

Les intervenants de cette journée, presque par convention méthodologique, se sont tous essayés à une définition de la rébellion. Toutes ces approches définitionnelles ont en commun d'être informatives dès lors qu'elles cherchent à correspondre à une « réalité », l'essence même de ce qu'est la rébellion[1]. L'approche réelle renvoie à un certain nombre d'éléments sur ce qu'est la rébellion. Les contributeurs, face à la définition de la rébellion, procèdent souvent par synonymie, comparaison ou rapprochement. Ainsi, **Héritage BITA HEYEGHE**, après avoir rappelé la définition de l'article 433-6 du Code pénal, voit dans la rébellion un « comportement passif ou actif », une « résistance », une « opposition », une « protestation », une « révolte », un « refus » ou même un acte de « désobéissance ». C'est ce dernier terme qu'**Audrey HERVY** et **Céline KUTLU** reprennent pour parler de cette même rébellion. Pour **Placide LASMOTHEY**, le rebelle est, dans le contexte de son étude, un « contestataire », un « opposant ». Pour **Koumba DEMBÉLÉ**, si le droit international ne définit pas expressément la rébellion, la réalité à laquelle elle renvoie est celle du « boycott » ; de la « résistance » ; du « coup d'État » ; de la « mutinerie » ; du « mouvement de défense armée » ; de la « révolte » ; de la « révolution » ; de l'« émeute » ; de la « subversion » et pire, du « terrorisme ». **Benoît GRÉMARE** y voit quant à lui une « contestation » du système international notamment par le non-respect des règles de prolifération et le refus d'une dénucléarisation. L'État nucléaire rebelle est ainsi vu comme un « objecteur persistant ». L'approche de **Téphy-Lewis EDZODZOMO-NKOUMOU** n'est guère plus

[1] V. CHAMPEIL-DESPLATS, *Méthodologies du droit et des sciences du droit*, Dalloz, 2016, p. 303.

singulière puisqu'il voit également dans la rébellion, une « opposition », une « révolte » ou une « indiscipline ». Il admet cependant qu'il y a entre la rébellion et la manifestation une question de degré et non pas forcément de nature puisque « le droit de manifester est un droit à la rébellion « anesthésié » ». **Antoine HARQUET** enfin montre que le terrain fiscal est fertile à la « résistance » et à la « contestation ». Comment le contredire sur ce point quand on sait que l'une des analyses les plus abouties sur le concept de désobéissance civile attribué à Henry David Thoreau[1] porte sur la rébellion en matière fiscale ?

Ce tour d'horizon rapide de l'approche définitionnelle de la rébellion est révélateur de ses manifestations protéiformes et de la difficulté d'appréhender cette notion. Définir un terme par un autre tout aussi peu clair que le terme d'origine à définir crée, à l'évidence, un risque de raisonnement circulaire. Ainsi, définir la rébellion par la révolte, la révolution ou même la désobéissance invite *a minima*, à s'accorder préalablement sur ces termes ou du moins, sur la réalité à laquelle ils renvoient. C'est justement ce type de définition qui est dit « stipulatif ».

L'intérêt de recourir à ce type de définitions est qu'elles ne sont ni vraies ni fausses ; elles sont simplement adéquates, opératoires en fonction de l'objectif poursuivi par celui qui y recourt et laissent une grande place à la fiction et même à l'arbitraire[2]. Il est d'ailleurs curieux de constater qu'alors que le droit français a déjà une définition (législative)[3] de la rébellion, les intervenants ont en chœur, rejeté celle-ci, ou du moins, ne l'ont convoquée que comme point de départ de leurs analyses. La définition

---

[1]Il refusa de payer un impôt finançant la guerre des États-Unis contre le Mexique : H. D. THOREAU, *La désobéissance civile*, éd. Le mot et le reste, coll. Les essais de Thoreau. VI, Marseille, 2018, introduction de M. Granger.

[2]V. CHAMPEIL-DESPLATS, *op. cit.*, pp. 308 et s.

[3]Article 433-6 du Code pénal.

stipulative est donc sujette à un relativisme ontologique ; elle sert la démonstration et, *in fine*, permet de limiter les débats sur la nature des choses.

Ce type de définition est donc le plus indiqué dans le cas de cette journée car elle seule permet d'aborder la question en fonction de ce que l'on veut démontrer : que le droit public dispose de suffisamment de densité et de consistance pour appréhender la thématique de la rébellion qui n'est plus seulement pénale. Cette finalité identifiée, invite donc à sortir des sentiers battus essentiellement pénalistes et à utiliser le terme « rébellion » d'une façon nouvelle, sous un angle parfois nouveau ou même peu commun.

La manière de définir le terme étant désormais établie, il faut maintenant voir la rébellion, sur le fond, comme un comportement déviant, une résistance à la norme. Il y a dans la rébellion, une dimension subversive vis-à-vis de la règle, de l'ordre préétabli. La règle de droit devient ainsi le baromètre à partir duquel se mesure la rébellion. Il n'y a rébellion que parce qu'il y a une règle de droit prohibitive d'un comportement.

La rébellion dans son acception pénale s'écarte assez nettement de la rébellion appréhendée dans sa dimension publiciste ou même pénaliste. Trois différences notoires sont à relever. La première c'est qu'au sens pénal, la rébellion implique nécessairement une action violente de résistance[1]. Une telle systématisation semble avoir été écartée par la plupart des intervenants. En réalité, si la violence peut être révélatrice d'une rébellion, toute rébellion n'implique pas nécessairement une violence. Dans ce sens **Antoine HARQUET** a montré que le refus

---

[1]La Cour de cassation fait même de cette violence un élément constitutif du délit de rébellion : Crim. 21 février 2006, n° 05-81.561. La Cour précise également que cette résistance violente doit être active et non passive : Crim. 1er mars 2006, n° 05-84.444.

de payer l'impôt constituait un acte de rébellion au sens du droit public quand bien même ce refus ne se fait jamais par l'usage de la force. De même, le délit de solidarité aux migrants, longuement expliqué par **Audrey HERVY** et **Céline KUTLU** et qui a connu un important retentissement juridictionnel avec l'*affaire Herrou*[1], constitue un autre exemple de rébellion sans violence.

La deuxième différence, conséquence de la première est relative aux sanctions encourues par le rebelle (en droit public). Deux grandes tendances se dégagent grossièrement sur ce point. D'abord, en droit public interne, puisque la rébellion est souvent amputée de l'élément de violence, elle ne peut donc plus connaitre la même sanction que celle prévue à l'article 433-7 du Code pénal. Ensuite en droit international, la question est encore plus simple à régler étant donné que ce droit ne reconnait pas le délit de rébellion (**Koumba DEMBÉLÉ**) puisqu'il ne l'interdit ni ne l'autorise au nom du principe de neutralité ou d'indifférence.

La troisième différence concerne l'auteur de la rébellion. En droit pénal, la rébellion est l'acte de personnes privées, seules capables d'opposer une résistance violente à une personne dépositaire de l'autorité publique. Cette approche définitionnelle « serrée » se justifie par le fait que l'État ne puisse être lui-même à l'origine de la rébellion dont il doit sanctionner l'acte.

Appliquée au droit public, la rébellion n'est plus seulement le fait des personnes privées mais également des institutions. Cette affirmation est confortée par les contributions de **Benoît GRÉMARE** et de **Koumba DEMBÉLÉ**. Le premier voit dans le retrait par les États comme la Corée du Nord ou l'Iran du Traité de non-

[1]Cons. const., n° 2018-717/718 QPC, 6 juillet 2018. Le Conseil constitutionnel y consacre la valeur constitutionnelle du principe de fraternité.

prolifération, des actes de rébellion. De ce point de vue, la notion d'État rebelle, recoupe celle assez contestable d'État voyou ou délinquant[1] développée par le gouvernement américain pour désigner les États qui se mettent en marge de la société internationale. La seconde voit les actes de rébellion comme étant possiblement attribuables à des groupes armés non étatiques orchestrant des révoltes violentes en vue de déstabiliser voire de renverser le pouvoir central.

Cette question de la rébellion institutionnelle ou systémique insuffisamment abordée dans les analyses des différents contributeurs, aurait mérité une étude entière tant la pratique est de plus en plus répandue. Ainsi le Conseil d'État n'a-t-il pas, pendant longtemps, refusé de se saisir du renvoi préjudiciel devant les Communautés européennes même lorsque les traités l'y obligeaient au nom de la théorie de l'« acte clair ». Cette rébellion des institutions apparaît également dans la lenteur des institutions nationales sanctionnées, l'inexécution ou l'exécution incomplète d'un arrêt en manquement par les États membres de l'UE. Illustre bien ce propos, le refus récent par la Pologne d'appliquer le droit européen au nom de la primauté de son droit.

II. La rébellion est un risque pour le droit

La rébellion ou la transgression, nous ramène à notre instinct naturel et primaire ; celui de l'enfant qui apprend d'abord à dire « non », à se soustraire aux règles et à ne pas inscrire son action dans le sillage des comportements imposés par un adulte. Le rebelle peut parfois même éprouver une certaine jouissance à la transgression comme

[1]Sur cette question : B. COURMONT (dir.), *Washington et les États voyous*, IRIS/Dalloz, 2007 ; N. CHOMSKY, « L'Amérique "État voyou" », *Le Monde*, août 2000.

si la règle nouait, asservissait et la désobéissance à celle-ci, libérait. Un tel comportement, aussi anodin qu'il puisse paraître, n'est pas sans conséquence pour le droit dont l'autorité se nourrit du désir des sujets à lui reconnaitre une grande légitimité par son respect. Tout comme la désobéissance dont elle est un aspect, la rébellion conduit à écarter le droit[1], qui, par sa nature est ordre. Dès lors, la rébellion constitue un risque évident pour le droit.

Elle l'est d'une part, parce qu'elle fragilise son effectivité. Comment accepter que la même règle qui est censée s'appliquer à tous, et que nul n'est censé ignorer s'applique avec disparité au gré des contingences ? Avec la rébellion, c'est la capacité du droit à remplir son office qui est questionnée. Elle constitue un risque pour l'effectivité du droit dans ses fondements parmi lesquels le *pacta sunt servanda*, source du droit international coutumier selon Hans Kelsen[2] ou Alfred Verdross qui y voit un « principe d'ordre supérieur »[3]. Cette idée de respect des traités de bonne foi apparaît subrepticement dans l'analyse de **Benoît GRÉMARE** pour ce qui est du Traité sur l'interdiction des armes nucléaires. L'on peut regretter ici que l'auteur n'ait pas prolongé sur ce point sa réflexion sur le risque d'une mise en place de « coutumes sauvages » selon l'expression de René-Jean Dupuy. Il s'agit de coutumes qui naissent de la rébellion de certains États vis-à-vis du droit positif qui ne leur est pas favorable. Ces « coutumes » sont considérées comme telles par les États qui y trouvent un intérêt alors même que l'élément matériel (la répétition) est insuffisamment caractérisé. Ce sont des coutumes « anticipées »,

---

[1]J. JEANNENEY, « Désobéir », *Droit & Littérature*, vol. 3 2019, pp. 99 et 101.

[2]« Les rapports de systèmes entre le droit international et le droit interne », *RCADI*, vol. 14, 1926-IV, p. 525.

[3]« Règles générales du droit international de la paix », *RCADI*, vol. 30, 1929-V, p. 288.

« précipitées », « immatures » et donc fruits d'une rébellion.

La perspective d'un droit ineffectif est particulièrement à craindre car elle fait courir à tous, le risque d'arbitraire : dans quel cas le droit a-t-il vocation à s'appliquer ? C'est tout l'enjeu de la **stabilité** du droit qui est ici posé d'autre part. La possibilité d'écarter le droit ouvre la porte à d'autres modes de règlement de conflits sociaux parmi lesquels la violence avec tout ce qu'elle peut avoir de plus détestable. Le choix de la violence plutôt que le droit, perturbe le système juridique. En droit fiscal, comme l'a établi **Antoine HARQUET** le « délinquant fiscal » qui commet une « faute lucrative » opère un choix rationnel entre la volonté de se conformer docilement à la loi comme la plupart des citoyens ou prendre le risque (souvent rentable pour le rebelle) de contourner les fourches caudines de la fiscalité trop élevée de l'État (à laquelle il ne veut point se soumettre). Le contribuable impécunieux ou plutôt « joueur » choisit parfois la voie non recommandable de se soustraire à la loi et donc de se rebeller.

Un autre risque pour la stabilité du droit est relevé par **Placide LASMOTHEY**, c'est celui du rebelle environnemental qui, pour défendre un idéal, refuse d'appliquer les règles de droit existantes. Il émet donc un jugement de valeur personnel sur le droit positif et milite sous le prisme d'une cause pour son changement. La rébellion devient alors un outil, un moyen de revendication. La violation du droit est de ce point de vue assumée, réclamée. Le rebelle tire ainsi toute la satisfaction de son action par la publicité que lui apporte son acte d'insoumission (ou plutôt à la cause défendue). Sa satisfaction est proportionnelle à l'écho qui résulte de son insoumission. Ce n'est pas tant l'affaire portée devant le juge ou les représentants de l'État qui lui importe, mais la médiatisation qui en résultera ; seule cette dernière est de nature à faire avancer la cause qui a donné lieu à la rébellion.

Sur un terrain plus politique ou du droit à l'autodétermination des peuples, **Yves-Alain KOUMBA** a montré que, poussée à l'extrême la rébellion peut conduire à l'usage démesuré de la violence non plus par le peuple rebelle mais par le régime en place, qui, sous couvert de l'acte de rébellion (qu'il subit) peut utiliser de manière illégitime le monopole de la violence. L'une des conséquences est la rupture du contrat social, la fragmentation du tissu social, l'instauration des régimes policiers, voire des dictatures. Les Printemps arabes s'inscrivent dans cette logique au même titre que les nombreux changements anticonstitutionnels de gouvernement en Afrique donnant lieu à des crises (post) électorales.

Le portrait qui vient d'être fait de la rébellion est instinctivement à charge. Une fois lestée de ces apparences, la rébellion présente un autre aspect à peine visible, celui de stimuler le droit.

III. La rébellion subjugue le droit

Le droit s'accommode du fait qu'on lui désobéisse, y prête une attention et transforme même cela en ressource puisqu'il peut organiser les conditions de la rébellion. De ce point de vue, la rébellion doit être vue comme un acte juridiquement encadré comme le soutient **Téphy-Lewis EDZODZOMO-NKOUMOU** lorsqu'il distingue le « droit à la rébellion » (entendons par-là, les conditions d'accès, d'exercice du droit) du « droit de rébellion » (les modalités d'exercice de ce droit).

La rébellion a besoin du droit[1] pour avoir lieu car sans norme juridique, il n'y a pas d'acte de rébellion en tant qu'acte de désobéissance au droit. La rébellion est donc un hommage du vice à la vertu (le droit). C'est la reconnaissance qu'un comportement s'inscrit à la marge de la norme.

Le droit s'enrichit même de ces actes et a parfois tendance à les excuser (cas de légitime défense, d'état de nécessité, de défense de l'ordre public) et de consacrer un « droit de désobéir »[2] **(Téphy-Lewis EDZODZOMO-NKOUMOU**). Rentrent dans cette catégorie, les lanceurs d'alerte ou les objecteurs de conscience dont le statut est protégé et érigé au rang de droit. Un salarié lanceur d'alerte et donc témoins d'actes illicites ou dangereux en lien avec son activité professionnelle, est ainsi protégé du risque de licenciement par son employeur (article L. 1132-3-3 du Code du travail). Il en est de même pour le fonctionnaire depuis la loi « Sapin 2 » de 2016. Pareillement, lorsque certains actes requis par une autorité rentrent en contradiction avec les convictions (religieuse, philosophique, politique, *etc.*) d'une personne, la loi lui donne la possibilité de se soustraire à cette obligation, de désobéir et même de se rebeller. C'est ce droit qui est consacré dans de nombreuses constitutions nationales (Portugal, Allemagne, Pays-Bas) et à l'article 10 relatif à la liberté de penser, de conscience et de religion de la Charte des Droits fondamentaux de l'Union européenne. D'après cet article : « Le droit à l'objection de conscience est reconnu selon les lois nationales qui en régissent l'exercice ».

---

[1]O. CORTEN, art. préc., p. 70.

[2]A. SÉRIAUX, « Du devoir et du droit de se rebeller. Considérations de droit naturel », *RDL*, n° 3, 2019/1, pp. 39-44 ; J. JEANNENEY, art. préc., pp. 99 et 101.

Ces dispositions font suite à de nombreux et malheureux précédents. En 1940, Hermann Stöhr alors secrétaire de la section allemande du Mouvement international de la réconciliation avait été décapité après son refus de se soumettre au service militaire et au serment hitlérien. Autre illustration, à la fin des années 1960, le champion de boxe américain Mohamed Ali avait refusé de servir au Viêt-Nam en dénonçant la discrimination dont les Noirs étaient victimes. Cette objection de conscience fut ardemment soutenue par le philosophe Ronald Dworkin pour qui la rébellion consciencieuse n'est pas la même chose que l'anarchie. Répondant à l'argument de ceux qui excipaient qu'une société ne peut perdurer si elle tolère toutes les formes de désobéissance, il soutint qu'il n'est pas prouvé qu'une société allait s'effondrer si elle tolérait certaines formes de désobéissance[1].

Au-delà d'un droit, la rébellion nous apparait parfois aussi comme un devoir[2] ; comble du paradoxe ! Dans cette situation, c'est le droit lui-même qui oblige à ne pas le respecter. Ces cas extrêmes sont fort rares et recoupent les hypothèses où l'ordre hiérarchique, en plus d'être manifestement illégal, est aussi de nature à compromettre gravement un intérêt public (article 122-4 al. 2 du Code pénal). C'est ici en filigrane le problème de la responsabilité pénale des supérieurs hiérarchiques soulevé par **Koumba DEMBÉLÉ** qui est mis en lumière.

Enfin, la rébellion subjugue également le droit, parce qu'elle peut stimuler son évolution, voir sa révolution. **Benoît GRÉMARE** a ainsi montré que la rébellion de certains États en matière nucléaire a favorisé l'émergence d'un nouvel ordre légal au-delà des TNP. De même, certaines désobéissances, à force d'être récurrentes,

---

[1]R. DWORKIN, « On Not Prosecuting Civil Disobedience », *The New York Review of Books*, 6 juin 1968 (en ligne).

[2]Par exemple, l'article 33 du Statut de la Cour pénale internationale.

finissent par être légitimes avant de gagner le statut de norme juridique. Sur ce point, les questions de société sont les plus édifiantes puisque les questions de légalisation de l'euthanasie, du cannabis ou de gestation pour autrui semblent de moins en moins frappées du tabou de pudeur qui les a longtemps couvertes puisqu'ils font l'objet de débats de plus en plus « progressistes ». La question de l'interruption volontaire de grossesse constitue à notre sens, le cas le plus illustratif d'une « rébellion (juridique) réussie » prouvant ainsi à quel point le temps a modifié la perception et les comportements naguère, illégaux.

La rébellion, est par conséquent, au fondement du droit car elle est souvent la cause première qui préside à son évolution, voire à sa révolution. Combien de révolutions ont donné à la mise en place d'une société nouvelle basée sur un nouveau contrat social ? Cette dimension révolutionnaire de la rébellion en tant que fait juridique ne doit pas être oubliée car elle seule permet de comprendre les véritables intentions des constituants originaires.

Table des matières

Structures éditoriales du groupe L'Harmattan

L'Harmattan Italie
Via degli Artisti, 15
10124 Torino
harmattan.italia@gmail.com

L'Harmattan Hongrie
Kossuth l. u. 14-16.
1053 Budapest
harmattan@harmattan.hu

L'Harmattan Sénégal
10 VDN en face Mermoz
BP 45034 Dakar-Fann
senharmattan@gmail.com

L'Harmattan Cameroun
TSINGA/FECAFOOT
BP 11486 Yaoundé
inkoukam@gmail.com

L'Harmattan Burkina Faso
Achille Somé – tengnule@hotmail.fr

L'Harmattan Guinée
Almamya, rue KA 028 OKB Agency
BP 3470 Conakry
harmattanguinee@yahoo.fr

L'Harmattan RDC
185, avenue Nyangwe
Commune de Lingwala – Kinshasa
matangilamusadila@yahoo.fr

L'Harmattan Congo
219, avenue Nelson Mandela
BP 2874 Brazzaville
harmattan.congo@yahoo.fr

L'Harmattan Mali
ACI 2000 - Immeuble Mgr Jean Marie Cisse
Bureau 10
BP 145 Bamako-Mali
mali@harmattan.fr

L'Harmattan Togo
Djidjole – Lomé
Maison Amela
face EPP BATOME
ddamela@aol.com

L'Harmattan Côte d'Ivoire
Résidence Karl – Cité des Arts
Abidjan-Cocody
03 BP 1588 Abidjan
espace_harmattan.ci@hotmail.fr

Nos librairies en France

Librairie internationale
16, rue des Écoles
75005 Paris
librairie.internationale@harmattan.fr
01 40 46 79 11
www.librairieharmattan.com

Librairie des savoirs
21, rue des Écoles
75005 Paris
librairie.sh@harmattan.fr
01 46 34 13 71
www.librairieharmattansh.com

Librairie Le Lucernaire
53, rue Notre-Dame-des-Champs
75006 Paris
librairie@lucernaire.fr
01 42 22 67 13

www.ingramcontent.com/pod-product-compliance
Lightning Source LLC
LaVergne TN
LVHW011303061026
849535LV00005B/1372